庆祝山东博物馆建馆70周年特刊

齐鲁文物

（第4辑）

山东博物馆 编

文物出版社

图书在版编目（CIP）数据

齐鲁文物．第4辑 / 山东博物馆编．—— 北京 ：文物出版社，2024．7．—— ISBN 978-7-5010-8466-1

Ⅰ．G269.275.2-53

中国国家版本馆CIP数据核字第2024T940M8号

齐 鲁 文 物（第4辑）

编　　者　山东博物馆

封面题字　陈梗桥

责任编辑　秦　彧

责任印制　张　丽

出版发行　文物出版社

社　　址　北京市东城区东直门内北小街2号楼

邮　　编　100007

网　　址　http://www.wenwu.com

经　　销　新华书店

制版印刷　天津裕同印刷有限公司

开　　本　889mm×1194mm　1/16

印　　张　15

版　　次　2024年7月第1版

印　　次　2024年7月第1次印刷

书　　号　ISBN 978-7-5010-8466-1

定　　价　210.00元

《齐鲁文物》编委会

目　录

博物馆学科建设

齐鲁文物鉴赏

学术书刊助力博物馆高质量发展

七月流火，八月萑苇。我们迎来了山东博物馆七十华诞。

七十年来，博物馆人筚路蓝缕，薪火相传，山东博物馆逐步建设成为新时代居于全国前列的博物馆之一。作为博物馆展览、宣传、教育等工作的学术支撑，山东博物馆馆刊承担着指导博物馆体系建设、引领带动省内博物馆高质量发展的重任。欣逢山东博物馆建馆70周年之际，馆刊更名为《齐鲁文物》，体现出山东博物馆坚持"学术立馆"方针，积极响应全社会对"考古热""博物馆热"的关切，定位于搭建学术研究交流平台，以博物馆学、文物学、藏品、展览、教育为中心进行全方位综合研究，立足山东面向国内、国际，积极提升书刊内涵品质，努力打造书刊学术品牌。

山东历史悠久、文化灿烂，是中华文明的重要发祥地和儒家文化的发源地。这里有六十多万年的人类发展史、一万多年的文化史、五千多年的文明史。海岱地区史前文化谱系清晰、脉络完整，礼制要素源出东方，构成早期中华文明的重要支柱。齐鲁文化交流融合底蕴丰厚，孔子、孙子、墨子等众多先哲皆诞生于此，对中国思想文化乃至人类文明发展产生了深远影响。

山东文物资源丰富，博物馆体系完整。山东有泰山、曲阜"三孔"、齐长城、大运河4处世界文化遗产；全国重点文物保护单位226处；省级文物保护单位1968处，居全国第一。国有可移动文物登录286万余件/套，居全国第三。全省各类博物馆数量达到812家，博物馆总量、一二三级博物馆数量、革命纪念类博物馆数量、非国有博物馆数量等六个指标，均居全国第一。全省免费开放博物馆672家，2023年接待国内外观众8000万人次。

文物承载灿烂文明，传承历史文化，维系民族精神，是弘扬中华优秀传统文化的历史根脉。博物馆既是保护和传承人类文明的重要殿堂，

文／刘延常　山东博物馆

也是连接过去、现在和未来的桥梁。习近平总书记高度重视文物工作，作出了一系列重要论述，明确了新时代我国文物工作的重大使命，特别就博物馆事业的发展提出一系列新理念、新思想、新要求，为我们指明了前进方向，提供了根本遵循。山东博物馆秉承"学术立馆"宗旨，坚持以观众为中心，服务国家经济社会发展大局，努力打造新时代文化高地，为广大观众提供了丰富多彩的公共文化供给，为经济文化强省建设做出重要贡献。作为博物馆精神文化大餐的重要组成部分，《齐鲁文物》将积极传承齐鲁文化根脉，深耕海岱文明沃土，致力于打造省内乃至全国博物馆学术平台，发挥多学科研究的桥梁和纽带作用，引领带动全省博物馆事业高质量发展，不断满足人民对美好生活的向往。

山东博物馆新的领导班子坚持一切以观众为中心，响应社会关切，以建设世界一流博物馆为总目标，在博物馆高质量发展上谋新局、谱新篇。在成功创建中央与地方共建国家级博物馆的助力下，山东博物馆全面推进五大体系建设，通过定期举办学术讲座、高校科研合作签约、考古资质单位合作签约、两创基地建设、科研课题申报等一系列举措促进博物馆全面发展，在学术立馆实践上初见成效！

值此山东博物馆成立70周年暨建立115周年之际，山东博物馆推出《齐鲁文物》特刊，专门邀请全国考古、文博领域专家学者共同研讨海岱文明、齐鲁文化内涵和精髓。同时，组织馆内各方面专业技术人员探讨博物馆学科和五大体系建设的路径。山东省内各大博物馆推出馆藏精品鉴赏，共同祝贺山东博物馆七十华诞。

七十回眸，齐鲁藏遗珍，名士耀华夏。

未来可期，铁肩担道义，妙手著华章。

山东博物馆坚持"学术立馆"的宗旨，接续打造《齐鲁文物》学术品牌，引领带动全省博物馆事业创新发展，走在前，挑大梁，坚定地向着建设中国特色、世界一流博物馆目标迈进，努力书写博物馆事业高质量发展的崭新诗篇！

内容提要

传世和出土文献记载的海岱地区东夷族群，可以分为三个大的发展阶段，即东夷时期、九夷时期和前东夷时期。如果和考古发现相对应，东夷时期约为晚商和周代，九夷则为夏代和早商，九夷之前是尚未出现"夷"的称谓的时期，这一时期在考古学上相当于海岱地区的新石器文化。目前可以初步确定，东夷文化在海岱地区形成于北辛文化时期，经大汶口文化早期的发展，到大汶口文化中晚期产生早期国家，进入文明社会。龙山文化和岳石文化，则属于文明社会的早期发展阶段。岳石文化之后的海岱地区，开启了漫长的东夷文化华夏化进程。到东周后期，繁衍发展了数千年之久的东夷文化最终完全融入到中华文明之中。

关键词

东夷文化　海岱地区　文明社会　夷夏东西　华夏化

东夷文化

中华文明起源和早期发展视角下的

地处黄河和淮河下游的海岱地区，是中国新石器时代和青铜时代考古学研究的重点区域之一。居住在海岱地区的远古东夷族居民，不仅创造了优秀的物质文化，而且对中华文明起源、形成和早期发展作出了独特的重要贡献。尤其是在距今5500年前后的大汶口文化中期以来，东夷族群在东方地区创造的灿烂文化整体发展水平超过了中原地区的仰韶文化晚期和庙底沟二期文化，在许多方面引领了中国新石器文化的发展。

下面拟结合早期文献记载和考古研究成果，分析和讨论东夷族群和东夷文化产生和发展的历程。

一　传世和出土文献记载的"夷"和"东夷"

（一）关于夷的概念

先秦文献中记载的"夷"，有广义和狭义的区别。广义的夷，一般泛指中原地区以外的区域或部族，文献中或称为"夷"，或称为"蛮夷"，或称为"四夷"。其中"四夷"则是指居于不同方位的东夷、南蛮、西戎和北狄，以与地处中原的"中国"相对应。例如：

"明王慎德，四夷咸服。"（《尚书·周书·旅獒》）

"天子失官，学在四夷。"（《左传·昭公十七年》）

"莅中国而抚四夷。"（《孟子·梁惠王上》）

"中国失礼，求之四夷。"（《后汉书·东夷列传》）

狭义的"夷"，是专指古代居住在东方地区的居民，所以又称为东夷。

文／栾丰实　山东大学

也有不同的夷的称谓，例如：

"东方曰夷，被发文身。"（《礼记·王制》）

"夷，平也。从大从弓，东方之人也。"（《说文》）

"秦并六国，其淮、泗夷皆散为民户。"（《汉书·东夷列传》）

（二）西周和晚商时期的"东夷"

称呼居住在东方地区的族群为东夷，以两周时期的文献记载最多，晚商时期也有，但数量甚少，只是偶尔一见。

1.西周出土文献中的"东夷"

这里的出土文献主要是指地下出土青铜器上的铭文，其中有一定数量关于东夷的记载。与传世文献有关记载多数偏晚不同，青铜器铭文中关于"东夷"的记载，主要为西周时期，并以前期多见。从青铜器铭文的字体看，"夷"的字形就是一个侧身弯腰站立的人形。例如：

《同方鼎》："隹周公于征伐东夷，丰伯、尃古咸斩……"（《集成》[1] 02739；《断代》六）

《小臣誺簋》："东夷大反，白懋父以殷八师征东夷，唯十又一月……"（《集成》04238；《三代》九·一一·一~二）

《保员簋》："隹王既燎，厥伐东夷。在十又一月，公返自周……"[2]（《图像集成》[3] 05202）

《宗周钟》："……南夷、东夷具见，廿又六邦……"（《集成》00260·1~2）

2.晚商时期关于"夷"的记载

（1）周代文献中追记晚商时期的"东夷"

在追述晚商时期历史的周代文献中，有个别提到商王朝与"东夷"的关系，例如：

"商纣为黎之蒐，东夷叛之。"（《左传·昭公四年》）

"纣克东夷，而陨其身。"（《左传·昭公十一年》）

"商人服象，为虐于东夷。"（《吕氏春秋·古乐》）

（2）晚商甲骨卜辞中的"夷方"（尸方、人方）

晚商晚期征伐东夷的战争，在第五期甲骨卜辞中记载的次数很多。当时的商人称东方之人为"夷方"（即"尸方""人方"），而不称东夷，从主体为夷来看，甲骨卜辞与略晚的文献记载是吻合的。例如：

"癸亥卜，黄，贞王旬亡祸。在九月，正尸（夷）方，在雇。"（《合集》第十二册，第36487片）

"癸巳卜，贞，王旬亡祸，在二月，在齐，隹王来正尸（夷）方。"（《合集》第十二册，第36493片）

"……癸未王卜，贞旬亡祸，王来正尸（夷）方……"（《合集》第十二册，第36497片）

（3）晚商青铜器铭文中关于征"夷方"（尸方）的记载

与甲骨卜辞中关于夷方相同的记载也见于晚商偏晚时期的青铜器铭文之中，例如：

《小臣艅犀尊》："丁巳，……佳王来正尸（夷）方。佳王十祀又五，肜日。"（《集成》05990）

（4）晚商偏早的武丁时期征伐"夷"方的卜辞

据甲骨卜辞记载，在晚商早期的武丁时期就有征伐东夷的军事活动，甲骨卜辞中有武丁亲自率部征伐夷方和派遣其他人员征伐夷方的记载。武丁时期的卜辞一般称东方为"夷"，例如：

"今载王其步伐夷。"（《合集》第6461片）

"侯告征夷。"（《合集》第6457片）

"王叀妇好令征夷。"（《合集》第6459片）

（5）甲骨卜辞中提到的"东夷"和"东土"

武丁时期的甲骨卜辞中，偶有"东夷"和"东土"的记载，例如：

"东夷又曰：千森余……[南]四……"（《合集》第8410片）

"贞，令毕伐东土，告祖乙于丁。八月。"（《合集》第7084片）

据上述甲骨卜辞的记载，居住在中原地区的商代晚期的商人称呼东方地区及其族群，绝大多数情况下为单称"夷"和复称"夷方"，但在晚商早期武丁时期的甲骨卜辞中已经开始出现"东夷"和"东土"的称谓，只是目前发现的数量甚少。

（三）早商和夏代的"九夷"

先秦文献中偶见关于早商及以前时期"夷"的记载，与晚商时期的夷和夷方称谓略有不同，可以区分为不同的"夷"。这里的早商，下限已进入近些年提出的中商时期，即二里冈上层偏晚到殷墟一期之间[4]，这一时期的东方地区仍然存在着不同的夷人集团。

1.后代文献中记述的早商偏晚（或称为中商）的"夷"

如《竹书纪年》有"仲丁即位，征于蓝夷"（《后汉书·东夷列传》注引），"河亶甲整即位，自嚣迁于相。征蓝夷，再征班方"（《太平御览》卷八三引）的记载。

再如《后汉书·东夷列传》："至于仲丁，蓝夷作寇。自是或服或畔，三百余年。武乙衰敝，东夷浸盛，遂分迁淮、岱，渐居中土。"

2.后代文献中关于夏与"夷"关系的记载

在先秦文献中为数不多的夏代传说文献中，关于夷夏关系的内容占据重要地位。有夏一代，中原与东方的关系较为缓和，《竹书纪年》有不少两者关系的记载[5]，例如：

后相即位，二年，征黄夷。七年，于夷来宾。

少康即位，方夷来宾。

后芬即位，三年，九夷来御，曰畎夷、于夷、方夷、黄夷、白夷、赤夷、玄夷、风夷、阳夷。（《太平御览》卷七八○引）

后荒即位，元年，以玄珪宾于河，命九（夷）东狩于海，获大鸟。（《北堂书钞》卷八九引）

后泄二十一年，命畎夷、白夷、赤夷、玄夷、风夷、阳夷。

后发即位，元年，诸夷宾于王门，诸夷入舞。

这些记载表明，少康之后的夏王朝与东方的九夷之间，整体上处于较少争战的友好交往阶段。少康中兴之后的夏代，年代大体相当于考古学上以二里头遗址为代表的二里头文化和岳石文化偏早时期。这一时期在海岱地区岳石文化的主要分布区域中，很少见到来自中原地区的典型二里头文化因素[6]，即使在岳石文化分布区的西部，如豫东、皖西北和鲁西南地区也是如此。但是，在二里头文化的分布区域内，如豫中的郑州甚至豫西洛阳地区的二里头遗址中，也可以见到不少来自东方的岳石文化因素[7]。有夏一代中原与东方的关系，是夏朝对外关系的主要内容[8]。除了夏代前期东方夷人的首领后羿和寒浞等一度代夏而占据上风之外，总体上夷夏关系的形势较为稳定，夏王朝对于东方的九夷部族基本上处于守势，在中原与东方的关系上呈现出一种夷夏东西二元对立的格局。

（四）夏代之前的古史传说时期

在古史传说的相关文献史料中，关于东方地区上古历史人物和事件的记载较为丰富，其中记录了一些夏初和时代更早的著名的东方历史人物和部族。例如：与大禹同时的皋陶和伯益，先后被大禹选为继任者，其皆为来自东方地区的"夷"人首领。再往前推，时代更早的太昊、少昊和蚩尤，是东方不同区域夷人的重要首领或族群。

太昊为东方地区较早时期的族群，在秦汉时期的文献中，太昊被尊称为东方之帝，说明太昊在历史上应该与东方关系更为密切。文献记载"陈，太皞之虚也"（《左传·昭公十七年》），太昊的大本营应在豫东地区。如果此记载可信，联系豫东地区考古发现的实际，该地区是随着大汶口人的西迁，到大汶口文化中期略晚阶段才成为一个新的大汶口文化分布区，并一直持续到岳石文化时期。据此，大体可以确定豫东地区太昊部族的存续时代应限定在大汶口文化中晚期阶段，绝对年代约在距今5300～4500年前后。

少昊是东方地区夷人势力最大的族群，政治、经济和文化成就也最为突出。周初分封周公于鲁，"因商奄之民，命以伯禽，而封于少皞之虚"（《左传·定公四年》）。少皞之虚在曲阜，则少昊族群的主要分布区当在以曲阜为中心的鲁中南地区。"及少皞之衰也，九黎乱德，民神杂糅，不可方物。……颛顼受之，乃命南正重司天以属神，命火正黎司地以属民，使复旧常，无相侵渎，是谓绝地天通"（《国语·楚语下》）。据此记载，表明少昊的存续时代要早于五帝时代前期的颛顼，应与太昊部族大体同时[9]。

蚩尤是夏代之前东方夷人另外一个重要人物或族群。据《逸周书·尝麦解》记载："昔天之初，□（诞）作二后。乃设建典，命赤帝分正二卿，命蚩尤于宇少昊，以临四方。司□□上天未成之庆。蚩尤乃逐帝争于涿鹿之河，九隅无遗。赤帝大慑，乃说于黄帝，执蚩尤，杀之于中冀，以甲兵释怒。……乃命少昊清司马鸟师，以正五帝之官，故名曰质。天用大成，至于今不乱。"据此可知，蚩尤部族属于东夷集团[10]，主要分布于以鲁西南为主的三省交界地区。所处时代与少昊、炎黄约略相当。蚩尤擅战，故在二千多年之后的齐地祭祀体系中被尊为"兵主"[11]。

太昊、少昊和蚩尤是时代较早的东方夷人首领或族群，但在古史传说的相关记载中，这一时期并没有出现"夷"的称谓。所以，拉长时代来看东方地区文献记载的夷和东夷文化，大体上可以分为前后三个大的发展阶段，即尚未出现"夷"的时期（夏代之前）、"九夷"时期（夏代与早商）、"东夷"时期（晚商与两周）。

二　海岱地区新石器和青铜时代的文化序列和发展谱系

海岱地区的空间分布范围主要是以泰沂山为中心的黄河、淮河下游地区，海岱系文化的鼎盛期，即大汶口文化中晚期到岳石文化时期，分布范围包括了山东全省、苏皖北部、豫东、冀东南和辽东半岛南端等广大地区。延续的时间则从新石器时代一直持续到夏商周时期，自身经历了一个产生、发展、鼎盛和衰落的演变过程。到晚商到两周时期，与文献记载的其他地区（如南蛮、西戎、北狄）后来都留存下诸多少数民族部落不同，东夷文化最终完全融入中华古代文化洪流之中，成为中华民族和中华古代文化的主要来源之一。

依据目前的考古发现，海岱地区新石器时代和青铜时代的文化序列和发展谱系依次为：

赵家徐姚类型—扁扁洞类型—后李文化—北辛文化—大汶口文化早期、大汶口文化中晚期—龙山文化—岳石文化—珍珠门文化·晚商和齐鲁。

如果把上述考古文化的文化序列、发展谱系和前述文献记载的东夷文化结合起来，这一过程大体可以划分为五个大的发展阶段：

东夷文化的先声 —— 赵家徐姚类型、扁扁洞类型到后李文化时期；

东夷文化的出现和早期发展阶段 —— 北辛文化到大汶口文化早期；

东夷文明社会的产生 —— 大汶口文化中晚期；

夷夏东西二元对立 —— 龙山文化和岳石文化时期；

东夷文化的华夏化 —— 二里冈上层文化到两周时期。

三　东夷文化的先声——前北辛文化时期

距今13000～7000年之间，海岱地区目前主要发现了三种类型的考古遗存，即赵家徐姚类型、扁扁洞类型和后李文化。

（一）赵家徐姚类型

2021年秋以来，在山东临淄赵家徐姚遗址发现了一处保存较好的人类野外临时活动营地遗址。经测定，人类遗存的绝对年代约在距今1.33万～1.31万年之间，属于旧石器向新石器过渡阶段的遗存。赵家徐姚遗址位于淄河西岸的山前冲积扇上，目前在相同的层位至少发现有3处人类野外临时性营地。营地内的主要遗存有火塘、鹿坑、人骨坑以及较多动物骨骼和一定数量的陶片、石制品、蚌壳制品及大量燃烧过的树木和较厚的红烧土堆积等[12]。

目前发现的多处火塘都比较简单，烧结面很薄，表明其使用的时间不长，从而显示了这些营地的临时性。出土的动物骨骼以环颈雉为主的鸟类居多，占比高达70％，哺乳动物则主要为鹿。发现的陶器均为碎片，质地为内夹一层植物杆茎的红陶，从能够复原的2件陶器的器形来看，均为腹部较浅的浅圆底釜或盆一类器形，与后来的扁扁洞类型、后李文化等完全不同。同时，在出土的陶制品中还发现了100余件制作较为随意的人物等小型陶塑，表明当时人们在精神文化层面已经有了自己的信仰和意识。

（二）扁扁洞类型

扁扁洞遗址位于沂源县张家坡镇桃花坪村北侧的半山腰处。2004年发现，2005年以来经过几次发掘，发现有烧土面、灰坑等遗迹。出土了石磨盘、石磨棒等石器和具有新石器时代早期特征的陶器、骨角器等文化遗物。经对采集的人骨标本进行的碳－14测年，遗址的年代约在距今11000～9600年[13]，与发掘所揭示的文化内涵基本吻合，主体遗存属于新石器时代早期。

遗址出土的石器数量不多，主要有1件完整的石磨盘和2件石磨棒及几件石英类石片，虽然从浮选出来的遗物中有小的石核和石片，但缺乏典型的细石器。此外还有少量骨锥和骨针。出土陶片均为夹砂陶，颜色以红陶和红褐陶为主，也有少量灰褐陶。陶胎普遍较厚，一般在 0.5～1.5 厘米之间，以圜底器为主。器形的种类比较单调，能够加以辨识的只有釜和钵两类。从少量具有叠唇口沿特征的器物来看，与鲁北地区的后李文化之间可能存在着传承关系。陶器表面的装饰十分简单，均为素面。从陶片断面可见泥条等现象分析，陶器可能采用泥条成型的。遗址的文化堆积经过浮选等处理，但未发现与农业有关的迹象。所以对其是否已产生早期农业目前尚不清楚。

（三）后李文化

1988 年发现于山东临淄后李官庄遗址[14]。目前已发现的 10 多处遗址，主要分布于鲁北地区泰沂山系北侧的山前平原地带，以济南到淄博之间分布最为密集。从地表陶片的分布情况看，这一时期的遗址面积普遍较大，但文化堆积相对较薄。已出现环绕聚落遗址的环壕，如章丘小荆山遗址发现的环壕，平面近似三角形，环壕围起来的面积约 12 万平方米[15]。聚落内部的遗迹主要有房址、灰坑和墓葬等[16]。

后李文化房址的特点十分突出，均为方形或长方形半地穴式建筑，居住面和穴壁多经过烘烤，房址的使用面积较大，一般在 20 平方米以上，大的甚至超过 50 平方米，房内居住面中部多有由两个或三个单灶组成的组合灶。这种特点鲜明的大房址表明，在一起居住和炊爨饮食的人口比较多，社会基层组织显然不是父母加子女的核心家庭，而是扩大家庭甚至小的家族。

后李文化石器中支脚的数量最多，其次石磨盘、磨棒和石斧，还有锛、凿、铲、镰、锤等。工具组合中用于农业生产各个环节的工具很少，说明农业在当时生业经济中的占比较低，而采集和渔猎经济十分发达。但在长清月庄、章丘西河等遗址发现少量炭化黍和炭化稻等遗存[17]。这一时期总体上属于以渔猎采集为主的低水平广谱食物生产阶段。作为手工业主要部门的制陶业较为原始，如出土陶器均为夹砂陶，尚未掌握淘洗陶土的技术，器表装饰极少，以素面为主，

器物的烧成温度较低，陶器颜色以斑驳的红褐陶最多。器物造型简单，器物种类较少，其中筒形圜底釜占全部出土陶器的三分之二以上。

如果把济南东郊的张马屯一类遗存[18]也归入到后李文化，其绝对年代大约在距今 9000～7500 年之间，与之后的北辛文化之间还有一定的年代间隔。从文化内涵和特征分析，推测后李文化可能来源于泰沂山南侧的扁扁洞类型，但需要更多的早期材料来加以证实。

四　东夷文化的产生和早期发展
——北辛文化和大汶口文化早期

这一时期可以分为前后两段，前段为北辛文化，时代为仰韶时代早期，后段是大汶口文化早期，与仰韶时代中期大体相当。

（一）北辛文化

北辛文化是海岱地区新石器时代一个重要的发展阶段，主要分布于山东省大部和江苏北部地区，相对年代晚于后李文化并早于大汶口文化早期，绝对年代约为距今 7000～6000 年，前后经历了约一千年的发展。农业和手工业较后李文化均有较大发展，为大汶口文化时期海岱系文化的繁荣发展奠定了良好的基础。

生业经济中的农业开始占有比较重要的地位。农作物的种类主要是旱作的粟和黍等，分布区的南部开始出现水稻。这一时期是全新世以来最为温暖湿润的阶段，海平面比现在要高出 2～4 米。在这种优越的自然环境条件下，采集和渔猎等生产活动在生业经济中不可或缺，特别是在沿海和岛屿、沿湖等野生资源比较丰富的区域，采集和渔猎经济甚至超过农业而占据主导地位。如胶东半岛沿近海地区密集分布的贝丘遗址就主要存在于这一阶段[19]。

这一时期的聚落遗址数量明显增多，在一些区域开始形成小规模的聚落群。如鲁中南的薛河流域等，开始出现一些三、五个聚落聚集成群的现象[20]。不同区域聚落群的出现，一方面表明北辛文化时期的人口数量开始增多，另一方面也体现出人类征服自然的能力即生产力水平在不断提高。后者不仅在生业经济的

发展中已经得到证明，而且在手工业生产领域表现得更为明显。如制陶业，与此前的后李文化相比有了明显的进步[21]，在制陶工艺上掌握了淘洗陶土的技术，发明了转动的轮盘，可以对陶坯进行慢轮修整，为大汶口文化快轮拉坯成型技术的产生奠定了基础。陶器的烧制火候明显提高，器物的种类增多并且逐渐复杂，反映出人们的生活趋向于丰富多彩。其他如石骨角牙蚌器制作、建筑、木材加工、编织和纺织、缝纫、交通、烹饪等方面的发展，都昭示着北辛文化时期社会的进步和发展[22]。

聚落和墓葬所反映的北辛文化社会，和后李文化时期相比也产生了比较大的变化。如北辛文化时期用于居住的房子普遍变得较小，墓地内相对独立的小墓群和墓组的出现等。这些变化表明北辛文化时期的社会组织趋于小型化，可能在氏族甚至家族的母体中孕育出后世普遍存在的核心家庭，这种新的社会基层组织的出现，看起来微不足道，其实她标志着在社会组织结构演化过程中，实实在在地向前迈出了一大步，进而促进了社会生产力水平的提高和社会的发展。

（二）大汶口文化早期

距今6000年前后海岱地区进入大汶口文化早期，与北辛文化时期相比，大汶口文化早期的分布范围没有大的变化，但区域内部文化的统一性不断加强。如北辛文化时期的胶东半岛地区，不少学者认为当地土著因素占据主导地位，分布于胶东半岛及沿海岛屿的白石文化是与北辛文化并列的考古学文化。到大汶口文化早期，胶东地区则成为大汶口文化早期的一个地方类型[23]。不仅如此，大汶口文化与外界的文化联系也日益密切。如在鲁中南和苏北地区的大汶口文化早期遗存中，可以见到来自中原仰韶文化的典型彩陶等器物[24]。而与胶东半岛隔渤海相望的辽东半岛南部，在同时期的郭家村下层和小珠山中层，则发现较多来自胶东半岛的大汶口文化的文化因素，如各种彩陶和陶器中的鬶、盆形鼎、觚形杯、壶等器物，与当地土著文化以筒形罐为主的陶器群判然有别。

大汶口文化早期阶段，以农业和手工业为主的社会经济，发展速度逐渐加快，社会分工有所加强，社会财富不断积累和集中，人口的数量也有较大增长。进而导致这一时期的聚落遗址数量逐渐增多，部分发达地区的聚落群中开始出现规模较大、等级较高的中心聚落遗址。如大汶口遗址，面积超过40万平方米，是大汶口文化中等级最高的中心聚落遗址之一。2012年以来新一期的考古发掘工作，在大汶口北区发现一处面积较大、经过周密规划、统一施工、布局规则整齐的10余座地面式建筑群，单体建筑的面积在15～20平方米之间[25]。应是大汶口遗址社会上层的居住区。

埋葬制度也出现了一些新的变化。如葬俗较为复杂，在以单人一次葬为主的基础上，存在一定数量的多人一次和二次合葬，特别是出现了少量成年男女一次合葬墓；一些产生于北辛文化的特有社会习俗，到大汶口文化早期逐渐完善和定型，如头骨人工变形、拔牙、口内含小球、手握獐牙和獐牙勾形器、使用骨牙雕筒和龟甲器随葬等，成为早期东夷族群的重要文化特征[26]。大汶口墓葬之间的显著区别是贫富分化开始显现，具体表现在墓穴的大小差别明显，是否使用木质棺椁葬具，随葬品的种类、数量和质量差别越来越大等方面。如M 2005，墓室长3.6、宽2.28米，面积8.21平方米。墓内四周有熟土二层台，台内的空间为长2.74、宽1.3米，从规模和范围来看，这应该是一个椁室的空间。而在椁室内部还存在一个向下挖出的长方形小框，长2.55、宽0.45～0.55米，人体就安放在这一小框之中，这个小框应该是椁室内的棺室。故其结构应该是一椁一棺。这是目前中国新石器时代最早出现的有棺椁的墓葬。M 2005是一座迁出墓，部分随葬品已被取走，但仍然有包括陶器、石器、骨牙器、牛头和猪骨在内的104件随葬品[27]。这种规模墓葬的墓主显然不是普通社会成员，应是居于社会上层的权贵和首领。

所以，大汶口文化早期的社会已经开始产生分化，特别是到早期后段，即大汶口M 2005所处的阶段，像大汶口这一类中心聚落遗址的社会分化程度已经比较严重，与仰韶文化中期、崧泽文化、大溪文化晚期、红山文化晚期相似，已经进入分层社会阶段[28]，进而为大汶口文化中晚期文明社会的产生奠定了基础。

五　东夷文明社会的形成 —— 大汶口文化中晚期

距今5000年前后的大汶口文化中晚期，迎来了东夷文化发展的鼎盛时期。这一阶段随着大汶口文化的强势崛起，其分布的空间向外有较大拓展。向南发展到淮河故道的两岸，向西则大幅扩张，把原来并不相属的豫东、皖西北和鲁西南一带，变成新的大汶口文化分布区。甚至有学者认为京广铁路两侧的淮河上游地区也可以归入东方文化系统，或称为大汶口文化"颍水"类型[29]，大有逐鹿中原之势头。

随着农业和手工业的发展，这一时期的社会财富快速增长，剩余财富被少数掌握权力的社会上层权贵所占有。特别是在那些中心性聚落遗址，从墓葬之间的差别迅速扩大所反映的社会分化日益加剧可以得到确证。如陵阳河遗址，随葬品丰厚的富有大中型墓葬比较集中地埋葬在现在的河滩附近，而一般小型墓葬散布在不同的墓区[30]。再如近些年较大规模发掘的章丘焦家遗址，10余座两椁一棺和一椁一棺的大型墓葬，在墓区中相对集中分布，周围则散布着较多的中小型墓葬[31]。由此看来，一些社会经济较为发达的地区，率先产生了阶级并进入分层社会，进而出现王权。同时，以玉器、彩陶、黑陶、青灰陶和白陶、象牙器等为主的器用制度和棺椁制度为核心的礼制在大汶口文化中晚期初步形成，并成为维系社会秩序、保障社会有序运转和发展的重要手段。

在社会经济迅速发展的基础上，各区域的人口规模不断扩大，社会分工日益凸现，开始出现一系列具有都邑性质的城址。如山东泰安大汶口、章丘焦家、滕州岗上、邹城野店、莒县陵阳河、五莲丹土、日照尧王城、诸城前寨、江苏新沂花厅、连云港藤花落、安徽固镇垓下和萧县金寨等，这些中心聚落遗址，或是出现了有城墙和环壕围绕的城址，或是具备了城市的规模和功能。城乡分化成为这一时期大汶口社会的普遍现象。上述由城址或中心聚落统领的文化小区之内，分布着数量较多的中小型聚落遗址。如莒县陵阳河遗址，面积达40万平方米，周围分布着6处中型聚落遗址和30余处小型聚落遗址，聚落形态呈现出典型的"金字塔"状结构，应代表了三级结构的社会组织[32]。所以这些有中心的聚落群，作为政治、经济、文化的发达地区率先产生了早期国家，从而进入文明社会。从这一意义上说，东夷族群分布的海岱地区是中华大地上较早产生文明并进入古国时代的地区之一。

六 夷夏东西：从多元到一统的过渡阶段
——龙山文化和岳石文化

这一时期亦可分为前后两段，前段为海岱龙山文化，其时代与中原龙山文化大体同时，后段为岳石文化，时代与中原地区的二里头文化和二里冈下层文化约略相当。

（一）龙山文化

距今4500年前后，海岱地区进入新石器时代最后一个阶段，即龙山文化时期。因为其分布区的范围向辽东半岛和江淮之间地区进一步扩大，故也被称为海岱龙山文化。这一时期经过调查记录的遗址超过2000处，遗址数量和所承载的人口规模均达到了东夷族群发展历史上的高峰。

在距今八九千年以来形成的中国史前考古学文化五大区系中，由于北方燕辽地区的红山文化、长江中游的屈家岭—石家河文化和长江下游环太湖地区的良渚文化，在距今5000～4400年之间先后衰落，各区域文化的发展进入低谷。距今4500年以后的龙山文化—二里头文化—二里冈下层文化时期，只有黄河中游的中原地区和黄河下游的海岱地区两大区系保存下来并得到进一步发展，从而在中华大地上形成了长达千年之久的"夷夏东西"二元对立的文化格局[33]。

龙山文化时期的社会经济快速发展，支撑着两个区域早期国家的正常运转。以农业为主体的生业经济，已形成粟、黍、稻、麦和大豆五谷齐备的成熟农业经济体系，而黄牛和绵羊、山羊的引入，拓宽和扩大了肉食来源，提高了人们的生活质量。玉石器制作已成长为相对独立的产业，进入作坊式专业化生产阶段。而制陶业的发展最为突出，快轮拉坯成型技术的推广和普及，不仅生产的陶器轻薄精致，而且极大地提高了生产效率，以蛋壳黑陶为代表的龙山文化陶器生产，登上了中国乃至人类制陶史的巅峰[34]。

在大汶口文化中晚期已出现若干城址的基础上，龙山文化时期进一步形成城址林立的格局。这一时期的城址，不仅面积增大，如尧王城发现的龙山文化城址，面积达到惊人的300多万平方米[35]。同时，部分中心聚落开始出现内外两重城墙同时共存的城址新形态，标志着龙山文化社会内部的分化进一步扩大[36]。而在宏观聚落形态方面，则较为普遍地形成以城址为中心的"城址（都）—环壕（邑）—普通聚落（聚）"三级聚落形态和结构，从而进入了古国时代的高级阶段。

在龙山文化较为普遍地出现城址甚至两重城址的同时，中心聚落内部的社会分化进一步加剧，墓葬之间的差别明显加大，类似于"王"一级的墓葬和普通的社会成员墓葬之间，无论是墓室大小、葬具的有无和多寡、随葬品的数量和质量，达到了天壤之别的程度。如临朐西朱封遗址发现的 3 座龙山文化中期的大型墓葬，墓室面积近 30 平方米，多使用两椁一棺，还有边箱和脚箱，随葬有精美玉器、绿松石和包括蛋壳黑陶高柄杯在内的精致陶器等高端器物[37]。这几位墓葬的墓主应该是当时西朱封古国的国王或王室成员。

（二）岳石文化

距今 3800 年前后，龙山文化在海岱地区被岳石文化所继承和替代。实际上从龙山文化晚期开始，分布区内特别是东部沿海地区的遗址数量显著减少，表明当时的人口规模也明显下降。但是从岳石文化的空间分布来看，文化的分布范围与龙山文化鼎盛时期基本持平，在部分地区甚至有扩大的趋势。如鲁豫皖邻近地区和辽东半岛南部，如果说龙山文化晚期这两个地区的文化性质学术界还有不同意见，到了龙山文化之后的岳石文化，这些区域文化的主体因素属于岳石文化则没有任何争议。

岳石文化的生业经济与龙山文化相近，以种植"五谷"为主的农业经济在生业经济中占据主导地位，可能因为气候变化的原因，导致稻作农业的种植比例有所降低。手工业生产领域的变化较大。首先是在不同的遗址发现了一定数量的小件青铜器。如泗水尹家城遗址出土的十余件小型铜器，器形有镞、刀、环、锥等，经检测和鉴定多数为铜锡合金。从而表明岳石文化已经进入了青铜时代。

与龙山文化相比，岳石文化的陶器制作技术明显衰退，薄如蛋壳的陶器消失。夹砂陶以手制的红褐陶为主，而泥质陶则多为轮制的灰黑陶。陶器装饰以素面为主，晚期流行细绳纹，陶胎厚重，火候略低，器形种类较龙山文化明显减少。对于陶器方面的这些变化，或认为与岳石文化时期社会的技术重心转移有关。

岳石文化时期的筑城技术较之龙山文化有明显提高，版筑技术得到普及，城的结构也趋于复杂。城子崖岳石文化城址北门发现的"一门三道"，规模宏伟，开后代城门规制之先河[38]。

岳石文化是夏代和早商时期（二里冈下层文化时期）东方地区的九夷族群创造的考古学文化。岳石文化代表的东方地区九夷族群和二里头文化、二里冈下层文化所代表的中原地区华夏族群，继承了此前龙山文化时期东西关系的态势，呈现出夷夏、夷商东西对峙[39]，生动而真实地体现了"夷夏东西"的二元文化格局[40]。

七　东夷文化的华夏化——二里冈上层文化到两周时期

当历史发展到二里冈上层文化偏晚阶段，商文化向四周扩张和发展的态势突然加剧和加快。向东方地区的发展很快越过了豫东、皖西北和鲁西南地区，快速推进到泰山南北两侧一线，在泗河流域的泗水尹家城和天齐庙均可以见到以典型的二里冈上层文化因素为主的商文化遗存[41]。而泰山以北的鲁北地区，至少在济南东郊的大辛庄遗址出现了与鲁南相近的同类商文化因素，有人甚至认为进一步向东到达了淄河两岸地区。

随着二里冈上层商文化的大规模东进，在海岱地区生存和繁衍了四五百年的岳石文化居民面临着两种选择：一是在原地继续生活下去，但要接受西来的商文化并与之融合。即除了继续保留一部分自身传统文化因素之外，也在不断地接受从西方过来的中原文化，即所谓"商化""周化"或"华夏化"。如济南大辛庄遗址并非独立存在且有别于商文化的"第二类"遗存，就属于这一种情况[42]；二是不断地向东后退，在考古学上的具体表现就是晚商时期由岳石文化演变为珍珠门文化[43]，基本文化面貌继续保持着东夷的文化传统，其分布区域的西界大约在潍河和淄河之间。这种情况一直维持到西周甚至更晚的东周时期，最终与来自西部的周齐文化融合。

这一阶段是东夷文化与华夏文化全面融合的时期。最终如《汉书·东夷列传》所记载："秦并六国，其淮、泗夷皆散为民户"，延续数千年之久的东夷族群和东夷文化在海岱地区已不复存在。

（本文根据栾丰实教授在山东博物馆"齐鲁文博讲堂"的讲座整理而成，经过本人审核、修改）

注　释

[1] 中国社会科学院考古研究所编：《殷周金文集成》（修订增补本），中华书局，2007年。以下简称《集成》。

[2] 张光裕：《新见保员簋铭试释》，《考古》1991年第7期。

[3] 吴镇烽编著：《商周青铜器铭文暨图像集成》，上海古籍出版社，2012年。以下简称《图像集成》。

[4] 中国社会科学院考古研究所：《中国考古学·夏商卷》，中国社会科学出版社，2003年，第249～253页。

[5] 以下未加注明者，皆引自《后汉书》卷八五《东夷列传》注，第2087、2088页。

[6] 刘绪：《夏商周考古》，山西人民出版社，2021年，第231页。

[7] 栾丰实：《二里头遗址中的东方文化因素》，《华夏考古》2006年第3期；《二里头遗址出土玉礼器中的东方因素》，《中原地区文明化进程学术研讨会文集》，科学出版社，2006年。赵海涛：《二里头遗址二里头文化四期晚段遗存探析》，《南方文物》2016年第4期。

[8] 严文明：《夏代的东方》，《史前考古论集》，科学出版社，1998年。

[9] 栾丰实：《太昊和少昊传说的考古学研究》，《中国史研究》2000年第2期。

[10] 徐旭生：《中国古史的传说时代》，文物出版社，1985年。

[11] 王睿、林仙庭、聂政主编：《八主祭祀研究》，文物出版社，2020年。

[12] 山东省文物考古研究院等：《临淄赵家徐姚考古发掘收获》，《中国文物报》2023年2

月 3 日。赵益超、孙倩倩:《从临淄赵家徐姚遗址看旧新石器过渡阶段》,《中国社会科学报》2023 年 5 月 18 日。

[13] 孙波、崔圣宽:《试论山东地区新石器时代早期遗存》,《中原文物》2008 年第 3 期。

[14] 济青公路文物工作队:《山东临淄后李遗址第一、二次发掘简报》,《考古》1992 年第 11 期。

[15] 山东省文物考古研究所、章丘市博物馆:《山东章丘市小荆山后李文化环壕聚落勘探报告》,《华夏考古》2003 年第 3 期。

[16] 栾丰实:《试论后李文化》,《海岱地区考古研究》,山东大学出版社,1997 年。王守功:《后李文化》,《山东 20 世纪的考古发现和研究》,科学出版社,2005 年。

[17] Gary W. Crawford、陈雪香、栾丰实、王建华:《山东济南长清月庄遗址植物遗存的初步分析》,《江汉考古》2013 年第 2 期。吴文婉、张克思、王泽兵、靳桂云:《章丘西河遗址（2008）植物遗存分析》,《东方考古》第 10 集,科学出版社,2013 年。

[18] 王芬、李铭:《济南市张马屯遗址新石器时代文化遗存》,《考古》2018 年第 2 期。

[19] 中国社会科学院考古研究所:《胶东半岛贝丘遗址环境考古》,社会科学文献出版社,1999 年。

[20] 中国国家博物馆田野考古研究中心等:《山东薛河流域系统考古调查报告》,科学出版社,2016 年。

[21] 钟华南:《北辛文化制陶工艺初探》,苏秉琦主编《考古学文化论集（三）》,文物出版社,1993 年。

[22] 栾丰实:《北辛文化研究》,《考古学报》1998 年第 3 期。

[23] 严文明:《胶东原始文化初论》,《山东史前文化论文集》,齐鲁书社,1986 年。

[24] 栾丰实:《仰韶时代东方与中原的关系》,《考古》1996 年第 4 期。

[25] 山东省文物考古研究所:《山东泰安市大汶口遗址 2012～2013 年发掘简报》,《考古》2015 年第 10 期。

[26] 栾丰实:《东夷考古》,山东大学出版社,1996 年。

[27] 山东省文物考古研究所:《大汶口续集——大汶口遗址第二、三次发掘报告》,科学出版社,1997 年。

[28] 栾丰实:《试论仰韶时代中期的社会分层》,《东方考古》第 9 集（上册）,科学出版社,2012 年。

[29] 杜金鹏:《试论大汶口文化颍水类型》,《考古》1992 年第 2 期。

[30] 山东省考古所等:《山东莒县陵阳河大汶口文化墓葬发掘简报》,《史前研究》1987 年第 3 期。

[31] 山东大学考古学与博物馆学系:《济南市章丘区焦家遗址 2016～2017 年大型墓葬发掘简报》,《考古》2019 年第 12 期。

[32] 栾丰实:《日照地区大汶口、龙山文化聚落形态之研究》,《中国考古学跨世纪的回顾与前瞻（1999 年西陵国际学术研讨会文集）》,科学出版社,2000 年。

[33] 栾丰实、王芬:《夷夏东西——从多元到一统的重要过渡阶段》,《文史哲》2024 年第 5 期。

[34] 钟华南:《大汶口——龙山文化黑陶高柄杯的模拟试验》,《考古学文化论集（三）》,文物出版社,1989 年。

[35] 中国社会科学院考古研究所山东队:《山东日照市尧王城遗址 2012 年的调查与发掘》,《考古》2015 年第 9 期。梁中合、贾笑冰:《尧王城遗址与尧王城类型再探讨》,

《北方文物》2017年第3期。梁中合:《尧王城:鲁东南史前城址新模式》,《中国社会科学报》2016年12月22日。

[36] 栾丰实:《内外两重城址的兴起——鲁苏沿海地区的史前城市化进程及相关问题》,《考古学研究》(十五)上册,文物出版社,2022年。

[37] 中国社会科学院考古研究所等:《临朐西朱封——山东龙山文化墓葬的发掘与研究》,文物出版社,2018年。

[38] 山东省文物考古研究院等:《济南市章丘区城子崖遗址2013~2015年发掘简报》,《考古》2019年第4期。

[39] 刘绪:《商文化的纵横考察》,《夏商周文化与田野考古》,上海古籍出版社,2022年。

[40] 栾丰实:《论东夷和东夷文化及其源流》,《海岱考古》2023年第1期。

[41] 山东大学历史系考古教研室:《泗水尹家城》,文物出版社,1990年。国家文物局考古领队培训班:《泗水天齐庙遗址发掘的主要收获》,《文物》1994年第12期。

[42] 徐基:《从济南大辛庄遗址的第二类遗存探索岳石文化的发展去向》,《辽海文物学刊》1990年第1期。栾丰实:《商时期鲁北地区的夷人遗存》,《三代文明研究(一)——1998年河北邢台中国商周文明国际学术研讨会论文集》,科学出版社,1999年。

[43] 北京大学考古实习队等:《山东长岛县史前遗址》,《史前研究》1983年创刊号。王锡平:《胶东半岛夏商周时期的夷人文化》,《北方文物》1987年第2期。刘延常:《珍珠门文化初探》,《华夏考古》2001年第4期。

古城济南综论

文／崔大庸　山东大学

内容提要

以济南的历史发展为基本线索，重点以考古资料为支撑，从两个大的方面介绍了济南地区近九千年以来的人类社会发展脉络。一是从济南的周边，介绍了后李文化以来各个阶段的重要考古发现，从中可以得知济南这一地区是如何从远古走向今天，从一个山东西部的"边区"演变成今天的省会，跃升为山东的政治文化中心。二是以古城为核心，通过翔实的考古资料，证明了泉城济南从龙山文化时代起就有人类居住，阐述了济南这座古城是如何从齐鲁的一般城邑发展成长为大都市的历史轨迹，从而为讲好省会济南的故事，传承发展这座国家级历史文化名城的优秀文化，为中国连续发展的文明史研究注入济南的贡献。

关键词

济南　城市考古　古城　古国

一　绪　论

（一）地理概况

济南为山东省省会，地处黄河下游，其南为泰山山脉，北部为黄河冲积平原，自古即是南北东西的交通要冲。济南一名始于西汉早期，因古济水（即今黄河）而得名。但其历史比记载要早得多。根据目前的考古发现，济南的历史非常悠久，这里的先人所创造的文化是中华民族古文化的有机组成部分，大量的资料证明，济南是中华文明重要的发祥地之一。1986年济南被评为国家级历史文化名城。

（二）历史沿革

根据文字记载和考古发现，今济南古城区的历史可以上溯至西周时期。西周建立后，在今山东地区置齐国和鲁国，谭国继续保留下来，处于齐国西境与鲁国北境之间。春秋时期，今济南地域属齐。公元前694年"公会齐侯于泺"。"泺"指泺水，发源于趵突泉，是济南见于记载的最早地名。

春秋初置平陵。公元前684年，齐侵鲁，灭谭国。公元前589年，晋、鲁、卫攻齐，战于今市区北马鞍山一带。公元前555年，晋伐齐，与齐灵公战于历下。历下邑，以在历山之下得名，即后来之历城。春秋以后，齐国陆续在济南地区设置食邑，济南古城区所在地是齐国西部边陲重镇，兼顾召集诸侯会盟之用。直至战国时期齐王建四十年（公元前225年），此地一直是齐国食邑，行政等级并无变化。

秦朝推行郡县制，对古代济南城市地位的提升产生了深远影响。"历下"这一地区首次成为国家行政单元，此后，虽先后归属济北郡、齐国、济川国、济南国、济南郡等管辖，但历下县（后更名为历城县）的行政等级未曾变动，一直到东汉末年，皆为县级政区治所所在。

秦始皇二十六年（公元前221年），天下为三十六郡，郡置守、尉、监，后陆续增至四十八郡，齐乃六国最后入秦者，或因时间仓促，或因齐于战国之时未曾实施郡县制，无固有之郡可承袭，始皇在齐地匆匆置郡。谭其骧先生以《史记》判断，秦始皇分"齐郡"置"济北郡"。据学者考证，今济南古城区西南，为济北郡历下县县治所在[1]。

公元前221年，秦灭齐，统一中国，全国分为三十六郡。时历城、平陵、谷城、卢等，隶属济北郡。汉高祖六年（公元前201年），刘邦封子刘肥为齐王（齐悼惠王）。今济南市区时为齐王刘肥封地。"济南"之名称，始于汉初。《史记·齐悼惠王世家》载：汉高后元年（公元前187年），"高后立其兄子郦侯吕台为吕王，割齐之济南郡为吕王奉邑。"治所设在东平陵。吕氏覆灭后，汉文帝元年（公元前179年），济南郡复属于齐。汉文帝十六年（公元前164年），封齐悼惠王子刘辟光为济南王。景帝三年（公元前154年），刘辟光参加以"清君侧"为名的"七国之乱"，平定后，济南复改国为郡。东汉初复置济南国。

东汉晚期，曹操曾在济南任相。三国时期属魏的青州，晋永嘉年间（307～313年），济南郡治由东平陵移至历城。十六国时期，济南郡相继为后赵、前燕、前秦、后燕、南燕所属。东晋为济南郡。北魏统一北方后，济南为郡。北齐时期，济南为其重镇。隋、唐、五代时期，济南基本称齐州，治所即现在的济南市区。宋初改道为路，齐州划属京东西路，辖历城（治所）、长清、章丘、禹城、临邑5县。政和六年（1116年），齐州升为府，称济南府，有名的济南府就是从这一时期开始的。但其辖县及治所同前。金代首次以"山东"正式作为行政区划名称。时济南府属山东东路，领历城、长清、齐河、章丘、济阳、禹城、临邑7县。元王朝济南仍为山东重要的中心城市和政治中心之一，但其所辖仍是今山东省的一部分。

自明洪武九年（1376年）起，济南为山东承宣布政使司、提刑按察使司、都指挥使司驻地，为当时山东之政治中心和首府。此后，济南一直是山东省的省会。

（三）相关考古发现

在章丘西河、小荆山，长清的月庄、张官，济南西郊等地，发现了多处西河—后李文化（距今8500～7500年）、北辛文化（距今7300～6100年）时期的遗址，其中以西河村的发现最重要，其成果被评为1997年度全国十大考古新发现之一。

大汶口文化的命名最早就是在济南，即其最早发现与确认的地方原属于济南管辖的地区，现在归泰安了。这一文化以彩陶为主，玉器也较多见，到其中晚期已出现贫富差别，约相当于距今五千年始出现了文明。济南地区这样的文化遗址发现的较多，其中有的非常重要和高级。具备了中心聚落的性质。比如近年发掘的焦家遗址（图一）。

龙山文化1928年最早发现于济南历城县龙山镇的城子崖遗址（图二），是中国学者最早独立考古的城址之一，这一文化的发现与确立，改写了中国古代的历史，意义非常重大。龙山文化已进入阶级社会，出现了城，文明进程有了进一步的发展。1990年在城子崖发现了一座约20万平方米的古城。这座古城的确认，提出了济南建城史4600年的命题。古城虽已发现，但还有许多问题我们不清楚，如城内布局、宫殿的位置、王陵区等。这个时期山东地区已发现不少城址，这些城可以看成一个个"古国"。在中国古代"国"与"城"有其特殊的意义。

今济南东境城子崖一带建有谭国，谭是商王朝的一个方国。东郊大辛庄商代文化遗址，据勘查，面积达30万平方米，是商代早期的一个重要的居民点。市区刘家庄、长清县小屯、平阴县朱家桥和济南市境内其他地方，都有商代文化遗址。

近些年来，在济南地区发现了大量属于西周至战国时期的古代遗存。特别是古城区内多处遗址的发现，周边更有如济阳刘台子逄国墓葬、长清仙人台邿国墓地、章丘女郎山战国墓等重要发现，对于重新认识济南地区商周文化的总体布局均具有重要意义。

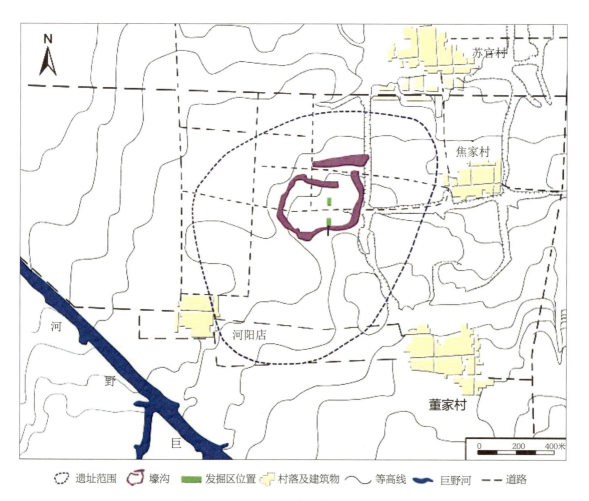

图一　焦家遗址平面图

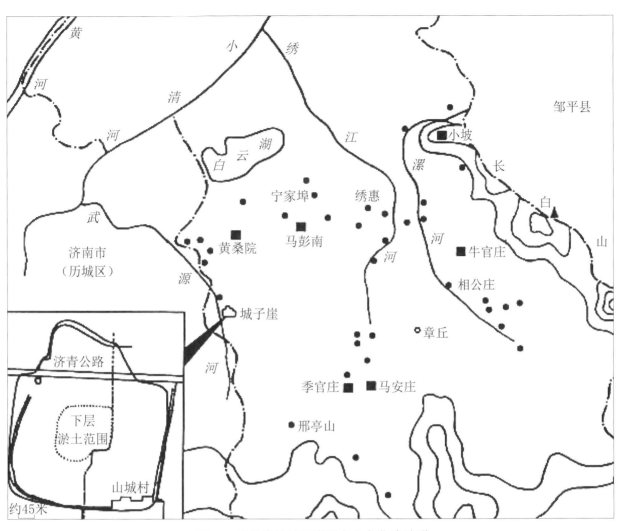

图二　城子崖城址及附近龙山文化遗址群

直到秦统一前，济南还是山东西部的小邑，且与再西的"陶"更是不可比。

汉高后割济南郡为吕王奉邑，治所设在东平陵。东平陵故城遗址，现四面城墙仍暴露在地表上，平面为正方形，城内堆积丰富，发现有大型冶铁、制陶、铸钱等手工业作坊遗址、宫殿建筑基址等，是目前全省乃至全国保存最好的汉代郡国古城址之一。

近些年，济南发掘了3座王陵，反映了汉代济南地区文化经济的发达。一是位于长清双乳山上的济北王刘宽之陵墓。二是位于章丘危山上的济南王刘辟光之陵墓的陪葬坑。三是位于章丘洛庄的吕王吕台之陵墓的陪葬坑。但是，3座王陵的墓主人学术界还存在着争议。其他的一些发现也很重要。

三国两晋南北朝到明清时期，最大的事件就是西晋永嘉年间济南由东平陵城搬到了现址，此后作为济南的中心一直未变。在济南市区及周边发掘了大量墓葬和一些寺庙遗址，最有特点的大量宋元时期的壁画墓，如最近发现的元代张荣家族墓地。寺庙遗址主要有神通寺、灵岩寺、开元寺等。总之，济南地区在各方面的共同努力下，已有八个全国十大考古新发现（西河、焦家、城子崖、大辛庄、仙人台、洛庄、危山、双乳山）。这在全国省会城市周边是很少见的。

二　古城区考古

这里讲的古城区为今护城河之内、东西边扩大到清末民国初期的围子墙之内的范围。

济南市公布了六片地下文物保护区，古城区整体属其中之一。据统计，自济南市考古研究所成立以来，共在古城区进行了20余次的发掘，发现了从龙山文化到清代各个时期的一系列重要遗址和墓葬，出土各类文物（包括陶瓷片）数以万计，其中不乏精品和罕见之物。

由于各个点都是上下叠压的，不便分开介绍，这里就从包含年代最早的点开始说起，然后再简要总结。

1.天地坛街遗址

2010年11月～2011年1月，对历下区天地坛街遗址进行了发掘，发现大量汉代到明清时期的遗存。特别值得一提的是在发掘区东北角最下层发现了龙山文化时期的灰坑，出土龙山文化陶片若干。是目前古城区内发现最早的人类生活遗存，具有重要学术价值。

2.旧军门巷遗址

2002年12月和2003年2月对旧军门巷遗址进行了抢救性发掘。发掘面积约500平方米，发现的遗迹有房址8座、灰坑8个、水井2口、水窖1口；出土的遗物有较完整器物30余件，修复器物100余件，以及大量的陶、瓷片。

在距地表约4.9米的商代文化层中发现灰坑一个，直径约50厘米，填土灰褐色，出土商代中期陶鬲足5件，它的发现比原来一直认为老城2600年的历史，一下提早到了商代中期。

3.高都司巷遗址

2002年10月对该遗址进行了抢救性发掘，面积约3000平方米。大量遗迹被发现，其中包括路面、水井、灰坑、窑址、窖藏等。出土了大量的遗物，主要包括瓷碗、瓷罐、瓷杯、瓷兽等各种瓷器及残片，陶豆、陶壶、陶罐、陶模等各种陶器及陶片，及数百枚铜钱和其他器物。其年代为春秋战国到宋元明清时期，跨越2000多年。

4.济南卫巷遗址

2008年6～11月，在老城区卫巷遗址进行了考古发掘。发掘面积约4800平方米。年代涉及两周至清代。其中一个窖藏内发现金银器达30余件，十分珍贵。

5.运署街汉代铸铁遗址

2004年12月至2005年1月，进行了发掘。发掘面积约1100平方米，发掘范围内的大部分堆积为炉渣、灰烬及大量的冶铁废弃物，部分区域发现宋至明清时期的水井8座。与冶铁活动有关的操作台面1座，沟1条。出土的遗物主要包括陶范、陶器残片、炼炉碎片、铁矿石、铁渣、铁器残片等与冶铁有关的遗物，以及灰陶板瓦、灰陶瓦当等建筑遗物残片。

6.按察司街遗址

2004年3月18日至4月20日，对其进行抢救性发掘。发掘面积约500平方米，发现的遗迹有冶炼遗迹1处、墓葬1座、窑址1座、灰坑10个；发现的遗物有可复原器物160余件以及大宗的铁矿石。此次发掘表明，在古代此处地势要比旧军门巷和高都司巷一带高约2米左右。

7.县西巷佛教造像窖藏

2003年与2006年为配合市政工程实施了两次抢救性考古发掘，均有重要收获，特别是其中的佛教遗存更是引人注目。除北部衙署等遗址外，还在发掘区南部再次发现佛教文化遗存，发现了一座砖筑地宫和另外一座佛教造像窖藏坑。造像种类可以分为：佛像、弥勒像、菩萨像、弟子像、罗汉像、供养人像等，而以弥勒像、佛像和菩萨像居多，共计70余件，对济南地区佛教考古的研究具有十分重要的价值。

8.趵突泉北路古城墙

2007年3～4月，对位于济南老城区趵突泉北路6号工地进行了抢救性考古发掘，发掘面积约2800平方米。发现一段古城墙以及与之相关的散水、灶等遗迹，发掘了宋元至明清时期的8个灰坑、5座房址、4眼水井。出土了修筑城墙用的元代墓碑8块和各类骨器、瓷器等文物377件以及大量精美的明清青花瓷片。

根据城墙内的叠压关系、城墙打破地层的关系以及城墙的出土物，初步推断该城墙始建年代最晚为宋代，明代初期进行了大规模加工。城墙的发掘出土是济南老城区内的重大发现，第一次明确了城墙的底部宽度及结构，并将城墙的筑造历史前推到宋代，填补了文献记载的空白。

9.济南武岳庙遗址发掘

2011年3～4月，为配合对历下区武岳庙、福慧禅林古建筑群文物保护工程，对区域遗址实施抢救性发掘，清理出明清时期福慧禅林的建筑规模和布局，发现大量与该建筑有关的碑刻和其他文物遗存，为合理恢复两座古建筑提供了依据。

10.泰山行宫遗址

位于济南市大明湖景区南部，百花洲景区东部，北为大明湖路，南为万寿宫路，西为岱宗街。根据相关史料记载，行宫始建于明代正德十一年（1516年），是历城区开创年代最早的泰山行宫之一。明代、清代及民国多次重修，"文化大革命"时期彻底废弃，延续时间400余年。

11.宽厚所街遗址

2011年7月～2012年3月，市考古研究所配合济南世贸建设工程实施考古发掘。这是目前济南城市考古中面积最大的一次发掘。最为重要的是发掘出两座明代郡王府——宁阳王府和宁海王府建筑基础。其中，宁阳王府保存完整，规模较大，由中轴院落、东西跨院以及其他相关建筑遗存构成，遵守中国古建筑中轴对称的布局设计。院内还发现完善的排水设施，其中覆盖石板的暗渠式下水道共清理出8条，总长度达400多米。是济南市首次发掘保存完好的明代郡王府遗址，为研究济南的历史沿革以及明代的郡王制度提供了重要资料。该发掘入选2013年中国重要考古发现。

12.珍珠泉畔清巡抚院署衙旧址

2005年11月上旬，施工人员在施工期间，发现了部分柱础、青方砖地面、青石板路和青砖砌筑平面为矩形的积水池等。共清理出四个不同时期的建筑遗址、三眼古井和两处积水池，出土部分瓷片等。

13.十亩园遗址（墓群）

位于济南市历下区十亩园七家村，济南古城墙（解放阁）以东约150米。1998年7月，历下区十亩园旧村改造时发现，济南市考古研究所进行了抢救性发掘。此次发掘面积约800平方米，共清理宋代墓葬57座、灰坑17座。出土陶器32件、瓷器28件、铜器15件、铜钱680枚，另有铁器、金银器、骨器、漆器、石刻等。

14.魏家庄墓地和遗址

2009～2010年，为配合棚户区改造工程万达广场建设，济南市考古研究所对万达广场开建区域（原魏家庄一带）进行了抢救性考古发掘，共发掘汉代和宋元时期的墓葬122座，其中，汉代墓葬约100座。出土文物600余件（套）。特别值得一提的是在汉代墓葬中发现大量精美的铜器和铁器，这在全国是极罕见的。汉代铁器的发现为全国汉代铁器的研究提供了珍贵的资料。大量埋有珍贵文物的汉墓的发现说明了当时此地的济南可能已是一重镇，对研究济南的建城史具有重要意义。一次性发现数量如此众多的汉代贵族墓，无疑为重新定位济南古城在汉代时期的地位和作用提供了重要的实物资料。魏家庄的汉代墓葬的发掘是济南市城区考古中发掘墓葬数量多、出土文物最丰富的一次发掘，对于研究济南的汉代建城史、冶铁史等都具有重要的意义。

经过十余年连续的古城区内的考古发掘，可以说我们掀开了另一部厚厚的地层书，知道了以前从未记载的历史和人们的生活情景。比如，首次发现了早在龙山文化时期这里就有人居住；古城区的地貌发生了很大的变化，地层堆积达五六米厚；城内的地势在古代是西低东高的等等。

当然，还有些问题未找到线索，如文献中记载在老城之东又建新城的考古迹象至今尚未看到。

（本文根据崔大庸教授在山东博物馆"齐鲁文博讲堂"的讲座整理而成，经过本人审核、修改）

注 释

[1] 参见安作璋、张华松：《济南通史·先秦秦汉卷》"典志·政区与职官"卷，齐鲁书社，2008年。周振鹤、李晓杰、张莉：《中国行政区划通史·秦汉卷》第一编下篇"秦县考证"，复旦大学出版社，2017年。

内容提要

山东地区繁荣的新石器时代文化谱系，特别是以大汶口、龙山文化为代表的东夷族团创造了辉煌灿烂的文明，奠定了山东地区传统文化的根基。在商周王朝更替过程中，多元文化相互融合，逐渐形成了新的地域文化——齐鲁文化。本文从齐鲁文化内涵构成、齐鲁文化发展机制、齐鲁文化形成背景及加强对齐鲁文化的阐释、传承与发展四个方面对齐鲁文化进行阐释，未来在弘扬和传承齐鲁文化与中华优秀传统文化上，应加强考古学与历史学、哲学、社会学等相结合，跨学科、多部门联合攻关与综合研究，为挖掘、阐发、弘扬和传承中华优秀传统文化做出更大新贡献。

关键词

齐鲁文化　文化融合互动　传承与发展

齐鲁文化的阐释与弘扬

文／刘延常　山东博物馆

引　言

2020年9月28日，中共中央政治局就我国考古最新发现及其意义为题举行第二十三次集体学习。习近平总书记指出：经过几代考古人接续奋斗，我国考古工作取得了重大成就，延伸了历史轴线、增强了历史信度、丰富了历史内涵、活化了历史场景。2022年5月27日，习近平总书记在十九届中央政治局第三十九次集体学习时的讲话中提到，中华文明探源工程提出文明定义和认定进入文明社会的中国方案，为世界文明起源研究作出了原创性贡献。要同步做好我国"古代文明理论"和中华文明探源工程研究成果的宣传、推广、转化工作，加强对出土文物和遗址的研究阐释和展示传播，提升中华文明影响力和感召力。早在2014年9月，在国际儒学联合会第五届会员大会上，习近平总书记就指出，孔子创立的儒家学说以及在此基础上发展起来的儒家思想，对中华文明产生了深刻影响，是中国传统文化的重要组成部分。2014年11月，习近平总书记对山东工作作出重要批示，要求山东着力建设社会主义核心价值体系，用好齐鲁文化资源丰富的优势，加强对中华优秀传统文化的挖掘和阐发，为做好改革发展稳定各项工作提供强大的精神力量。

山东地处黄河下游，是中华文明重要发祥地之一。山东地区历史文化谱系清晰、脉络完整，其繁荣的新石器时代文化谱系——后李文化—北辛文化、大汶口文化、龙山文化，是中华传统文化形成过程中多元一体的重要组成部分，其中以大汶口、龙山文化为代表的东夷族团创造了辉煌灿烂的文明，奠定了山东地区传统文化的根基。齐鲁文化是泛指今天山东省地区的古代传统文化，狭义的概念则是周代以齐国、鲁国为代表的东方地域文化，因多种文化及其因素的互动与融合，形成了以孔子与儒家学说为代表的思想文化体系，汉代以后逐渐成为中华传统文化的核心组成部分。它是在海岱地区东夷文化基础上，经过商、周王朝的更替，商文化、周文化渐次东进，中原地区商文化与东夷文化的融合、周文化与商文化、周文化与东夷文化的融合，逐渐形成的新的地域文化。山东地区历史文化发展的突出特征表现为：连续性、包容性、贡献度。主要表现在：人类发祥地、万年文化史、文明起源与早期国家形成、东夷文化、商文化东渐、周文化东渐、齐鲁文化、海洋文化与海上丝绸之路、封禅泰山与泰山文化、泰山区域文化、黄河文化、大运河文化、古国文化遗存、诸子百家学说及其思想、红色文化等方面。

本文以考古发现与研究为基础，解读齐鲁文化的要素构成、形成背景和形成过程，旨在深入挖掘、阐发、弘扬和传承齐鲁文化，对讲清楚中华优秀传统文化的渊源、文化心理认同和价值理念的传承延续具有重要的学术价值和现实意义。

一　齐鲁文化内涵构成

（一）山东地区周代考古学文化

100年来的考古研究成果实证了齐鲁文化的丰富内涵，主要包括齐文化、鲁文化、莒文化、珍珠门文化、莱文化、泗河中游的周代考古学文化。

1.齐文化

有关齐文化的考古资料最丰富，研究成果最丰硕。齐文化发展是动态的，范围不断扩大，形成于西周中晚期，春秋时期快速发展，战国时期最为繁荣（图一）。

西周中晚期齐文化主要分布在以临淄为中心的鲁北地区中部，向西至高青县、广饶县，向东发展到青州市、昌乐县，文化面貌彰显出自己的特点，具体体现在墓葬、陶器组合及其特征、青铜器群及其特征等诸方面；在春秋早中期向东到达潍水以西地区，向西分布至济水以东济南地区，向南东部到达沂山山脉以南区域；春秋晚期则重点向齐国的西南——汶河上游地区扩张，向东扩展至胶东半岛；战国早中期齐文化已经分布至汶河上游，向东南扩展至沂沭河上游地

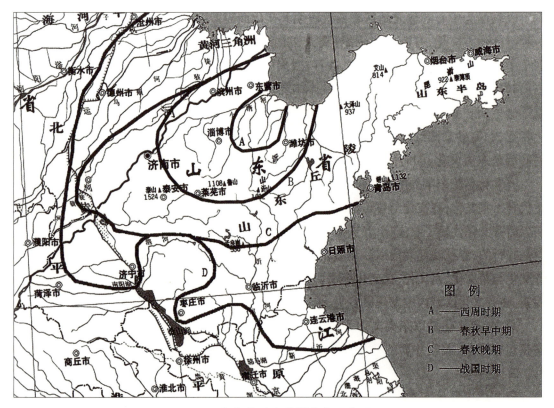

图一　齐文化动态发展分布示意图

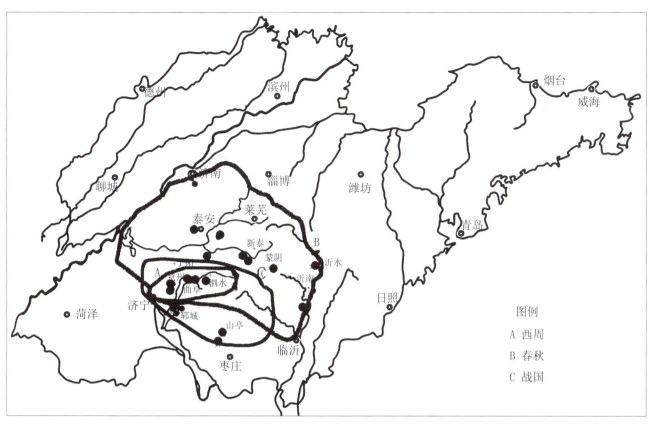

图二 鲁文化动态发展分布示意图

区；战国晚期向东已经到达长岛列岛，向西至济水以西区域，向东南达鲁东南地区腹地和苏北地区[11]。

齐文化与胶东半岛的莱文化在西周中晚期至春秋中晚期是并行的，春秋晚期以后齐文化代替了莱文化；齐文化与鲁东南地区的莒文化在西周中晚期至春秋晚期是并行的，战国早期以后齐文化代替了莒文化；齐文化与其西南面、西面的鲁文化在西周中晚期至春秋晚期早段是并行的，春秋晚期晚段以后至战国时期，齐文化覆盖了鲁文化北部的广大区域。

齐文化与莱文化、莒文化、鲁文化有密切关系，齐文化包含莱国、纪国、莒国、鲁国等诸多文化因素，在齐文化区域内也发现诸多吴、越、楚、燕、宋、赵、魏、韩等古国文化因素。

总之，齐文化是以东夷文化为基础不断扩展的，与周边文化不断交流融合，自始至终是包容开放、兼收并蓄的文化，是齐鲁文化的核心组成部分。

2. 鲁文化

从墓葬特征和陶器群及其要素分析，鲁文化是周文化的继承与传承，这与文献记载也是相符合的，鲁国因继承周人的礼乐典章制度和推行周王室政策而享誉诸侯，进入东周之后更是周文化的代表，与齐文化、莒文化等明显不同（图二）。

春秋时期鲁文化最为繁荣，向北到达济南西部，向东至沂河以西，对莒文化和泗河中游地区影响较大，如陶盉及其变体分布范围很大。鲁文化中少量陶鬲为莒文化因素，少量盂、豆等为齐文化因素，部分楚文化因素如青铜鼎、蚁鼻钱、陶大口鬲等，少量越文化因素如青铜鼎、瓷罐、葬俗等。

鲁国铭文青铜器在山东滕州、山亭、邹城、泰安、济南、莒县、河南登封等地发现，反映了鲁国通过姻亲、会盟等交好策略与邾国、小邾国、莒国、郑国等诸侯国的友好交流。

山东新泰、济宁、兖州、邹城、滕州等地发现的西周早期青铜器，具有晚商文化遗风，或可证明有殷移民存在。从商代时期至西周时期，与鲁北地区不同，鲁文化区域内不见夷人文化遗存。换句话说，汶泗流域在商代、西周初期，中原文化替代夷人文化比较彻底。

总之, 鲁文化是周文化的延续, 曲阜鲁故城及其发现是核心内容, 鲁文化因素对鲁东南和鲁中南地区影响较大, 鲁文化是孔子和儒家思想产生的土壤, 对周文化传统的继承与传播、促进文化交流融合发挥了重要作用, 是齐鲁文化的核心组成部分。

3.莒文化

莒文化是分布于鲁东南地区西周中晚期至战国早期的考古学文化, 该区域文献记载的古国包括莒国、向国、鄅国、阳国、郯国、鄫国等, 以莒国势力最为强大, 结合金文发现 "莒" 字等, 将这支考古学文化称为莒文化(图三)。莒文化西周中晚期形成自己的特点, 主要表现在陶器方面, 分布于日照市境内; 莒文化在西周晚期、春秋初期主要分布于鲁东南地区北部, 青铜器开始形成自己的特点; 莒文化在春秋早期、中期分布最广, 也是莒国势力最强盛的时期, 北部基本是与齐国的分界线, 西部基本是与鲁国的分界线, 南部至郯城北部; 春秋晚期、战国早期, 莒文化主要分布在鲁东南地区南部、东南部, 战国早期以后基本消亡[2]。

4.珍珠门文化

珍珠门文化是岳石文化之后的商代晚期至西周早中期的夷人文化遗存, 分布于胶东半岛、鲁北东部和鲁东南地区, 以夹砂素面褐陶为代表的陶器群是其主要特征, 聚落等级低, 文化发展水平落后[3]。随着商王朝、周王朝向东扩张, 珍珠门文化逐渐东退, 在鲁北地区与地方文化融合比较密切, 其孑遗延续至战国早期(图四)。

珍珠门文化、南黄庄文化是商代和周代夷人文化的代表, 尽管范围越来越小, 文化发展水平不高, 但是它们反映了东夷文化的持续存在, 反映了与商文化、周文化的融合过程与方式, 是齐文化、莱文化的基因, 是莒文化的重要源头, 与淮夷文化关系密切, 是齐鲁文化的底色之一。

5.莱文化

莱文化主要分布于胶东半岛, 形成于西周晚期, 春秋早中期最为丰富, 陶器和青铜器均具有地方特点, 彰显出了夷人文化特点(图五)。

莱文化的特征、影响和形成过程反映了周代文化

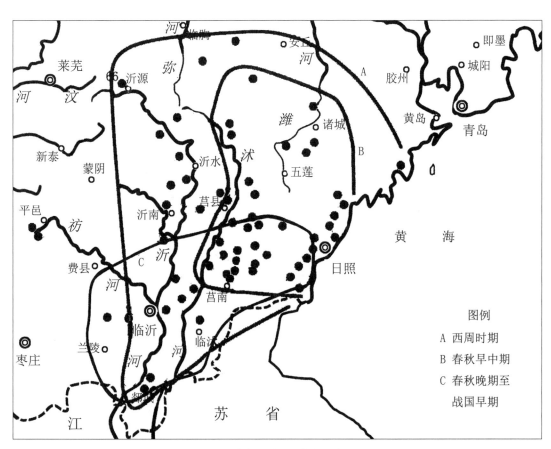

图三 莒文化发展动态示意图

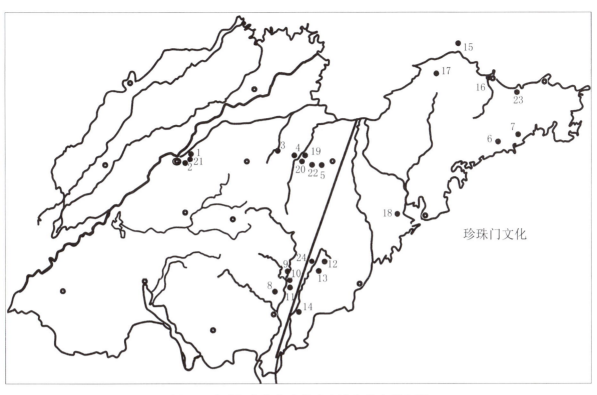

图四　珍珠门文化和商代夷人遗存分布示意图

1.济南大辛庄　2.济南唐冶　3.淄博临淄后李　4.青州赵铺　5.昌乐后于刘　6.乳山寨山　7.乳山南黄庄　8.沂南高家坊庄　9.沂南埠子顶　10.沂南孙家黄疃　11.沂南榆林　12.莒县西苑　13.莒县石龙口　14.莒南王家坊庄　15.长岛珍珠门　16.烟台芝水　17.黄县归城　18.胶州西菴　19.寿光达字刘　20.寿光呙宋台　21.章丘王推官　22.青州郝家庄　23.牟平照格庄　24.莒县塘子（21～24为岳石文化中晚期）

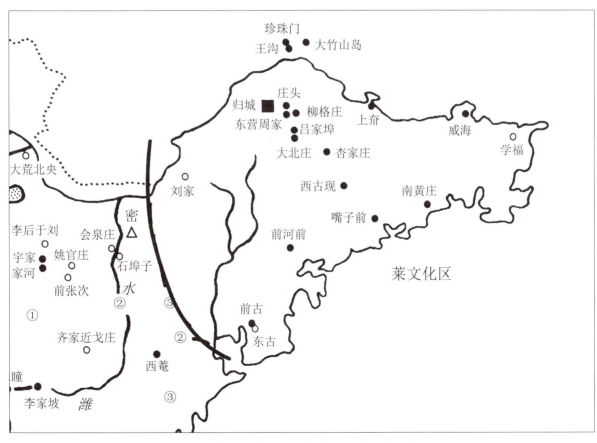

图五　莱文化重要遗存及其分布示意图

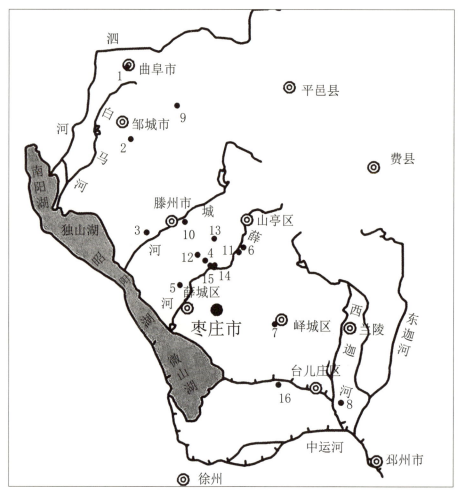

图六　泗河中游周代主要考古发现分布示意图

1.曲阜鲁国故城　2.邹城邾国故城　3.滕州庄里西滕国贵族墓地　4.滕州大韩墓地　5.滕州薛国故城　6.枣庄东江小邾国贵族墓地　7.枣庄徐楼东周墓　8.邳州九女墩墓地　9.邹城栖驾峪　10.滕州东小宫　11.山亭区前台　12.滕州官桥镇善庄　13.滕州官桥镇安上　14.滕州官桥镇北辛　15.滕州官桥镇坝上　16.枣庄伊家河（邾伯罍）

融合的大趋势，体现了周文化与土著文化融合，莱文化与齐文化的融合彰显出了齐文化的发展过程，莱文化是齐鲁文化的重要组成部分和主要基因。

6.鲁中南地区泗河中游区域考古学文化

目前该地区周代主要考古发现有，西周时期的滕州前掌大、庄里西，东周时期的邹城邾国故城[4]、滕州薛国故城[5]、滕国故城、庄里西墓地[6]、大韩墓地[7]、东康留墓地[8]、东小宫墓地[9]、枣庄峄城徐楼[10]、山亭区东江贵族墓地[11]、横岭埠墓地[12]、徐州邳州九女墩墓地[13]、梁王城遗址[14]等（图六）。春秋早期至战国早期分为两个文化区：北部以邹城邾国故城、栖家峪墓葬、滕州东小宫墓地、东江贵族墓地、大韩墓地为代表，墓葬头向东、设器物箱、殉人较多、陶器多黑皮陶、陶器组合为鬲、（盂）、豆、罐和鼎、豆、壶，器物形态有自己的特点，不同于鲁文化、莒文化和滕州南部同时期文化遗存，从出土青铜器铭文和文献记载可知，这里分布着邾国、小邾国，因此我们暂时称为邾文化；滕州南部和枣庄地区，春秋时期以薛国故城、峄城区徐楼墓葬为代表，墓葬要素、陶器、青铜器均有自己的特点，也与周边文化不同，我们暂时称为薛文化。徐州邳州九女墩墓葬和梁王城遗址为代表的文化遗存，与鲁南地区差别明显，我们同意林留根先生的意见，暂时称为徐文化。战国中晚期，邾文化面貌基本消失，被鲁文化所替代；大韩墓地、薛故城为中心的区域，呈现多种文化面貌，有邾文化、薛文化、齐文化、楚文化和燕赵文化因素等，具有自己的特点；徐州邳州梁王城遗址出土战国中晚期齐国陶文等，结合周边齐文化遗存和文献记载，说明这里属齐文化范畴。总之，泗河中游地区自然地理属于南北交通要道，是商、西周王朝向东扩张的重要前沿，东周时期为泗上十二诸侯国的腹地，古国众多、交流频繁，文化消长、融合是其主要特点，体现了传统文化形成过程，是邹鲁之风、墨家学说的发源地，是齐鲁文化的重要组成部分。

（二）山东地区周代古国文化遗存

自周初分封齐、鲁等国家镇抚东方以来，山东地区就分布着众多古国，至春秋时期见于文献记载就达60余个（图七）。

从考古学文化时空关系和都城、大型墓葬和出土青铜器及其铭文等方面综合分析，目前基本能够确认的古国有齐、逄、纪、莱、莒、鄣、郯、邿、鲁、滕、薛、小邾、邾等13个古国文化遗存[15]。还发现芮国、黄国、江国、华国、陈国、吴国、燕国、杞国、曾国、宋国、邿国等古国的有铭青铜器。

目前发现的古国以东周时期为主，春秋时期最多，西周早中期和战国时期古国数量少。反映了西周早中期分封、西周晚期一些古国复苏、春秋时期王室衰弱诸侯四起和战国时期战争兼并的历史背景。山东地区

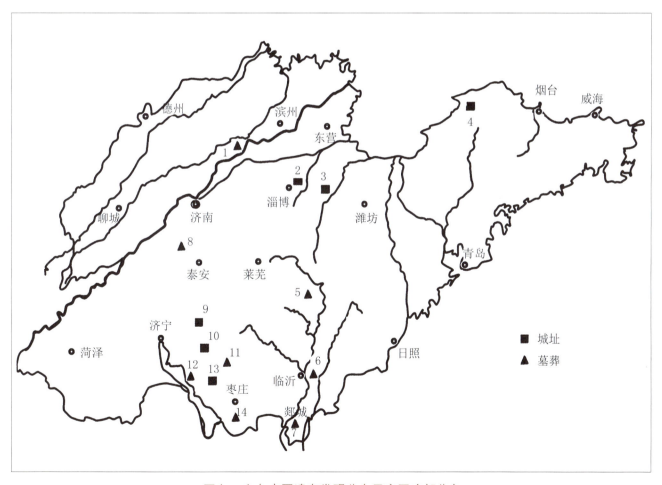

图七 山东古国遗存发现分布示意图（部分）

1.逄国：济阳刘台子西周墓 2.齐国：临淄齐国故城遗址 3.纪国：寿光纪侯台遗址 4.莱国：龙口归城遗址 5.莒国：沂水刘家店子遗址 6.鄣国：临沂凤凰岭春秋墓 7.郯国：郯国故城遗址 8.邿国：长青仙人台墓葬 9.鲁国：曲阜鲁国故城遗址 10.邾国：邹城邾国故城遗址 11.小邾国：枣庄山亭区东江墓葬 12.滕国：滕州庄里西墓地 13.薛国：滕州薛国故城遗址 14.邳（滥或鄫国）：枣庄峄城区徐楼墓地

本土古国东夷文化基因，姬姓古国的分封与传播周文化，和中原、南方、北方地区古国往来交流密切，作为文化大传统的古国文化遗存，是齐鲁文化形成的主导力量，与考古学文化代表的文化小传统相得益彰，构成了齐鲁文化融合发展的内涵与特点。

（三）山东地区周边周代文化遗存

除考古学文化、古国文化遗存外，山东地区还发现了比较丰富的周边地区古文化遗存，以东周为主，主要有青铜礼乐器、兵器、原始瓷器、印文硬陶等典型器物。文化属性包括吴文化、越文化、楚文化、三晋文化、燕文化等。

1.山东地区吴文化遗存

主要分布于泰沂山脉以南的鲁东南和鲁中南地区，年代集中在春秋晚期，以吴国兵器遗存为主（图八）。山东东南部出土较多的吴国典型器物如临沭县出土的印纹硬陶罐、沂水出土的吴王剑以及临沂、莒县出土的青铜矛等，说明春秋晚期吴国与这一区域联系比较

密切，应以友好交流为主[16]。

2.山东地区越文化遗存

山东地区越文化遗存集中在春秋末期、战国早中期，主要发现于鲁东南南部、鲁中南地区和鲁北齐国故城附近（图九）。越国在春秋末期就开始了与鲁国的往来，并干预鲁国、邾国的内务；越灭吴后，北上与齐国、鲁国会盟，取得霸王称号；战国早中期势力强大，莒国依附，伐齐、灭滕、亡郯。大量越国文物的出土，表明越国与山东地区古国的关系密切，尤其是与鲁北地区的齐国和泗上十二诸侯国往来更多，对山东地区古代文化产生了诸多影响。

3.山东地区楚文化遗存

主要发现于鲁东南和鲁中南地区，春秋时期楚文化因素比较少，地点分散，主要出现于大中型墓葬中（图一〇），应是友好交流包括政治联盟、联姻、赠赙等方式影响交流的结果[17]。战国中晚期楚文化因素较多，尤其是众多地点出土了楚国金属货币等。战国时期楚文化因素的特点是楚国逐渐东进争霸形成的，楚

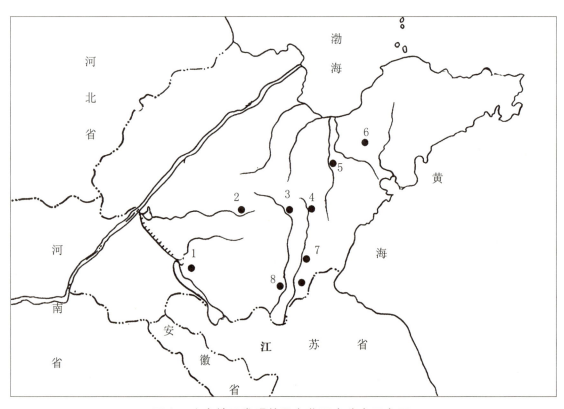

图八　山东地区发现的吴文化因素分布示意图

1.邹城城关镇　吴王夫差剑　2.新泰周家庄　3.沂水县诸葛镇　吴王剑　4.莒县东莞镇大沈刘村　矛　5.临朐县冶源镇湾头河村　剑　6.平度　吴王夫差剑　7.莒南县坪上镇东南沟村　铜钵　8.临沂凤凰岭　9.临沭县北沟头遗址　印纹陶罐

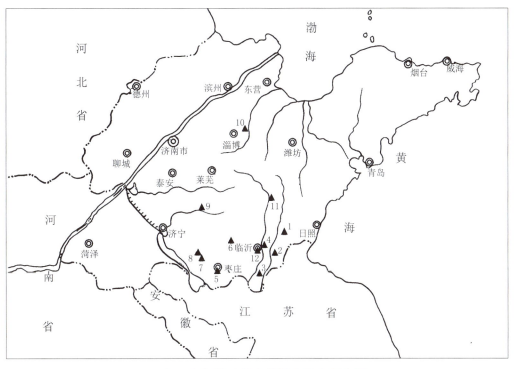

图九　山东地区越文化因素分布示意图

1.莒南县城子　2.临沐县北沟头　3.郯城县古城　4.临沂市河东区故县村　5.费县故城　6.枣庄市南郊青铜戈出土地点　7.滕州市坝上　8.滕州市庄里西　9.曲阜市西百村　10.临淄区阚家寨　11.沂水县鸟篆文戈出土地点　12.临沂罗庄区陈白庄

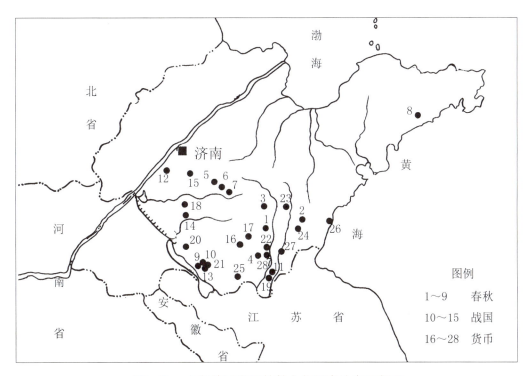

图一〇　山东地区发现的楚文化因素分布示意图

1.沂南县西岳庄大中型木椁墓　2.莒南大店 M1　3.沂水县刘家店子 M1　4.临沂凤凰岭大墓　5.新汶县凤凰泉小型墓葬　6.新泰市郭家泉小型墓葬　7.新泰周家庄　8.海阳嘴子前　9.薛故城 M6（以上为春秋时期）　10.薛故城 M5　11.郯城二中战国墓　12.长清县岗辛战国大墓　13.薛故城 M8　14.鲁故城 M3、M8　15.泰安东更道村（以上为战国时期）　16.费县石井公社城后村　17.费县探沂镇城子村　18.曲阜城北董大城村　19.郯城县郯国故城北关五街村　20.邹城邾国故城　21.薛故城　22.临沂　23.莒县　24.莒南　25.兰陵苍山　26.日照　27.临沐县　28.临沂义堂镇（以上为货币）

灭鲁后疆域扩展到曲阜一带，鲁中南地区、鲁东南地区部分地区在战国中晚期属楚国占领区，考古发现与文献记载是相吻合的。

4.山东地区晋文化遗存

西周、春秋时期晋国与齐国、鲁国等交往甚多，包括会盟、通婚、人员与使者往来、战争等，但是在山东地区目前没有发现西周和春秋时期晋文化遗存（图一一）。战国时期在山东地区发现文化遗存主要是韩国钱币、魏国和赵国兵器[18]。2017～2019年我们主持发掘的滕州市大韩贵族墓葬，也出土一些赵国文化相关的器物，如青铜鬲形鼎、陶鸟柱盘等，从地域看主要是与齐国战争、贸易的遗存。

5.山东地区燕文化遗存

长岛汪沟战国墓葬、滕州大韩战国墓葬出土的刻纹青铜器、临淄淄江花园战国墓葬出土的镶嵌红铜壶等，应是燕国文化遗存（图一二），这些遗存证明了燕国与齐国之间较多往来的事实，反映出两国相互之间的文化交融，包括战争、婚姻、会盟、人员来往等。特别是山东地区出土较多战国晚期燕国文化遗存，集中在临淄齐故城、莒县莒国故城周围，与文献记载燕国占领齐国、围攻莒邑等相吻合。另外，战国晚期秦文化遗存在山东地区亦有发现，如临淄商王墓地出土青铜蒜头壶、青州西辛大墓出土银盒等，说明了秦文化与齐文化的交流。

山东地区出土众多东周时期诸多古国文化遗存，表明了和山东古国之间的密切往来，形成了文化融合的繁荣局面。与周边古文化的交流与融合是齐鲁地域文化形成中必不可少的外在动力，体现了包容开放、兼收并蓄的特点。

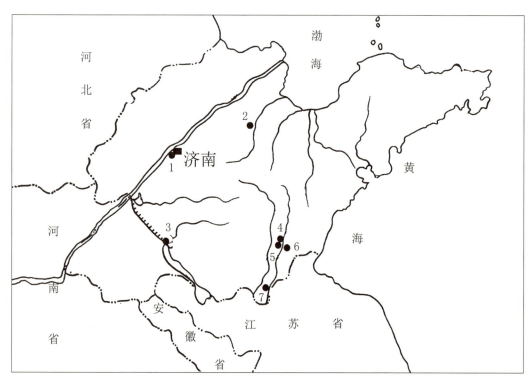

图一一 山东地区发现三晋文化因素分布示意图

1.济南 魏 "元年闰"矛 2.临淄城北 赵 建信君铍 3.济宁 魏 虞一钸 韩 一钸 4.莒县城阳镇 韩 十年洱阳令戟 5.莒县 赵 承禄铍 6.莒南县路镇 赵 十年得工铍 7.郯城 魏 郤氏左戈

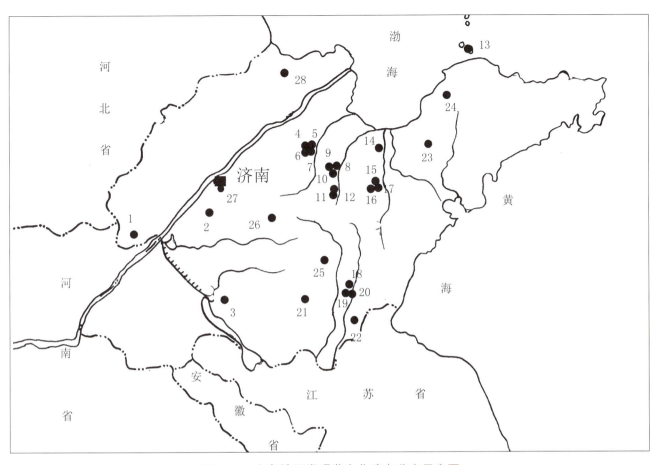

图一二　山东地区发现燕文化遗存分布示意图

1. 寿张　梁山七器　2. 肥城店子村　戈　3. 邹城小胡庄　戈　4~7. 临淄齐故城　剑、尖首刀　8~10. 青州　博山刀、矛 11、12. 临朐　矛、尖首刀　13. 长岛王沟东周墓　戈　14. 昌邑　明刀　15~17. 潍坊　戈、刀币、玺印 18~20. 莒县　刀币、刀范、戟 21. 费县　戈 22. 临沭　戈　23. 平度　刀范　24. 招远　刀币　25. 沂水袁庄乡　戈　26. 泰安东更道村"右冶尹楚高"罍 27. 济南附近出土　28. 沾化县冯家乡西垄村　戈

二　齐鲁文化发展机制——内部文化融合与周边文化互动

通过以上考古学文化遗存的梳理与分析，周代700多年的历史画卷在山东地区徐徐展开，可谓波澜壮阔、绚丽多彩，为我们解读齐鲁文化找到了金钥匙——文化融合。

第一，西周早中期周王室对东方的分封、控制，使得周文化与商文化、夷人文化在山东地区初步融合，再次促进了夷商文化因素后期的融合，进一步奠定了土著文化基因，也奠定了齐文化、鲁文化、莒文化的格局。之后，随着莱文化、莒文化的兴盛消亡和齐文化的扩展，促进了周文化与地方文化的融合，新的地域文化闪亮登场；鲁文化对周文化礼乐文明的继承、传播和坚守，在争霸称雄的时代赋予了新生；邾文化、薛文化的发展与传承，与江淮地区、中原地区的交流融合，显示出了区域活力。考古学文化的产生、发展、演变与互动，代表了大众的、民众的文化，是齐鲁文化形成的基础。

第二，山东地区周代古国众多、渊源有自，互动频繁，并与周边古国交流融合，如会盟、婚姻、人员往来、战争、赠赙、馈赠等。这种贵族文化及古国间的交流，对文化传播与融合产生了积极带动作用，奠定了齐鲁文化的文化大传统。齐国的争霸称雄，文化扩展，是齐鲁文化的交流融合的集大成者；鲁国对周礼继承、传播，是礼崩乐坏、战乱时代的精神砥柱，是文化传统的坚守与传承，是齐鲁文化重要特点的创造者；其他众多古国的存在与交流，均是文化的传播者、文化融合的积极参与者，是齐鲁文化灿烂的组成部分和融合催化剂。

第三，东周时期周边古国之间的互动，体现了社会变革阶段的时代特征——争霸称雄，也促进了文化艺术的繁荣，促进了地缘文化的融合。

考古学文化的融合演变、古国文化遗存的交流融合和周边古文化古国的互动交流，为齐鲁文化的最终形成搭建了成功的平台，是孔子、儒家思想和诸子百家学说诞生的良好土壤。

三 齐鲁文化形成背景——纵向继承与传承

同时期文化充分融合是齐鲁文化形成的内因，而对传统文化的继承发展，同样是齐鲁文化形成的必要条件。

东夷文化是山东地区古代文化基因，龙山文化逐鹿中原与中原地区及其他文化融合，商文化东渐与东夷文化再度融合，形成不同区域特点，周文化与东夷文化、商文化和地方文化第三次融合，夷、商、周文化的融合与继承，是齐鲁文化形成的历史背景。

（一）东夷文化是齐鲁文化发展的基因

山东地区史前时期文化序列为后李文化—北辛文化—大汶口文化—龙山文化，山东龙山文化是传说时代的东夷族团，东夷文化谱系一脉相传：大汶口文化—龙山文化—岳石文化—珍珠门文化。山东地区史前时期文化谱系完整、自成体系，文化发展水平极高，是中华文化多源之一，是文明发祥地之一。

大汶口文化中晚期开始出现了城址、大墓、玉器、祭祀、阶层分化等文明要素，显然已经进入古国阶段，并大规模向中原、南方地区扩展与传播。龙山时代城址林立，如同全国一样，进入万国林立的传说时代，龙山文化时代中后期参与"逐鹿中原"，与华夏族团、苗蛮族团大规模融合。三大族团联合建立夏代国家政权，东夷族团曾一度"后羿代夏"，形成夷夏东西对立局面，山东地区则全部演变为岳石文化。夏代及以前，东夷文化是山东地区古代文化的基因，并积极地以文化融合。

（二）商文化东渐，与夷人文化融合，是齐鲁文化形成的基础

商王朝建立后，迅速向东扩展，商文化东渐，中原地区商文化与东夷文化大规模融合。至商代晚期，商文化向东扩展至潍水至沂河一线以西地区，东部地区为夷人文化——珍珠门文化分布区；而商文化分布区的文化面貌也不尽相同，鲁北地区夷商文化共存、关系密切，鲁中南地区则不见夷人文化，商文化替代了东夷文化，鲁东南地区西部为商文化、东部为珍珠门文化。

（三）周王室分封齐国、鲁国和对东土的控制，周文化与商文化、夷人文化融合，是齐鲁文化形成的必要条件

周公东征后，成王分封齐、鲁、滕等国家镇抚山东地区，周王室又派出启、芮等贵族势力镇抚胶东半岛夷人势力，再派出王师帮助齐国镇抚鲁北地区，在临淄、寿光、寒亭、桓台、淄博等地亦布局贵族势力，稳定齐国镇抚鲁北局势，又册封归降的逢国布局在齐国西部边缘地区。分封滕国和归顺的薛国镇抚鲁南地区，分封鲁国掌控鲁中南地区。分封齐国为中心镇抚稳定鲁北地区，同时采取诸多措施稳定局势（派出贵族势力、王师、册封归顺的小国稳定边区局势，布局贵族势力拱卫齐国地位）。分封鲁国镇抚鲁中南地区，周边布局贵族势力拱卫稳定鲁国局势，同时采取措施分封滕国协助镇抚鲁南地区，北部、南部边缘地区则布局归顺的商贵族。在此基础上，齐国、鲁国根据地利和文化格局分别走向了不同的发展道路，和各自地方文化不断融合，形成了齐文化、鲁文化，同时影响了其他文化的消长与演变，随着时代与形势的变化，古国、古文化不断交流融合，最终形成了齐鲁文化。

四　加强齐鲁文化的阐释、传承与发展

（一）齐鲁文化是产生儒家思想和诸子百家学说的摇篮

齐鲁文化有三个显著特点：一是东夷文化是其底色和基因，二是周文化的继承与延续，三是多种文化因素融合最为充分。在时代背景和齐鲁文化基础上才能产生出孔子及其儒家思想、诸子百家学说，经战国时期诸子百家的交流融合、儒家学派的发展，最终形成了齐鲁地域思想文化，西汉"罢黜百家，独尊儒术"后，以新儒家思想为核心的齐鲁文化上升成为中华传统文化的主流文化。

孔子创立儒家学说，上承三代，祖述尧舜，宪章文武，为集文化大成，孔子以前的2000多年的文化在山东地区历经多次充分大融合、积累沉淀，是齐鲁文化形成产生的历史背景，也是孔子与儒家思想产生的历史背景，也是中华优秀传统文化的形成过程。

战国晚期开始"齐鲁"并称，汉代因之，并与"山东"关联，概指齐鲁文化融合、儒家思想与儒学盛行之风，后世沿用至今，以齐鲁文化著称。

（二）加强齐鲁文化的考古学研究与解读

以考古学视野对齐鲁文化进行的系统解读，彰显了考古学的独特作用，同时证明考古学能够对从历史文献、思想文化、哲学、儒学研究和弘扬传承齐鲁文化诸多方面提供可视可触可用的资料。考古学在研究古代社会文明的核心内容——制度文物、礼仪风俗（如聚落布局、建筑、墓葬、器用制度、礼俗、生产、技术、生活、军事、艺术等文化遗存），在研究媵器、赠赙、赠品、战利品、贸易商品、技术输入与输出品——文化互动与交流因素等，在研究文化大传统——贵族传统和文化小传统——大众平民文化等基础方面，能够发挥考古学的独特作用。

（三）"大传统与小传统"理论

"大传统与小传统"（great tradition and little tradition）这一理论，是美国人类学家罗伯特·雷德菲尔德（Robert Redfield，1897~1958）在分析乡村社会文化时提出来的，以此来说明复杂的社会文化生活中存在着两种不同层次的传统。

在中国，一方面存在着具有明显的一致性的文化大传统，同时各个区域还存在着因为种种的原因——比如说自然环境、文化传统、当地的生产生活方式等等导致的文化小传统。通过对中国古代人类学的研究发现，中国古代文化同样存在文化的大传统与小传统并存这样的现象。

（四）轴心时代理论

德国思想家卡尔·雅斯贝尔斯（Karl Jaspers）在《历史的起源与目标》一书中，第一次把公元前500年前后，同时出现在中国、西方和印度等地区的人类文化突破的时代称之为轴心时代（Axial Age or Axial Period）。"轴心时代"发生的地区大概是在北纬30°上下，就是北纬25°~35°区间。

根据轴心时代理论，这个时期出现了众多具有划时代意义的思想家和重大宗教教义，包括古印度的佛陀、中国的孔子、古希腊的苏格拉底和柏拉图等。这

些思想家在各自的文化背景中，提出了关于人性、道德、宇宙秩序和存在意义等方面的重要问题的回答，并试图为人类社会建立更有意义和有价值的秩序。

五 结 语

在当今中华民族伟大复兴的中国特色社会主义建设过程中，应加强对中华优秀传统文化的研究阐发、保护传承与交流弘扬，对提高文化素养、凝聚共识和坚定文化自信，对建设经济文化强国等具有重要的现实意义。

齐鲁文化代表了周代山东地区的传统文化，因其充分融合形成的文化传统，彰显出了地方地域特点，与东周时期中原地区晋与三晋文化、关中地区的秦文化、长江上游地区的巴蜀文化、中游地区的楚文化、下游地区的吴越文化、北方地区的燕文化一样成为重要的地域文化，是中华传统文化的重要组成部分，对研究中华传统文化和文化传统的形成与传承具有重要价值。

如何让文物活起来，如何弘扬和传承齐鲁文化与中华优秀传统文化，值得我们持续思考、关注与努力，应加强考古学与历史学、哲学、社会学等相结合，跨学科、多部门联合攻关与综合研究，为挖掘、阐发、弘扬和传承中华优秀传统文化做出更大新贡献。

（本文根据刘延常馆长在山东博物馆"齐鲁文博讲堂"的讲座整理而成，经过本人审核、修改）

注 释

[1] 刘延常、王子孟：《考古视野下的齐文化发展和融合》，《管子学刊》2019年第2期。刘智：《鲁东南苏北地区的东周齐文化遗存及相关问题浅析》，《传承与创新：考古学视野下齐文化学术研讨会论文集》，上海古籍出版社，2019年。

[2] 刘延常：《莒文化解读——一种文化发展模式下的思考》，《李下蹊华——庆祝李伯谦先生八十华诞论文集》，科学出版社，2017年。

[3] 刘延常：《珍珠门文化初探》，《华夏考古》2001年第4期。

[4] 山东大学历史文化学院考古系、邹城市文物局：《山东邹城市邾国故城遗址2015年发掘简报》，《考古》2018年第3期。王青、路国权、郎剑锋等：《山东邹城市邾国故城遗址2015～2018年田野考古的主要收获》，《东南文化》2019年第3期。山东大学邾国故城遗址考古队：《山东邹城市邾国故城遗址2017年发掘简报》，《东南文化》2019年第3期。山东大学历史文化学院、山东大学文化遗产学院、邹城市文物局：《山东邹城市邾国故城遗址2017年J3发掘简报》，《考古》2018年第8期。

[5] 山东省济南市文物管理局：《薛国故城勘查和墓葬发掘报告》，《考古学报》1991年第4期。

[6] 滕州市博物馆：《山东滕州庄里西战国墓》，《文物》2002年第6期。

[7] 郝导华、张桑、刘延常：《山东滕州大韩东周墓地发掘获重要发现》，《中国文物报》2018年7月27日。

[8] 山东省文物考古研究所、滕州市博物馆：《山东滕州东康留周代墓地发掘简报》，《文物》2013年第4期。

[9] 山东省文物考古研究所、滕州市博物馆：《山东滕州市东小宫周代、两汉墓地》，《考古》2000年第10期。

[10] 枣庄市博物馆、枣庄市文物管理委员会办公室、峄城区文广新局：《枣庄市峄城区徐楼东周墓葬发掘报告》，《海岱考古（第七辑）》，科学出版社，2014年。

[11] 枣庄市博物馆、枣庄市文物管理办公室：《枣庄市东江周代墓葬发掘报告》，《海岱考古（第四辑）》，科学出版社，2011年。

[12] 2016年山东省文物考古研究所发掘资料。另外，缴获被盗铭文青铜器，现存山亭区公安局。

[13] 徐州博物馆、邳州博物馆：《江苏邳州市九女墩春秋墓发掘简报》，《考古》2003年第9期。四川大学历史文化学院、江苏省邳州市博物馆：《江苏邳州市九女墩三号墩的发掘》，《考古》2002年第5期。

[14] 南京博物院、徐州博物馆、邳州博物馆：《邳州梁王城遗址2006~2007年考古发掘收获》，《东南文化》2008年第2期。

[15] 刘延常、徐倩倩：《山东地区周代古国文化遗存研究》，《两周封国论衡——陕西韩城出土芮国文物暨周代封国考古研究国际学术研讨会论文集》，上海古籍出版社，2014年。

[16] 刘延常、曲传刚、穆红梅：《山东地区吴文化遗存分析》，《东南文化》2010年第5期。

[17] 刘延常、高本同、郝导华：《山东地区楚文化因素分析》，《楚文化研究论集》（第七集），岳麓书社，2007年。

[18] 刘延常：《山东地区三晋文化遗存分析》，待刊。

齐鲁文化的阐释与弘扬

八主祭祀与齐国思想

文／王睿　故宫博物院

内容提要

八主祭祀是指对天、地、兵、阴、阳、月、日、四时八种对象的祭祀，仅见于《史记》《汉书》，曾经得到秦始皇、秦二世、汉武帝和汉宣帝的祭祀。它们的祠祀地点分布在今山东半岛即齐之分野上，三个在中部，余在东部沿海，是利用原有的祭祀地点来分定对应新宗教祭祀体系中的祭祀对象。八主祭祀属于宇宙论式的宗教体系，它所体现的人与自然关系、阴阳对等的宗教理念对中国国家宗教郊祀制影响深远。

关键词

八主　祭祀　齐国

"八主"是指天、地、兵、阴、阳、月、日、四时八种祭祀对象，八主祭祀最早记录于《史记·封禅书》：

> 八神将自古而有之，或曰太公以来作之。齐所以为齐，以天齐也。其祀绝莫知起时。八神：一曰天主，祠天齐。天齐渊水。居临淄南郊山下者。二曰地主，祠泰山梁父。盖天好阴，祠之必于高山之下，小山之上，命曰"畤"；地贵阳，祭之必于泽中圜丘云。三曰兵主，祠蚩尤。蚩尤在东平陆监乡，齐之西境也。四曰阴主，祠三山。五曰阳主，祠之罘。六曰月主，祠之莱山。皆在齐北，并渤海。七曰日主，祠成山。成山斗入海，最居齐东北隅，以迎日出云。八曰四时主，祠琅邪。琅邪在齐东方，盖岁之所始。皆各用一牢具祠，而巫祝所损益，珪币杂异焉[1]。

八主祭祀只有在《史记》《汉书》中被载录，秦始皇、秦二世、汉武帝、汉宣帝均亲临其中的某几个祭祀地点进行祭祀[2]，祭祀时间是皇帝驾临时则祭祀，常时不祭，"上过则祠，去则已"[3]。八主祭祀列于国家祀典的时间不过二百年，汉成帝建始二年（前31），于长安南郊祭天、北郊祀地的郊祀制确立后被废止[4]。

一　八主祠地理位置

八主祠均分布在山东半岛，在汉代的星野制度中属齐地[5]。天主、地主、兵主三祠在半岛腹地，余在东部沿海（图一）。

通过多年的考古工作与文献研究发现，天主祠位于今临淄市齐都镇齐

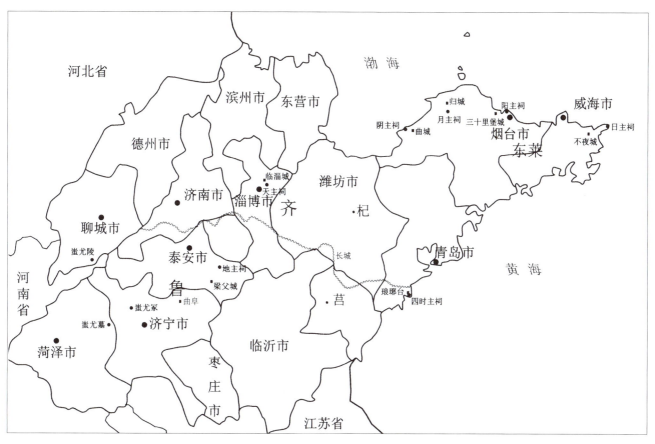

图一　八主祠地点分布示意图

国临淄故城南的牛山脚下，此处原有泉水涌出名"天齐渊"，如天之腹脐，喻为天下的中心。原来的"天齐"祭祀借用为天主，祠祀遗址已遭破坏，但在临淄故城等地曾发现带有"天齐"字样瓦当。地主祠的地点没有发现，研究证明梁父山应不是今人所指的映佛山，新泰市楼德镇的羊祜城即为梁父城[6]，地主祠应在其附近。兵主所在的"东平陆监乡"位于鲁西南，在东平巨野一带，属于黄泛区，古今地貌差异非常大，已经没有踪迹可寻。阴主祠位于今招远市三山镇海边的三座小山上，已遭破坏，东南有曲城城址。阳主祠位于烟台市的芝罘岛上，现尚存元代阳主庙碑和清代阳主祠的部分建筑，西南为三十里堡古城址。月主祠在龙口，所在的归城内有秦汉时期为皇帝的亲临修建的离宫别馆。日主祠位于威海市荣成成山头，考古发现有瘗埋玉器为祭，西南有不夜城。四时主祠所在的琅琊台位于青岛市黄岛区的琅琊台上，文献材料中多见越王句践在此建都的记载。

二　八主祭祀概念的出现

《封禅书》对八主祭祀出现的时间推断是模糊的，有推论认为是西周初年齐国始封之时，但综合分析八主祠的分布地点和周代诸侯国疆域的划分和管控情况，这种说法是不成立的。

西周以来，齐、鲁两个封国是山东半岛最主要的政治势力，分踞半岛中部的南北，齐长城横亘半岛东西，"长城之阳，鲁也；长城之阴，齐也"。它们西有曹，齐东有莱，鲁东有莒、杞等地方势力（见图一）。战国时期，随着周王室式微，诸侯间相互侵伐，齐地又有越、楚、秦等势力的侵入。战国最晚期，各诸侯国相继殄灭，秦齐对峙，曾被各方势力把持的今山东地区才归于齐。

八主祠中，天主祠因居齐都临淄南郊，一直为齐所有。其他祠祀之地，自西周至战国时期，曾分属不同的国家。地主祠梁父，位于泰山脚下，属于鲁国腹地。兵主祠处于黄泛区，当属鲁。山东北部本为莱人之地，莱国于春秋晚期被齐所灭，阴主、月主、日主等祠祀地归齐所有。根据文献和出土青铜器铭文，阳主所在的烟台市区属纪国。鲁庄公四年（公元前690年），齐襄公伐纪，纪国灭亡。四时主祠所在的今青岛市黄岛区琅琊镇，西周以来分属不同的政治势力，原属莒国。楚灭莒后，战国晚期在秦的逼迫之下，楚不能实有其地，亦成齐之属域。

周代分封的诸侯国，疆域分明，各诸侯王所获分封，包括疆域中神灵的祭祀权，如疆域中的山川神以及疆域所对应天上的二十八宿。诸侯对神灵祭祀的越位标志着对疆域的侵犯，只有周王享有各国山川神灵的护佑。楚昭王和周夷王有疾时，祭祷对象不同，形象地说明了祭祀权的不同：

> （楚）昭王有疾，卜曰："河为祟。"王弗祭。大夫请祭诸郊。王曰："三代命祀，祭不越望。江、汉、睢、漳，楚之望也。祸福之至，不是过也。不穀虽不德，河非所获罪也。"

> 周夷王病，"王愆于厥身，诸侯莫不并走其望，以祈王身"。

战国晚期之前，八主祠所在的各个地点异国而处，直到齐国在地域上"南有泰山，东有琅邪，西有清河，北有渤海"时，八主的八个祠祀地点才尽归于齐域，原分属不同诸侯国的不同神祇，只有在专属齐国时才有可能被整合为八主祭祀，司马迁历数八神时也是以齐为中心来叙述其方位，所谓"齐地八神"应该是战国晚期的概念。

三　八主祭祀形成的原因

八主的祭祀对象天、地、日、月是人自身所处环境的客观存在，对天、地、日、月的祭祀，历史久远。《太一生水》为理解八主祭祀提供了启示。太一生水是一种宇宙生成模式，太一是万物之源，万物的生成方式是借用水来运行。八主祭祀系统中未存在世界本源，但具备了太一生水中宇宙构成要素———天地阴阳四时，而天、地、日、月、阴、阳、四时是战国时期多种宇宙生成论的构成要素，并亦多见于承继

融合了战国时期思想的汉代早期思想著作中，如《礼记·礼运》《淮南子·天文》等。战国晚期和汉初的文献也反映了天、地、日、月、阴、阳、四时不只是宇宙论中的构成要素，对它们的顺应和掌控可以用来制定人间社会秩序的依据。

战国时期，在诸侯兼并的态势下，求自保和发展的各国诸侯渴求人才，诸子学说的指向无一不是治国方略，融合他说，以秉持的学术政治思想为基础来构拟新型社会制度，正所谓"百家殊业，皆务于治"。《礼记·王制》与《管子》《吕氏春秋》中的某些篇章，都有将学术思想转化为意识形态的内容。《礼记·王制》以邹衍的九州地理景观为基础，来划定各种社会秩序。《管子》《吕氏春秋》的理论基础是五行论，五行与四时强行配比，力图规划社会活动。《周礼》依据天地和春、夏、秋、冬四时的节律来制订标准，安排社会活动、规定行事内容，后成为王莽改制的蓝图。《周易》是猜测宇宙运行与人事间的互动规律。八主则是在宇宙论、人与自然关系的思想基础上一种新型祭祀体系的创设。

八主祭祀的思想理念与齐国稷下学宫黄老学派最为接近，虽然不能指认八主祭祀具体的创立者，但可以寻其思想踪迹。八主祭祀属于自然类的宇宙观，不认同神创宇宙，有很深的阴阳思想等。马王堆帛书中的"黄老言"和《鹖冠子》，是目前发现的与八主思想理念最为接近的著作。马王堆帛书《十六经》中的《观》《道原》与《鹖冠子》中的《度万》所论宇宙生成模式[7]，《经法》中的《六分》与《鹖冠子》中的《近迭》《泰鸿》中所论人与自然的关系的内容[8]，基本思想与八主类同，并且《十六经》中的《五正》《正乱》和《鹖冠子》中的《世兵》都有与蚩尤相关的内容。

秦汉时期，国家政治体制否定了血缘制为基础的分封制，实行皇权下郡县二级行政制度。政治体制的变化必然导致国家宗教等意识形态的变化，分封制的瓦解降低了以血缘为纽带的祖先祭祀的重要性，以地缘政治为基础的集权政治需要新的宗教体系与之相匹配。在国家宗教的转型期，秦皇汉武实施宽容的宗教政策："其特点是衔接古今，协同上下，调和东西，折衷南北。如他们对各地原有的宗教和民间的宗教都是采取兼收并蓄，宗教政策上的多元化和兼容性。"秦皇汉武利用巡守和封禅来实施对东方的经略，加上对长

生不老之术的痴迷，精研天地奥秘和人事废兴、练就了一套政治生存术的东方思想家。八主祭祀的创设者利用原有的祭祀地来匹配他们新的宗教祭祀体系，把齐地早已存在的祭祀地点重新排布为八主的祭祀地点，成功兜售了他们的宗教思想，八主得到了秦汉皇帝的祭祀。秦汉时期之前，八主祭祀可能只是存留于思想层面。

四　历史影响

胡适认为八主祭祀时齐地宗教经过整理，把各地的拜物拜自然的迷信，加上一点系统，便成了天、地、日、月、阴、阳、兵与四时的系统宗教了[9]，而加上的"一点系统"不同于中国传统上至为重要的祖先崇拜，祭祀对象不属于人神系统，亦非对某个自然神的单独崇拜。它应是东方思想家经历了血缘分封制毁坏崩塌后的离变之痛，对于人与人所依赖的自然环境之间的关系有了深刻认识，在此思想基础上创造出的神明体系。

在八主的宗教系统中，东方祭祀传统中阴阳对等的理念得到充分体现，古老的封禅礼用禅地来对应封天，在八主祭祀中即为天与地、阴与阳、日与月，阴阳对等的祭祀模式；蚩尤作为兵主位于自然神中，代表的人与自然的关系，后为强调皇权的郊祀制所继承，祭天祀地围绕国都，皇帝的先祖配享天地。

八主祭祀的宗教理念和祭祀模式虽然在国家祀典中只存续了秦汉两代，但对延续两千年的国家祭祀体制－郊祀制有根本性的影响，虽不是由八主祭祀直接发展而来，但建立在共同的宗教理念基础之上。

（本文根据王睿研究馆员在山东博物馆"齐鲁文博讲堂"的讲座整理而成，经过本人审核、修改）

注　释

[1] 司马迁撰、裴骃集解、司马贞索隐、张守节正义：《史记·封禅书》，中华书局，1959年，第1367、1368页。

[2] 秦始皇事见《史记·封禅书》，第1367、1370页；《史记·秦始皇本纪》，第244、249、259、263页；班固撰，颜师古注：《汉书·郊祀制》，中华书局，1962年，第1205页。秦二世事见《史记·封禅书》，第1370页；《史记·秦始皇本纪》，第260、267页。汉武帝事见《史记·孝武本纪》，第474、475、480、485页；《史记·封禅书》，第1397、1398、1401、1403页；《汉书·郊祀制》，第1234、1235、1243、1247、1248页；《汉书·武帝纪》，第196、206、207页。汉宣帝事见《汉书·郊祀制》，第1250页。

[3] 八主在秦代国家祭祀体系中的地位，"诸此祠（指雍地诸祠）皆太祝常主，以岁时奉祠之。至如他名山川诸鬼及八神之属，上过则祠，去则已"。载于《史记·封禅书》，第1377页；《汉书·郊祀志》，第1209页。八主在汉代国家祭祀体系中的地位，"至如八神诸神，明年、凡山他名祠，行过则祠，行去则已"。载于《史记·封禅书》，第1403页；《史记·孝武本纪》，第485页；《汉书·郊祀志》，第1248页。

[4] "（建始）二年（前31）春正月，罢雍五畤。辛巳，上始郊祀长安南郊。诏曰：'乃者徙泰畤、后土于南郊、北郊，朕亲饬躬，郊祀上帝。'"载于《汉书·成帝纪》，第305页。"四百七十五所不应礼，或复重，请皆罢。"载于《汉书·郊祀志》，第1257页。

[5] "齐地，虚危之分野也。东有淄川、东莱、琅邪、高密、胶东；南有泰山、城阳；北有千乘、清河以南，渤海之高乐、高城、重合、阳信；西有济南、平原，皆齐分也。"载于《汉书·地理志》，第1659页。

[6] 王睿、林仙庭、聂政：《八主祭祀研究》，文物出版社，2020年，第17、18页。

[7] 《长沙马王堆汉墓简帛集成·肆》，第152、189页；《鹖冠子汇校集注》，第162、163页。

[8] 《长沙马王堆汉墓简帛集成·肆》，第134页；《鹖冠子汇校集注》，第114～117、138、139、227页。

[9] 胡适：《中国中古思想史长编》，上海古籍出版社，2014年，第147页。

内容提要

青铜时代是"以青铜作为制造工具、用具和武器的重要的人类物质文化发展阶段"，青铜是以红铜为主要成分，加入锡、铅等的合金。在古代世界，青铜成为被人类最广泛应用的合金，青铜器对于促进世界历史上诸种古代文明的形成与发展都有重要的意义。青铜器对社会政治生活发生巨大影响，成为中国青铜时代的突出特点。中国青铜文化的发展可分为二里头文化时期、商代前期、商代后期、西周早期至春秋早期、春秋中期至战国早期和战国中晚期六个阶段。

关键词

青铜时代　青铜器　政治权利

中国青铜器与青铜时代

一　人类的"青铜时代"

（一）"青铜时代"的定义

"青铜时代"（Bronze Age）这个词，最初是由丹麦考古学家G. J. 汤姆森（Thomsen，1788～1865年）提出的。他将馆藏武器与工具按制作材料进行了分类，并依照其材料分出石器、青铜器和铁器三个相互衔接的时代。汤姆森在1836年哥本哈根出版的国家博物馆参观指南《北方古物指南》中，对此三时代之划分作了详细讲述，说明"青铜时代"是"以红铜或青铜制成武器和切割器具"的时代[1]。

1843年，J. J. A. 沃尔森发表了《丹麦原始时代古物》，用地层关系证明三期论，使之成为史前考古学的研究基础。汤姆森的学说后来在丹麦以外的欧洲其他国家如瑞典、德国、英国亦被一部分考古学家采用。19世纪中叶后，由于史前考古工作发展，这一划分三个时代的学说被进一步得到证实。

近数十年来，我国考古学所采用的青铜时代之概念，也是强调青铜器在社会物质文化中所起的重要作用。1986年出版的《中国大百科全书·考古学》分卷解释青铜时代是"以青铜作为制造工具、用具和武器的重要的人类物质文化发展阶段"[2]。

（二）青铜冶炼技术的发明

石器时代晚期的人类在寻找合适的石料以打制、磨制成器物时，在实践中发现自然铜有一种石头所无法比拟的优越性，不像石头那样容易碎裂、剥落，而是可以锤薄，甚至拉长，而且铜制器有红色金属光泽，用以制成

文／朱凤瀚　北京大学

装饰品佩戴，可以装点美化自己的生活。这大概是自然铜最初被利用的情况。经过长期的实践与多次试验，人类又认识到将自然铜加热到一定温度，可以增加铜的可塑性，从而能按照需要将自然铜锻打成复杂的形状。后来，使用自然铜的原始人类进一步发现，如果将铜放到火里燃烧，打制起来就更容易了。由于铜的熔点只有1000℃，或更高一点的温度。当时烧陶达到此温度或高一些，红铜就可能熔化，熔化的铜水可以流动，凝固后又能随容器凝成一定形状[3]。这就是铸造的萌芽。

自然铜（红铜）矿石在自然界存在，并不难找到。而在自然界的铜矿石中，一种名叫孔雀石的矿物是最常见的，其分子式为$Cu_2(OH)_2CO_3$，一般呈翠绿色，色彩鲜艳夺目，极易被发现。孔雀石常与自然铜一起出现，并与含铜的矿物共生，故而亦可以导引人找到铜矿。由于铜矿较易发现，在青铜时代之前应该先有一个使用红铜的时期。早期铜器中的红铜已由考古发掘所发现。但因使用红铜时，人类还普遍使用着石器，故这一时期也被称作"铜石并用时代"，作为新石器时代向青铜时代过渡的一个物质文化发展阶段。

青铜以红铜为主要成分，在古代中国，与红铜混合的其他金属元素（一般指占合金总成分2%以上）主要是锡（Sn）或铅（Pb）。铜锡合金称锡青铜，铜铅合金称铅青铜，也有含锡、铅均较多的则称锡铅青铜，或称"三元青铜"。在中国西北甘肃河西走廊的四坝文化遗址以及偃师二里头遗址中还出土有锡砷青铜。

青铜在物理与化学性能上有比红铜熔点低、硬度高、利于铸造的优点。正因为青铜具有上述优点，所以在古代世界，青铜成为被人类最广泛应用的合金，青铜器对于促进世界历史上诸种古代文明的形成与发展都有重要的意义。

二 中国的青铜时代与其特点

（一）中国早期青铜器的发现

中国迄今发现的最早的青铜器是在甘肃东乡林家属马家窑文化晚期遗存的一座房基址（F20）中出的一件青铜小刀，含锡量约在6%～10%，碳-14年代测定结果为公元前2740年[4]（经树轮校正）。中原地区迄今发现的最早的青铜器是河南登封王城岗龙山文化遗址晚期灰坑（H617）内出土的一件青铜容器残片，同坑出土炭的碳-14测定约属公元前1900±165年（经树轮校正），由于此容器已是用多复合范法铸造的，铸造技术已较成熟，据此可以推知，中原地区青铜铸造技术的产生当在此前较长一段时间，早于公元前2000年[5]。

近年来在位于河西走廊中的甘肃张掖市西城驿遗址二期文化有许多冶铜遗存（炉壁、矿石、石范）与青铜器，对中国早期冶金技术的起源研究有重要价值。证明这里是一处重要的冶金中心。在以上遗址中所出的铜器中除锡青铜外，有较多含砷青铜器。

有学者指出，新疆东部地区，毗邻阿尔泰山脉，其北即南西伯利亚，属欧亚草原地带，而自公元前第三千纪开始，自西亚开始向东直到整个欧亚草原，都已较普遍地使用了砷铜，砷铜是早期青铜时代使用最广泛的金属。上述与新疆东部相连的甘肃河西走廊地区早期铜器中出现的砷铜，自然有属于这一大的砷铜文化圈的可能，其与西方古代砷铜的联系确值得探讨[6]。

表一　河西走廊出土的青铜器中的含砷青铜器统计（% 前是所占比例[7]）

	西城驿二期	四坝文化				
		西城驿三期	玉门火烧沟		民乐东灰山	酒泉干骨崖
检测过的铜器	21	13	26[A]	14[B]	15	48
砷青铜 Cu-As	3（14%）	6（40%）	6（23%）	2（14%）	12（80%）	10（21%）
锡砷青铜 Cu-Sn-As			2（7%）		2（13%）	5（10%）
锡砷铅青铜 Cu-Sn-As-Pb				1（7%）	1（7%）	
铅砷青铜 Cu-Pb-As				1（7%）		

这种推测不是没有道理的，尽管中国西北地区冶炼出砷铜应是利用本地矿藏，但寻找含砷铜矿，从野外辨别出各种不同的含砷铜矿（含砷铜矿外表深色或黑色，与蓝绿色的铜氧化矿不同），对砷铜的机械性能有较深刻地了解，都不排斥是吸取了欧亚草原文化有关砷铜矿的知识和冶炼砷铜与铸造砷青铜器的技术。但河西走廊较早出现的砷铜冶铸业对中原地区的影响还有待于今后进一步考察。

（二）二里头文化——中国青铜时代的开始

就目前考古发现所提供的资料而言，大多数学者倾向于将二里头文化时期作为中国青铜时代的开端。

自1962年以来，二里头遗址出土的青铜容器大抵出土于三、四期墓。从形制与制法上看，工具仍具有某些原始特点，青铜工具多用单范制成，少数采用合范法，锛、凿等尚不具銎口，是靠直接锤击顶部使用的。武器、容器与装饰品形制比较进步[8]。在青铜武器中尤其值得注意的是有消耗性的武器——镞（图一）。这些都证明当时青铜冶铸技术与规模已发展到一定程度。已检测的二

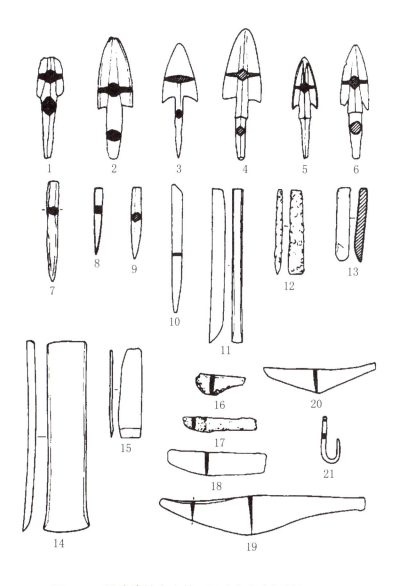

图一　二里头遗址出土的二里头文化青铜镞与工具

里头文化一到四期的青铜器，纯铜比例不断减少，青铜的比例不断增加。含锡、铅的青铜较多，含砷青铜的量相对较少。三四期更大量出现铅锡青铜。

二里头文化四期墓的随葬青铜器中已出现爵与斝的组合，这种形式也见于后来商前期中，一般认为已具有随葬礼器组合的性质。说明青铜器已介入贵族的礼仪活动（当时贵族阶级的出现可由二里头遗址三期遗存中的宫殿遗址得到证实）。青铜武器与礼器的存在表现了二里头文化与存在早期铜器的齐家、龙山诸文化在社会发展水平上的差异。总之，无论从种类上看，还是从数量上看，青铜器在这一时期的社会生活（甚至于政治生活）中已起到重要作用，所以说这一时期已跨入了青铜时代的门槛是合适的。

中国青铜时代之结束，与世界上其他国家与民族的历史一样，是由于铁器被广泛使用，取代了青铜在社会物质文化中的重要地位。战国中期以后冶铁业才有了明显的发展[9]。铁器已不仅在军事、社会生活与手工业生产中起重要作用，而且已作用于农业生产。因此，我们可以大致地将战国早期（约公元前5世纪中叶至4世纪中叶）作为铁器时代的开始，那也是中国青铜时代的结束时期。

综上所述，中国的青铜时代从目前看，可以认为约始自公元前18世纪中叶，属于考古学上的二里头文化时期，约终于公元前5世纪中叶即战国早期。

（三）中国青铜时代的特点

上述中国青铜时代的一千数百年间，青铜虽也被用来铸造生产工具、日常生活用具及装饰品，但在"国之大事，在祀与戎"（《左传》成公十三年）思想的支配下，更主要的还是用来制以祭器为主的礼器与兵器。《左传》宣公十二年记晋随武子曰："君子小人，物有服事，贵有常尊，贱有等威，礼不逆矣。"说明礼是反映等级制度的行为规范。

青铜兵器被用来武装国家及各级贵族的军事组织。青铜容器与乐器更大量地被应用于贵族间的礼仪活动，包括祭祀以及婚媾、宴享、朝聘、盟会、丧葬等活动，用以维护王朝政治统治与贵族阶级内部的等级制度。

自商后期始流行在青铜器上铸铭文的风气，使青铜器更成为各级贵族通过铭文追念祖先，颂扬君主或上级贵族，记录与自身及其家族有关的重要政治、礼治、经济活动的载体。

青铜器对社会政治生活发生巨大影响，成为中国青铜时代的突出特点。同时也显现出浓厚的文化特色，成为中国传统文化中极具魅力的重要组成部分。

三　中国青铜文化发展简况

（一）二里头文化时期（约公元前18世纪中叶～约前16世纪晚叶）

二里头文化时期的青铜器表明，中国青铜器发展中的一些特点，如块范法，器类以酒器、兵器为重点，以及在墓葬中随葬有固定组合形式的礼器等，皆已在此阶段奠定了基础。二里头文化青铜容器、兵器的形制，与继其后的商前期文化同类器相近。这一阶段的青铜器除了考古发掘出土的以外，在世界各地博物馆与文物保护单位中也都有所收藏，其学术与文物价值因对二里头文化的认识与研究的逐渐深入而得以昭显。

（二）商代前期（约公元前16世纪初～前14世纪中叶）

大约相当于成汤至盘庚迁殷，是中国青铜器铸造工艺由初起走向成熟的重要阶段。本阶段的青铜器以属商代前期的河南郑州商城遗址出土的青铜器为代表。在郑州商城遗址范围内的属二里冈下层与上层文化的墓葬或窖藏中均有青铜器出土，特别是出土有大型的铜方鼎。在此时期的向阳回族食品厂窖藏中还出土了纹饰精美且繁缛的饰羊首的罍、饰牛首的折肩尊等器物。这些发现，证明到本阶段偏晚青铜冶铸业已有了长足的发展，为商代后期出现的辉煌青铜工艺奠定了基础。

（三）商代后期（约公元前14世纪中叶～前11世纪中叶偏早）相当于盘庚至帝辛（纣王）

考古学上称为殷墟文化时期——"殷墟"即今河南安阳西北洹河南北两岸（图二）。

商后期青铜器的器类相当丰富。在比较完整的随葬组合中，比上期增加了食器簋、水器盘，新出现了

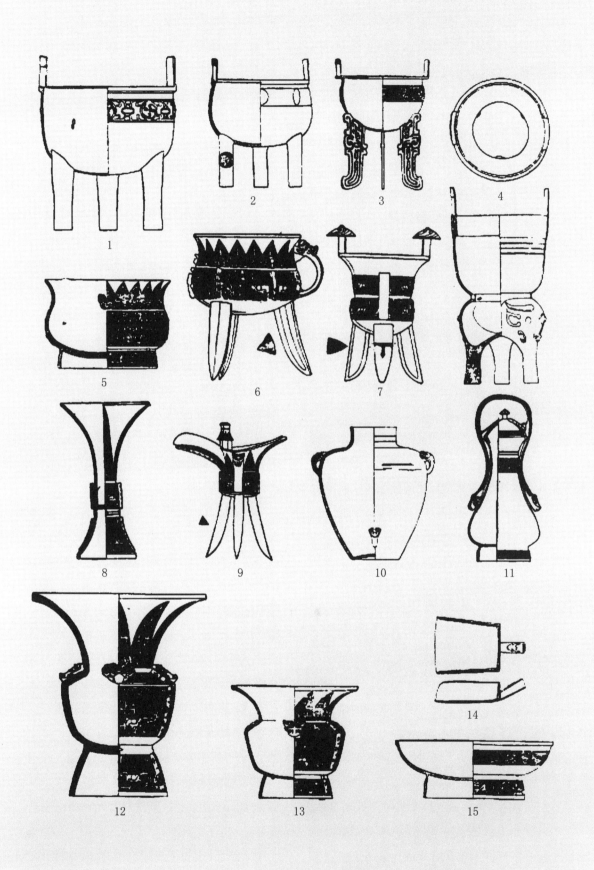

图二　小屯 M18 出土青铜器

觯、方彝、壶、觥等酒器，甗、卣自本期开始成为常见组合成分。形制多精美奇特。在纹饰种类上亦极为丰富，除传统的饕餮纹外，夔龙纹也开始盛行，小鸟纹较多的用为辅助纹饰。纹饰风格更趋向于细密化，并开始出现所谓"三层花"。此期青铜器上已见到较多内容较简单的铭文，主要是氏族名号、作器者名及被祭先祖之日干名，字数不多。青铜乐器有铙，口向上敲击，多作三件一组。青铜车马器在车马坑与墓葬中亦有较多出土。

近年来的考古发掘，揭示出商代后期在商王国势力以外地区也存在着一些发达的青铜铸造中心，有重要的青铜器群出土。这些器群既有浓厚的殷墟青铜器特点，又有地方特色，如湖南北部宁乡青铜器群、四川三星堆青铜器群等。

这一时期被研究者称为中国青铜器发展的第一个高峰期。

（四）西周早期至春秋早期（公元前11世纪前期～约前660年）

西周时期是中国古代文明发展史中一个非常重要的历史阶段，对后世中国社会政治、经济、思想文化的发展有着重要影响。西周青铜器堪称西周文明的象征，是这一历史时期物质与精神文明的辉煌成果之一。

西周青铜器比较集中地出土于三个地区：位于陕西岐山、扶风两县交接地的周原遗址，这里是周人发祥之地；位于今陕西长安县沣水东西两岸的丰镐遗址，即西周王朝都城所在，为王畿西部区；位于今河南洛阳一带的成周遗址，是西周时期的东都所在，乃王畿东部区。此外，在西周封国（如晋、应、燕国等）遗址也有青铜器群出土。

综合形制、纹饰与铭文字体诸多方面的因素，现一般将西周青铜器分为早、中、晚三期。

西周早期青铜器在器类上与商代后期青铜器基本相同，但在随葬礼器组合上比商代晚期已有所创新，如常见酒器组合以爵、觯组合代替商墓中最基本的爵、觚组合，而鼎、簋组合更成为本期中小型墓中常见形式。本期青铜器在形制上也有新特征，纹饰也有独特形式。本期铭文已出现长篇，如康王时期的重器大盂鼎，已有铭文291字，器已佚失的小盂鼎，铭文更有

约398字。铭文字体多有波磔，近于商后期。

西周中期青铜器在形制上最明显的变化，是鼎、簋、尊、卣等容器多作明显的垂腹状。纹饰盛行对称的垂冠大鸟纹、顾龙纹、各种形式的长鸟纹及窃曲纹。

西周晚期青铜器鼎、簋形制发生明显变化。风格以素朴为主流。属本期的毛公鼎，铭文达499字，为西周青铜器中最长铭。

约自西周中期始，所谓用鼎制度（鼎、簋依一定数目组合的制度）渐始流行。

（五）春秋中期至战国早期（约公元前660～前370年）

这一时期是中国青铜器发展的第二个高峰期。

春秋中期中原地区青铜器较春秋早期所保持的西周礼制已有了几点明显的变化。其一是，新器形錍与敦的出现。其二是，纹饰开始盛行蟠螭纹（或蟠虺纹），即由两条以上细小的龙（或蛇）相互缠绕构成一个单元重复展开，铺满器表，渐取代了传统的轴对称图案与带状布局方式。其三是，青铜器中出现前所未见的活泼而写真的造型。上述造型与纹饰变化给青铜工艺带来一股清新气象，并将中国青铜器的发展引入一个崭新的阶段。

春秋以降，随着周王室地位的进一步衰落，各诸侯国竞相发展自己的势力。至春秋中晚期，青铜器的地域性特点加强，并渐形成了六个区域性青铜文化圈，除中原地区外，有山东地区，汉水以北、淮水流域及邻近地区，汉水流域及长江中游地区，长江下游地区，关西地区。汉水流域及长江中游地区器制多渊源于楚国，在形制上与中原鼎制渐拉开了距离。偏居关西的秦国在春秋时期亦形成自己的独特器类，秦式鼎与秦式剑等。春秋中期以后秦器上流行的秦式变形蟠螭纹也是颇具特色的。

（六）战国中晚期（约公元前370～前221年）

这一时期作为中国青铜时代壮阔乐章的余音，青铜工艺仍有所发展。

位于河北平山三汲乡的属战国中晚期之际的中山王𰚚墓出土有成组的青铜容器，包括著名的刻𰚚有长篇铭文的"中山三器"（中山王𰚚鼎，中山王𰚚方壶与

圆壶），其中铁足大鼎中山王𰯼鼎铭文达469字。

错金银工艺在本阶段盛行。中山王墓中出土的造型奇异、饰有精美的错金银纹样的青铜器具与铜兽形饰件，堪称战国时期青铜冶铸与装饰工艺水准的代表作。

春秋、战国及秦汉时期在北方地区有不同类型的青铜文化存在，最具有特征的青铜器是多种型式的短剑。位于今四川的巴蜀地区创造出许多有特色的巴蜀型铜器，其中尤以各种巴蜀兵器为典型。在今云南滇池附近地区存在滇文化青铜器，在今湖南、两广地区此一阶段则存在着属百越文化系统的青铜器。

（本文根据朱凤瀚教授在山东博物馆"齐鲁文博讲堂"的讲座整理而成，经过本人审核、修改）

注　释

[1] 格林·丹尼尔（Glyn Daniel）：《考古学一百五十年》，黄其煦译，安志敏校本，文物出版社，1987年。B格林·丹尼尔（Glyn Daniel）：《考古学的诞生与发展》（贝尔芒，1967年）。转引自张光直《中国青铜时代》，收入《中国青铜时代》，三联书店，1983年，第2页。

[2] 中国大百科全书出版社，1986年9月。

[3] 以上参见北京钢铁学院《中国古代冶金》编写组：《中国古代冶金》，文物出版社，1978年。周仁等：《我国黄河流域新石器时代和殷周时代制陶工艺的科学总结》，《考古学报》1964年第1期。

[4] 甘肃省文物工作队、临夏回族自治州文化局、东乡族自治县文化馆：《甘肃东乡林家遗址发掘报告》并附录《甘肃省博物馆送检文物鉴定报告》，《考古学集刊·4》，中国社会科学出版社，1984年。

[5] 李先登：《王城岗遗址出土的铜器残片及其他》，《文物》1984年第11期。安金槐、李京华：《登封王城岗遗址的发掘》，《文物》1983年第3期。

[6] 引自梅建军等：《关于中国冶金起源及早期铜器研究的几个问题》，2005年。

[7] 孙淑云、韩汝玢：《甘肃早期铜器的发现与冶炼、制造技术的研究》，《文物》1997年第7期。孙淑云：《近年来冶金与材料史研究的新进展》，《北京科技大学学报》24卷增刊，2002年。北京科技大学冶金与材料史研究所等：《火烧沟四坝文化铜器成分分析及制作技术的研究》，《文物》2003年第8期。陈坤龙等：《甘肃玉门火烧沟四坝文化铜器的科学分析及有关问题》，《中原文物》2018年第2期。

[8] 安志敏：《中国早期铜器的几个问题》，《考古学报》1981年第3期。

[9] 参见华觉明：《中国古代金属技术——铜和铁造就的文明》第一章"绪论"，大象出版社，1999年。

铸造精湛：商周青铜技术与艺术

文／苏荣誉　中国科学院

内容提要

商周青铜器别具一格、特色鲜明，有别于世界其他区青铜器文明，表现出造型怪异、实用性差、装饰纹样特别且精致、成形技术体系为泥范块范法独占等诸多特异、特殊和独具的特点。本文据考古材料，结合馆藏实物，从青铜器材料、制造工艺、艺术风格三方面入手解读中国青铜器的特色与精湛，并简要分析其成因。

关键词

商周青铜器　锡青铜　泥范块范生产体系　装饰风格

　　铜是构成地壳的元素之一，是社会生产中的重要资源，其原生态为硫化铜矿，其中某些矿体露出地表后，经过漫长的风化、氧化和淋失作用，会变为氧化铜矿，如孔雀石，并有程度不同的铜析出，为铜的自然态，称为自然铜。其熔点1084℃，质软，具有优异的延展性，易于锻打成薄片和细条，制作装饰品和用具。大多数自然铜块质量较小，多不足一克重，偶有重数克至数十克的较大块，可以锻打为器物或饰品。北美五大湖区域自然铜丰富，曾发现重达数吨的巨大自然铜块，当地古印第安人虽未发明冶铜术，但却制作了大量铜工具和用具，即是利用自然铜锻打制作的。目前发现最早的自然铜锻打的装饰品，出土于近东地区，可上溯至公元前9000年左右。然而，自然铜总归稀少，不敷使用，于是，古人大约在公元前第六千纪发明了炼铜术，将铜矿置于窑炉中、在1100℃下的还原性气氛中长时间加热，即会将铜冶炼出来，和自然铜性能相同。

　　中原及其周边，公元前七千纪开始，陆续进入了新石器时代。其中相当一批新石器时代文化具有好玉的传统，形成了独具一格的玉器艺术传统。而其中的某些玉器，特别是绿松石和硅绿松石，本身即是铜矿。新石器时代的陶器中，白陶是相当特殊的一类，在大汶口文化中尤其具有代表性。它的烧造温度较高，约1100℃~1200℃。而新石器时代的灰陶和黑陶，均是在还原性气氛中烧造的，山东龙山文化的蛋壳黑陶，器薄质坚，漆黑均匀，说明烧造的还原性气氛控制得心应手。很明显，在新石器时代中、晚期，中原及其周边先民，已经有能力采得铜矿、获得高温、控制还原性气氛。他们有对玉特别是对礼玉"火试"的风俗，将某些含铜较高的硅绿松石和孔雀石放在窑炉中，高温下在还原性气氛中"火试"焚烧，即有可能发明冶铜术，炼出铜来，成为中原先民独立发明冶铜术的蹊径。

一 西方青铜器制作技术传统

人类开始使用的铜是自然铜，加工的方法是锻打，长达数千年的实践，形成了锻造铜器的工艺传统，及至冶铜术及铸铜技术发明后，锻造依然是铜器的首要加工技术。直到青铜时代到来，早期铜合金主要是砷铜，锻打依然是铜器的核心加工技术，在容器制作中尤为突出，与铆接工艺配合成器，而容器的鋬、耳、足等附属部分，或者锻造，或者铸造，往往采用失蜡法铸造，以铆接方式结合到容器上。

从公元前5000年前近东地区发明了冶铜术发明不久，近东地区即已发明了铸铜术，因铜矿赋存关系，炼出的铜往往含有些微的砷，将熔融的铜注满铸型，冷凝后即获得具体形状的铜铸件，铸型通常为石质。一些形状复杂或者表面要求较高的铜器，则以蜡为模，其外糊以耐火泥，干燥后，泥上打孔并加热，蜡融化流出即形成泥铸型，便可浇注铜器，是为失蜡法。从保加利亚维尔纳铜石并用时代墓地出土公元前五千纪金器看，此方法已经相当成熟。相信失蜡法铸铜已有相当长时间的实践。以色列一座山洞中，发现了两百多件铜石并用时代铜器，多是砷含量很低的铜，其中的权杖类器物（图一），也是以失蜡法铸造的。

两河流域大约在公元前3500年率先进入青铜时代，早期铜合金以砷铜为主，含砷量多在百分之几，主要原因在于其铜矿资源中含有砷元素，并且在后期有意识在炼铜中添加含有砷元素的矿石，通常为雄黄、雌黄和毒砂，获得砷含量为百分之几甚至超过百分之十的砷铜。青铜时代中期，大约公元前2800年，锡取代砷成为青铜合金元素，形成典型的锡青铜，成为新材料的核心，砷铜遂被抛弃，但锻造铜器和铸造铜器依然并行延续。兵器多矛和剑（包括匕首），或者铸造，且以石范铸造为主，石范可重复利用，有些兵器则先铸后锻。法国出土公元前1500～前1300年铸造的青铜匕首（图二），即属此类。而神、人和动物等艺术品，多以失蜡法铸造。塞浦路斯出土的苏美尔时期铜守护神像（图三），即是以失蜡法铸造成形的。

近东金属体系，自铜石并用时代锻造加工铜器的技术传统，铜容器和装饰品多锻造成形，合金含量不高，容易锻造出成形，附件以铆接和焊接联系，少量且简单的纹饰，也多锻造或模锻成形，而线刻工艺用于较复杂的纹饰。一件波希米亚铜盏，器身和鋬均锻造成形，且分别模锻出圆点纹和凸线纹，并以铆接方式将鋬固定到器腹（图四）。中世纪中亚习用的黄铜，加工技术也是如此。事实上，锻造铜容器一直延续到20世纪，早期欧洲家庭的厨具，多是锻造成形（图五）。近东肇建的以锻为主，锻、铸并行的金属加工技术体系，铸造以石范和失蜡法为主的工艺，由不同时期的移民将其带到北非、中东、高加索和西伯利亚、南亚欧洲及英伦三岛。

图一　以色列出土铜石并用时代铜杖头

图二　法国出土的青铜短匕首

图三　塞浦路斯出土的铜守护神像

图四　波希米亚锻打铜容器　　　　　　　图五　18～19世纪欧洲日用铜器

二　中原的青铜技术传统

中原及其周边地区，铜矿不多，自然铜十分有限，没有形成锻打加工自然铜的工艺传统。新石器时代的冶金遗物支离破碎，尚不能认为存在一个铜石并用时代。

中原的冶金术起源仍有待考证，其新石器时代的金属制品，既有铸造也有锤锻成形，虽然均可上溯到临潼姜寨出土的仰韶文化半坡类型黄铜片和管，胶县三里河也曾发现黄铜器，但均系十分偶然，也缺乏连续性且面貌复杂。真正具有连续性的铜器技术要到二里头文化时期。

可靠的考古资料表明中原从二里头文化开始，大约公元前18世纪进入青铜时代。迄今发现可确定的二里头文化青铜器数量在二百多件，多是小型，尺寸在数厘米的铜刀、锥和箭镞，后期出现青铜容器，主要是青铜爵和角。它们的材质是锡青铜和铅锡青铜，含量从不足百分之一到超过百分之十，全部是铸造成形，没有发现锻造器物。器物上遗留的工艺痕迹和二里头遗址发现的铸铜遗物，都表明二里头铜器是单一的泥范块范法铸造成形的。很明显，二里头遗址肇建了中原青铜器的技术格局和特点：泥范块范法铸造。

青铜主要是铜和锡的合金，合金中随着锡的增加，金属硬度、强度均增加，但韧性会随之降低，因而锡含量最好不超过10％，现代工业一般将青铜的锡含量控制在8％左右。近东及受其影响的古代青铜文明，以青铜兵器、工具、用具、装饰品和造像居大宗，青铜合金即是如此。但中原与其他地区青铜器文明，青铜合金的锡含量集中在13％～16％，是在其他文明中少见的配比模式。因此，青铜器类型与其他文明大相径庭，青铜容器居核心，兵器和车马器居次，格局应与生产技术息息相关。它们多造型奇异，装饰复杂，高锡铅青铜合金材质，适宜于铸造而不宜锻造，但泥范块范法的铸型铸造全部器物，则是极为独特的。事实上，这种青铜合金韧性过低，不适合铸造兵器，说明这些兵器和礼乐器具有相同的符号性和非实用性，只在中原的偏远地区，工具和兵器的生产似乎有以石范铸造者，表明石范在中国的角色。

各地商周青铜器基本面貌和结构，各时基本一致，技术系统相同。总而观之，古代中原青铜器可以分为两个时期：二里头到春秋中期是古典时代，春秋中期至西汉初为新兴阶段。但两个时期的青铜器，几乎都是泥范块范法铸造的。古典期的锻造青铜器凤毛麟角，很可能都是舶来品。新兴期出现了失蜡法，也出现了一些锻打成形的器物，虽然比例很低。这一阶段，随着钢铁技术的成熟，刻纹器也出现，且往往施于锻造器上，数量很少，体现了锻造工艺在青铜器制作中的后期和从属地位。

三　中原青铜器生产格局

商周时期真正成规模的铸铜遗址大概有十几处，只在二里头、二里冈、安阳、洛阳、周原、临淄、侯马、新郑等地发现了成规模的铸铜遗址，它们都曾是都城，其他地区零星发现的铸铜遗址或遗物，要么具有临时性，时间很短；要么具有单一性，只铸造兵器、工具或钱币，要么可能属于偶然的尝试。因为，泥范块范法铸造青铜器，需要高度集中大规模的工业化生产，具有王或国家性，巨大的规模易于形成垄断性。

自二里头文化二期开始，形成了独树一帜的泥范块范法工艺，并很快建立起别具一格的青铜技术体系和传统，泥范块范法在铜器制作中具有独占的支配地位。与之相表里的青铜器，除刀、镞之类小用具外，所铸造的容器如爵、角、鼎、盉等，兵器如戈，饰品如牌和合瓦形横截面的铃等，均是其他文明不曾有的造型，实用性甚差而不便，通常将之归为祭祀或随葬的彝器；继之的商早期青铜器，以郑州商城二里冈期青铜器为代表，普遍以兽面纹、夔纹和牺首装饰器物，精细而华美，均是其他文明不曾有的装饰。技术上的独特与造型、装饰上的别致，共同构成了中原古代青铜器的表里，具有尚未被揭示的内在联系。当西方学者在19世纪末和20世纪初接触到这些艺术品时，很自然认为是失蜡法铸造的。直到20世纪20年代末，安阳殷墟开始的考古发掘，发现了铸造青铜器的泥模范，并经西方学者深入讨论后，泥范块范法铸造了中国古代青铜器才成为共识。

殷商时期青铜器分布广泛且技术、艺术具有高度统一性，如二里冈与盘龙城出土青铜器相似度很高，可以从技术角度看到文化认同，从二里头到汉代泥范块范铸造法也具有高度继承性。在继承性中也不断发展，商代从空足三块范发展到柱足四块范（图六），而大型方鼎如著名的牛鼎，更是用到了八块范以及分铸等技术（图七），鼎足与器身采用铸接技术，盖顶上的钮多两块范镶嵌浇筑，连接性能较好。商晚期出现许多高浮雕器物，这种高浮雕可追溯至早期龙虎尊，为使壁厚保持一致，泥芯需突出，中商时期南方地区应有这样一支技术分支，铸造的青铜器纹饰较复杂且器壁很薄，安阳殷墟时期此类器物器壁较厚，可能是武丁时期南方工匠迁至安阳，技术交融的结果。

青铜垫片的发明是泥范块范法技术系统内的一项重要技术措施，以支撑芯、范，保证型腔的尺寸，其发明可以上溯到二里头文化晚期，商代早期黄陂盘龙城出土青铜器，已较为普遍地使用了垫片，早期往往

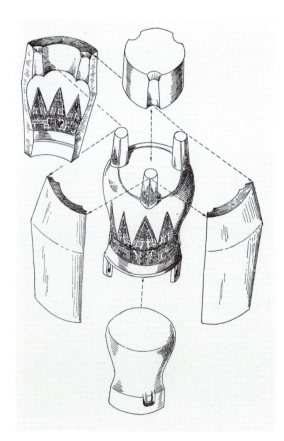

图六　泥块范块铸造青铜鼎示意图

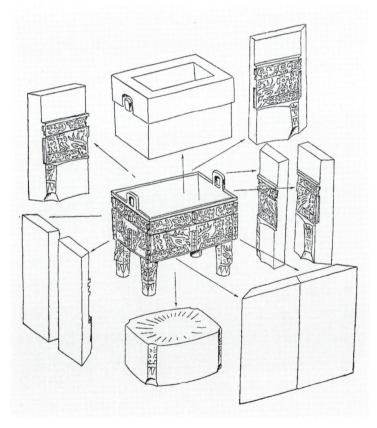

图七　泥块范块铸造青铜方鼎示意图

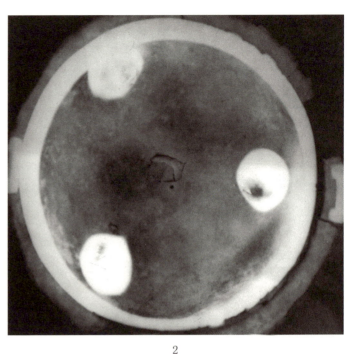

1   2

图八   盘龙城青铜鼎 LZM2：35

1. 鼎 LZM2：35   2. 鼎 LZM2：35 底中心垫片与补块

在罍、甗、鼎类器的底部中央放置一枚，如李家嘴二号墓出土鼎LZM2：35（图八，1、2）。晚商殷墟时期续有发展，但也有不用青铜垫片者，表现出工匠的差异和个性。西周早期青铜器，垫片分布颇具规律，如蕉叶纹中间、蕉叶纹与兽面纹中间包括器底均规律使用垫，整齐的垫片还有一定的装饰性。西周中期和晚期延续性很强，出现了长篇铸造铭文。

西周时期的铜器以丰镐王室作坊制作为主。春秋时期诸侯的崛起导致各国青铜铸造业的兴起，最大的实物例证就是侯马铸铜遗址。侯马铸铜遗址出土了许多纹饰精美的模和范，纹饰线条细若发丝，铸造技艺臻于极致。

侯马青铜器生产模式与商代、西周完全不同，采取流水线工业化生产，分工细致且明确。应是商品化生产，产品经济性较高，少见铭文，因此春秋晚期青铜器产量迅速增加。除了精美繁复的青铜礼器，侯马铸铜遗址最重要的生产品类是钱币，另外还铸造有大量的带钩、兵器等。

由上可见中国青铜器的生产体系是泥范块范法，材料是含有较高比例的锡和铅，具有高度延续性和"内卷"特点，它在自己的体系里边不断地发展，不断地精细化，不断地提高，并用铸接、焊接、铆接等发明以巩固这个体系，并一直持续到西汉时期，形成了有别于世界其他地区的独具特色的青铜文明。

（本文根据苏荣誉教授在山东博物馆"齐鲁文博讲堂"的讲座整理而成，经过本人审核、修改）

物质与非物质文化遗产的博物馆研究与展示

内容提要

文化遗产包括物质文化遗产和非物质文化遗产。本文从博物馆特质入手、厘清博物馆与"遗产"的关系，辩证看待新思维、新技术与现代化博物馆的关系，全面深入理解文化遗产的概念，尤其是物质文化遗产与非物质文化遗产内涵的精神价值与思想观念，为博物馆研究与展示提供一个新的理论视角。

关键词

物质与非物质文化遗产　博物馆研究与展示

一　对博物馆特质的理解与分析

（一）博物馆的前身和产生

博物馆的存在是有实物展厅的出现，从这个层面上讲，公元前290年古埃及的托勒密王朝时期建立亚历山大博学园中的缪斯神庙称得起西方历史上第一个标准的博物馆，具有博物馆展示、研究的性质。

中国现代意义上的博物馆虽然产生时间较晚，但却有深厚的本土根基。首先，金石学的产生与发展为古器物的研究奠定了基础。宋代兴起的金石学，主要以古代青铜器和石刻碑碣为主要研究对象，偏重于著录和考证文字资料，以达到证经补史的目的。清代受乾嘉学派影响，金石学进入鼎盛。乾隆敕编了《西清古鉴》《西清续鉴甲编》《西清续鉴乙编》《宁寿鉴古》四部书，即为现在所说的西清四鉴，收录了四千多件青铜器图录，每一卷卷首列上器物名目，每一器摹绘图像，加上图说，注上器物的尺寸，重量等信息，并且摹写了铭文加以注释，为中国古代青铜器研究提供了极为丰富的资料。

其次，从理论认识的角度上来看，林则徐在其主持译编的《四洲志》中提出了"博物馆概念"。

最后，从博物馆实践来看，中国学界普遍认为，1905年张謇建立的南通博物苑是国内第一家博物馆。1905～1937年间，中国博物馆的数量已有77处，为其后期的发展奠定了一定的社会基础。

在博物馆相关理论研究上，鲁迅、蔡元培等革命家、思想家、教育家对于中国的博物馆事业也有非常重要的建议，比如陆续地提出在中国要多建博物馆，要培养本土博物馆人才，要建立博物馆领导机构，要完善博物馆学的理论体系。这都为我国博物馆的产生发展、博物馆学理论的发展奠定了良好的基础。

文／于海广　山东大学

（二）对博物馆定义的解读

2022年8月，国际博协布拉格全体大会最新版博物馆定义是：

博物馆是为社会服务的非营利性常设机构，它研究、收藏、保护、阐释和展示物质与非物质遗产。它向公众开放，具有可及性和包容性，促进多样性和可持续性。博物馆以专业、道德的方式进行运营和交流，并在社会各界的参与下，为教育、欣赏、深思和知识共享提供多种体验。

从这一定义中，我们可以提取到以下信息：博物馆展示的原则是传播正能量；展示内容包括物质与非物质的文化遗产和自然遗产；存在形态是"面向公众开放"。因此，博物馆的特质是："有陈列，面向社会公众"。博物馆学是一门学科，按照学科划分，考古学及博物馆学为一级学科，博物馆学已得到学界认可。

二 博物馆与"遗产"

（一）"遗产"内涵与外延

遗产作为一个名词或是一种社会现象具有其特定的内涵。在历史的发展过程，内容是不断深化和扩展。至少从宋代之后，在一些文献里面就有关于遗产这一名词的出现。从那时一直到近代，在人们的认识当中，遗产是指自己的父辈、祖辈、家族遗留下的土地、厂房、矿山等各样财物资产。遗产的内涵就是指的是家族遗留的财富，而外延就是遗产的继承，后人如何继承遗产及分割。

随着社会的发展，人们不断地对遗产赋予新的含义，内涵不断地在扩展，由个人、家族扩展至社会、人类。遗产外延的变成了继承、保护、发展、宣传、研究。近年来有人提出了遗产学，把它作为一个独立的学科来进行研究和归纳，是很有意义的探索。

（二）"遗产"的类别划分

联合国教科文组织将遗产主要分为：自然遗产、文化遗产、双遗产、文化景观四大类。

国务院于2005年12月22日发布了《国务院关于加强文化遗产保护的通知》，在通知中明确提到：文化遗产包括物质文化遗产和非物质文化遗产。物质文化遗产是具有历史、艺术和科学价值的文物，包括古遗址、古墓葬、古建筑、石窟寺、石刻、壁画、近代现代重要史迹及代表性建筑等不可移动文物，历史上各时代的重要实物、艺术品、文献、手稿、图书资料等可移动文物；以及在建筑式样、分布均匀或与环境景色结合方面具有突出普遍价值的历史文化名城（街区、村镇）。非物质文化遗产是指各种以非物质形态存在的与群众生活密切相关、世代相承的传统文化表现形式，包括口头传统、传统表演艺术、民俗活动和礼仪与节庆、有关自然界和宇宙的民间传统知识和实践、传统手工艺技能等以及与上述传统文化表现形式相关的文化空间[1]。

物质文化遗产和非物质文化遗产既有共性也有差异，但二者均作为文化遗产，是人们在长期的社会实践中创造的具有重要价值的宝贵财富，需要加强保护，深入研究。物质文化遗产和非物质文化遗产实际上是"你中有我，我中有你"的关系。例如一座古代建筑、一件文物标本，它们的存在形态是物质的，但对它们建造和制作的工艺是非物质的。建造和制作它们的材料、使用的工具是物质的，但它们功能的体现、要表达的内涵、理念是非物质的。又如一种民间传统文化项目，它的表演技巧是非物质的，但使用的道具、借以表达的乐器、表演场所又是物质的[2]。

（三）博物馆与"遗产"的关系

对于博物馆中大多数藏品而言，我们既可从中找到物质文化遗产的意义和价值，同时藏品本身也存在着非物质文化遗产的内涵，如果在展览策划中从宏观的文化遗产角度入手，将有形的与无形的，物质的与非物质的文化遗产的意义、价值、表现内容相结合并予以深度分析，实现展览内容设计与形式设计的有效统一，那么博物馆的陈列就会变得生动、立体，观众的参观体验和收获也会更加多元，进而实现博物馆服务经济社会发展大局的社会使命。

（四）文化遗产的博物馆展示——拓开新路

从物质化遗产的方面，文物在博物馆展示当中，要兼顾艺术价值、历史价值和科学价值。例如山东龙山文化代表性器物陶鬶，有一个流，一个把手，三个袋足。从艺术价值上讲，造型别致，如同展翅高飞的雄鹰；从历史价值上讲，这是山东史前龙山文化的代表。如何看科学价值呢？几何学有三点确定一个平面的原理，当时人民在制作和使用陶鼎、青铜鼎和香炉这些三足器的时候并不知道这个原理，后来人们归纳总结为三点固定一个平面这样一个科学道理。类似这种，古人在生活生产实践中，自觉不自觉为后来形成的科学理论奠定基础的现象，还有很多。

从非物质文化遗产方面，在古代《考古记》《齐民要术》等书籍中已经有了关于非物质文化遗产的记载。中华人民共和国成立后，国家也组织大量人力物力对民间文化和民俗进行了抢救。博物馆在展陈中要发掘物质文化遗产的意义价值，也要规范科学理解非物质文化遗产的动态性和无形性，调查和阐释其形成年代的价值和意义，发掘其内涵。例如济南无影山汉代乐舞俑盘，从物质层面来说，它反映了当时陶俑制作技术；从非物质层面，制作工艺背后就是当时的音乐、舞蹈、杂技等非物质文化遗产的内涵。

三 新思维、新技术与现代化博物馆

（一）展陈中内容设计中的科学性

在内容设计上，我们要特别注重科学性和严谨性。一件展品在正式展示之前，资料信息是否准确？意义价值理解是否正确？博物馆工作中，非常忌讳把一件东西的名称或者年代弄错，或者用途不准确。往往有些真有学问的一些观众会给提出来，对博物馆工作者来说很尴尬。甚至在解说词版面使用的语言，使用的文字性的标点符号，都要准确，尽量不出错、少出错。

（二）形式设计中的艺术性

在内容准确的基础上，根据现代科技水平，利用新技术、新手段，使展览更丰富、更生动、更吸引人，达到更好的效果。山东博物馆2023年的海岱日新——山东历史文化陈列展览，使用了空气投影互动飞屏、LED曲面屏多媒体场景融合、电子互动沙盘等多种新媒体技术，五折屏沉浸式大运河影像带给观众身临其境的视觉观感。新材料、新工艺、新媒体、新技术，艺术与科技融合，实现了展览信息的多样化传达，面向不同层次观众提供多元化的展览体验，提高了展览的可视性、互动性，给观众全新的体验和感动，值得称赞。

四 结 语

科学研究，是无穷尽的。任何一个学科的研究，到了一定水平，有了一定的收获，到了一个台阶，都会有更高的台阶在等待。对于文化遗产的研究同样如此。同一件文物，同一个文化，当理解、研究和展示达到一定水平。经过一段时间，再回头复盘检查时，还会有新的收获和启发。未来博物馆工作者应不断思考，不断扩展文物的保护方法，不断丰富展示手法，提高展览展示和研究水平，建设中国特色的高质量博物馆。

（本文根据于海广教授在山东博物馆"齐鲁文博讲堂"的讲座整理而成，经过本人审核、修改）

注 释

[1]《国务院关于加强文化遗产保护的通知》，国发〔2005〕42号。

[2] 于海广：《对〈中华人民共和国非物质文化遗产法〉学习的理解和体会》，《东方考古（第9集）》，科学出版社，2012年。

内容提要

中华文明源远流长，是人类历史上最具代表性的文明形态之一。百年考古实证了中华五千多年文明史，揭示了中华文明由多元到一体的发展格局。礼乐制度是中华文明的独特构成要素，体现了中华文明的本质特征，是中华文明连续性发展的文化基因。

关键词

中华文明　连续性　文化基因

中华文明的连续性及其文化基因

文／方辉　山东大学

2023年6月2日，习近平总书记出席文化传承发展座谈会并发表重要讲话，指出："中华文明具有突出的连续性，从根本上决定了中华民族必然走自己的路。如果不从源远流长的历史连续性来认识中国，就不可能理解古代中国，也不可能理解现代中国，更不可能理解未来中国。"[1]在参观中国历史研究院中国考古博物馆的文明起源和"宅兹中国"专题展之后，他强调，认识中华文明的悠久历史、感知中华文化的博大精深，离不开考古学。要实施好"中华文明起源与早期发展综合研究""考古中国"等重大项目，做好中华文明起源的研究和阐释[2]。习近平总书记的重要讲话首次系统阐述了连续性、创新性、统一性、包容性、和平性是中华文明的突出特性，再次强调，"在五千多年中华文明深厚基础上开辟和发展中国特色社会主义，把马克思主义基本原理同中国具体实际、同中华优秀传统文化相结合是必由之路"[3]。

一　实证中华五千多年文明起源

考古学对于研究中华文明起源与早期发展具有不可替代的作用。2020年9月28日，习近平总书记在十九届中共中央政治局第二十三次集体学习时强调，建设中国特色、中国风格、中国气派的考古学，更好认识源远流长、博大精深的中华文明，指出认识历史离不开考古学，必须高度重视考古工作，为弘扬中华优秀传统文化、增强文化自信提供坚强支撑。2022年5月27日，十九届中共中央政治局就深化中华文明探源工程进行第三十九次集体学习，习近平总书记强调，中华文明探源工程对中华文明的起源、形成、发展的历史脉络，对中华文明多元一体格局的形成和发展过程，对中华文明的特点及其形成原因等，都有了较为清晰的认识。同时，工程取得的成果还是初步的和阶段性的，还有许多历史之谜等待破解，还有许多重大问题需要通过实证和研究达成共识。习近平总书记在文化传承发展座谈会上的重要讲话，与上述重要讲话精神一脉相承，是习近平新时代中国特色社会主义思想的重要组成部分，尤其是对于我们深刻理解和认识"把马克思主义基本原理同中华优秀传统文化相结合"，具有重要的指导意义。

中华文明所具有的最为突出的特征是其发展的连续性。100 多年以来我国考古发现和研究成果已经揭示出我国 5000 多年文明史的发展历程，尤其是中华文明探源工程和"考古中国"重大项目实施以来，考古工作者在全国各地开展的考古发掘和多学科交叉领域的研究，厘清了从 5000 多年前古国产生，到距今 4000 年左右王国崛起，再到距今 2000 多年秦汉国家产生的历史脉络，揭示了中华文明由多元到一体的发展格局，大大增强了历史信度，丰富了历史内涵，活化了历史场景。

在长江中下游地区，考古工作者发现了以良渚古城为核心的聚落群。古城的起始年代为距今 5300 年，一直延续到距今 4300 年前后。古城略呈圆角长方形，正南北方向，面积近 300 万平方米，是 5000 多年前出现的我国最大规模的城址。城墙底部铺垫石块作为基础，宽度 40~60 米，墙体用纯净的黄土堆筑，部分地段尚残留有 4 米多高的城墙，现已发现 6 座水门。城中央约 63 万平方米的莫角山土台为贵族居住区，平民则居住在城内的外围区域。令人惊叹的是，良渚先民为了防止山洪对城市的威胁，在古城以北十几千米之外的山上，修建了一条东西向的水坝，由水坝围成的 14 平方千米的水库，通过渠道通到古城，以便水利交通和稻田灌溉。这是迄今所知世界上最早的水坝，也是我国最早的大型水利工程。加上近 40 年来以反山、瑶山、汇观山等为代表的王陵级别的墓地、祭坛的确认，一项项令人震惊的重大发现使得国际上对良渚文化已经进入文明时代的判断得到公认，良渚古城遗址也于 2019 年当之无愧地入选世界文化遗产名录。

在良渚文化圈的北方，以泰山为中心的海岱地区，分布着属于大汶口文化中晚期的若干座史前城址，其中以焦家城址最具代表性。考古发掘表明，与良渚古国一样，焦家城址也是我国最早一批原生型"古国"的代表。近年来，通过 4 个季度的发掘，在 100 多万平方米的范围内发现了城墙、壕沟、大型墓葬、祭祀坑等

丰富的大汶口文化遗迹 2000 余处，出土玉器、彩陶、白陶、黑陶等各类文物万余件，从制造工具、发明科技、建设聚落、营造城池等各方面展现出文明要素齐全、文明社会开启、以棺椁制度为代表的礼制初步形成等多重特征，年代为距今约 5300~4600 年，有力实证了中华 5000 多年文明史。

如果把眼光放到更为广阔的范围，从东北地区辽河流域的红山文化牛河梁坛、庙、冢，到江淮地区的凌家滩墓地和环壕聚落，再到中原地区以双槐树为代表的河洛古国遗址，大约在距今 5500~5000 年前后各地均出现了以城址、祭坛、王陵、"璧琮璜"玉礼器和"鼎豆壶"陶礼器为标志的古国，它们恰像满天星斗，构成了中华文明初曙阶段的多个源头。而且，由良渚、焦家、凌家滩、牛河梁等遗址史前先民所创造的玉器、陶器和棺椁等一整套礼仪制度，开启了我国礼乐文明的先河。

历经沧海桑田，5000 多年前曾经巍峨高耸的城墙大多已深埋于地下，或只残存下有限的墙基和城门通道昭示着昔日城市的喧闹，但精美绝伦、体现着极复杂工艺的玉器，远远超过个人实用需求的大量白陶、黑陶、彩陶，反映等级制度的大墓和棺椁等考古实物遗存，仍然在向世人展示出 5000 多年前古国的辉煌，也昭示着长城内外、大江南北史前先民之间的文化交流和共同信仰。尤为重要的是，由仰韶时代以良渚文化、大汶口文化、凌家滩文化和红山文化等为主的史前先民创造的整套礼制系统，经由龙山时代先民的取舍、增益，被夏商周三代王国礼制所完整继承，并为我国秦汉统一的多民族国家的形成奠定了思想基础。

二　揭示中华文明多元一体格局

处于夏代之前、距今约 4500~4000 年的龙山时代是我国由古国向王国过渡的时期，大约相当于司马迁《史记》所记载的五帝时代或其中晚期阶段。这一时期在社会发展方面的第一个突出特点是城址林立，几乎遍及黄河流域和长江流域的大部分区域。每一座城址就是一处区域政治中心，这与文献所记载的"万国"时代的情景颇为吻合。第二个突出特点是书写在陶器、玉石器之上的多字陶文在多个考古学文化中出现，如

海岱龙山文化的邹平丁公陶文、高邮龙虬庄陶文，陶寺文化的陶寺朱书陶文，以及良渚文化晚期的澄湖陶文、南湖陶文等，使人自然与仓颉造字的传说产生联想。这些早期文字已不是像前一阶段的单一符号，而是由多个独立的字符连缀成文，可以称之为"陶书"。这预示着龙山时代社会上层已经具备了文字书写的能力，我国已经进入成文历史时期。龙山时代文明社会的第三个突出特点则是以玉器、陶器、漆木器等为代表的礼乐制度更加完备。玉礼器方面，在前一阶段出现的璧、琮、璜组合不但广泛分布于长江下游的良渚文化区，而且向其他地区远距离扩散传播，广达长江中游、海岱地区、中原地区乃至甘青地区；玉礼器组合上，璧、琮、璜之外更新出现了璋、圭、琥等新器形，与《周礼·大宗伯》所载用于祭祀天地四方的"六瑞"若合符节。陶、漆木材质的礼器，在鼎豆壶配置基础上，鬶、盉、斝、觚等成为固定组合，尤为引人注目的是新增添了石磬、鼍鼓和陶铃等乐器组合，礼乐器具日臻完备。出土的青铜容器残片和铜铃表明，中原地区王湾三期和陶寺文化先民已经开始探索使用模范技术铸造青铜礼乐器并取得成功。种种考古发现显示，处于夏代前夕的龙山时代或五帝时代是古国时期的高级阶段，也是进一步奠定夏商周三代王国礼乐制度基础的阶段。

自20世纪80年代以来，礼乐制度早已被作为中华文明的要素之一，受到学术界广泛重视。如果说城址、金属冶炼和文字是世界范围内广被接受的文明"三要素"，礼乐制度则构成了中华文明的独特要素，体现了中华文明的本质特征。当人类由原始社会发展到奴隶社会，需要有一定的强制力对人们的行为加以约束、惩戒，由此产生了最早的社会准则、法规、制度，其核心就是王权。这是世界各地文明起源与国家形成所走的共同之路。在我国，用于维系、支撑王权合法性的信仰体系就是礼乐文明。它发端于神灵崇拜，并以祖先崇拜、祖先信仰和祖先祭祀体系的形成而臻于完备。这一体系的物化形式就是陶、玉石、漆木和青铜等各种材质的饮食及演奏器具以及宗庙、灵台等礼仪建筑。精英阶层通过不断地、季节性举行的礼仪乐舞活动，表达对天地山川神灵的敬畏，通过反复再现、歌颂祖先的丰功伟绩，达到凝聚族群向心力、强化文化认同感的目的。这些礼乐仪式随着文字体系的成熟而发展成为典章制度，即礼制，成为儒家学说中礼乐思想的直接来源。

"考古中国"重大项目将工作的范围进一步扩展到中华文明多元一体格局形成、发展和巩固等研究领域，关注的重点是从王国到帝国的发展进程。以黄河下游地区的海岱地区夏商周考古研究为例，这一地区在夏商周时期经历了从"夷夏东西"到"夷夏融合"的过程，但以往的研究大多重在论证"夷夏东西"，对于"夷夏融合"则缺乏应有的关注，考古发掘与研究工作注重的多是一个个的"点"，强调的是对形而下的各类出土遗物的描述和器物编年的建构，而缺少了对礼制和信仰层面有关文化现象的揭示和阐释，而后者恰恰是用夏变夷、"夷夏融合"历史过程在实物史料上的直接反映。近年来，国家文物局"考古中国·海岱地区夏商西周考古研究（2021~2025）"和"夏文化研究"重大项目支持下，我们选择在青丘堌堆、大辛庄、陈庄、前家子头和邾国故城等遗址开展持续考古发掘，其研究目标和任务就是从区域考古、区域历史的角度揭示三代国家由"夷夏东西"到"夷夏融合"的过程，阐释中华文明多元一体格局形成的过程及动因。近期在高密前家子头遗址的考古发掘表明，作为半岛与内陆地区分界线的胶河流域曾经在王朝一体化过程中发挥过重要作用。但因地处周王朝东部边缘的"大东"地区，王朝的历史叙述极少提及该地区，凭借有限的文献史料只知道这一带是代表周王朝的齐国政权与代表东夷族的莱国势力长期对峙的区域，而两个季度的考古发掘已初步揭示出作为王朝系统的周文化与东夷本地的珍珠门文化融合共生的实物遗存，为实证中华文明多元一体格局的形成提供了重要支撑。

在"考古中国"和"夏文化研究"项目实施过程中，我们将古文字、古文献和科技考古成果相结合，通过对我国北方地区史前和夏商周考古出土的人类趾骨"跪矩面"病变案例统计，联系古文字中"夏"字的释读，实证了《说文解字》夏为"踞坐之形，中国之人也"的论断和《孟子》"用夷变夏"的历史过程，为夏文化研究提供了坚实的科技考古支撑。

"考古中国"重大项目中反映族群融合、文化融合这一类的成果还有很多，其中成就最为凸显的自然是古蜀国三星堆遗址的发掘。近一个世纪以来，位于成都平原的三星堆遗址就屡次出土玉器、陶器等，1986年发掘了著名的1、2号祭祀坑，出土文物中高大的铜人立像、黄金面具、神树和众多的象牙等罕见文物，极大地冲击着人们的视觉观感。更多的学者则是在惊叹于其"奇异"特征的同时，循着四川盆地与外界的通道寻求其文化因素的来源。此后，三星堆遗址的发掘与研究工作一直没有停歇，终于迎来了另外6个祭祀坑的发现与发掘。随着资料的丰富，学者们不但明确了8个祭祀坑的年代均为殷商文化晚期，而且通过出土文物的跨坑拼合，确定了它们是同时形成的，这对于祭祀坑性质的判断十分重要。新一轮的发掘出土物更加丰富，进一步刷新了人们对三星堆文化在金属制造、象牙雕刻和丝织工艺等方面的认知。更为重要的是，继1、2号祭祀坑之后屡次出土的青铜尊、罍，以及以尊为主题的若干件青铜祭坛，再次显示出尊在三星堆文化中至高无上的尊崇地位。联系到此前彭州市竹瓦街出土的铜尊，以及两湖地区以四羊方尊为代表的长江中游青铜时代文化，我们不难发现，殷商时期作为巴蜀文化和荆楚文化前身的三星堆文化与炭河里文化盛行尚尊的礼制传统，从而与中原三代的尚鼎制度形成鲜明对照。从这一点而言，这又是中华礼乐文明传统大同中的小异，显示了中华文明的包容性特征。

三　通过礼制认同达到文化认同

礼乐文明的本质是以祖先崇拜为基础的文化认同，它产生于距今5000多年前的新石器时代晚期，与文明起源同步，其物化形式就是产生于古国时代、成熟于夏商周三代的不同材质的礼乐器具。《礼记·礼运》曰："夫礼之初，始诸饮食。其燔黍捭豚，污尊而抔饮，蒉桴而土鼓，犹若可以致其敬于鬼神。"先民将美食饮料盛放在陶器中奉献给祖先和天地神灵，配置以陶鼓的节奏，这就是最早的礼乐活动。随着生产力的进步和发展，昔日的陶器、石器演变成了铜器、玉器、漆器等威望产品，其使用者也由最初的氏族首领、酋长演变为国君、帝王，但礼器的性质未变。古人云"器以藏礼"（《左传》成公二年），夏商周三代甚至以"九鼎"指代江山社稷，以鼎为代表的礼乐器具具有"协于

上下，以承天休"（《左传》宣公三年）的功能，按照美术史家的观点，这些礼乐器是一种具有"纪念碑性"的器物[4]，说的正是这个道理。这些礼乐器具本身又是祭器。古人认为"国之大事，在祀与戎"（《左传》成公十三年），祭祀与战争对于国家来说是两件头等大事，而祭祀竟然排在战争之前，就因为祭祀（主要是祖先祭祀）是祖先认同、文化认同的象征，对于增强族群自信心和向心力具有无可替代的价值。三代尤其是周代是族群认同、祖先认同、文化认同的关键时期，一直到战国时期，见于文献记载的"五帝"系统竟有五个之多，直到《史记·五帝本纪》才统一为黄帝、颛顼、帝喾、尧和舜五帝，他们代表的是不同区域、不同族群共同的先祖。三代文明的一体化过程，就是礼乐文化被接受的过程，反映的则是族群认同、祖先认同和文化认同的过程。我们说中华文明是连续发展、从未中断的文明，并不是说文明发展过程中没有出现过"断裂"，否则就不好理解王朝之间的更迭。文明发展的连续性特征，强调的是作为文明体创造者的中华民族始终是这片土地上的主人，历史上屡次发生的北方少数民族南下并在中原地区建立政权，无一不是以主动融入中华多民族统一国家而告终。中国政治文化统一的历史与昙花一现的罗马帝国相比，形成了鲜明对照。

作为中华文明重要表现形式的礼乐制度在考古学文化上具有极高的显示度。对此，在鲁东南沿海地区从事20多年考古合作的美国同行文德安、加里·费曼等深有感受。考古合作包括调查、发掘与多学科研究，不但揭示出以日照为中心的鲁东南沿海地区上迄距今7000多年的北辛文化、下至距今2000多年的秦汉帝国长达5000多年的文明起源与发展进程[5]，费曼还与笔者合作发文，阐释从史前至周王朝各区域不同族群通过礼制认同达到文化认同，并通过秦汉帝国统一文字、统一度量衡、实行郡县制等一系列巩固统一的措施，达成文化共识的过程[6]。与秦汉帝国东西并存的罗马帝国则缺少这种祖先认同、族群认同和文化认同，因此出现"罗马之后再无罗马"，其文明缺少连续性也就不奇怪了。

汤因比曾说："中国人比世界上任何一个民族都更具有一贯性，数亿人数千年来在政治上、文化上团结至今。他们展示出了这种政治、文化的统一技术，并

拥有一次获得成功的极为珍贵的经验，而且那种统一化倾向正是当今世界绝对必要的需求。"[7]这次成功的经验就是公元前221年秦始皇统一六国，统一的多民族国家由此形成，汉王朝则通过一系列巩固统一的措施，强化了国家的"大一统"局面，其中以祖先信仰为核心的文化认同发挥了不可替代的作用。总之，中华文明连续发展这一突出特性有其深厚的历史与文化基因。中华民族的文化基因有很多，从考古发现和历史文献分析来看，笔者认为支撑中华文明发展连续性最为重要的基因就是礼乐制度与礼乐文明及其所承载着的族群认同、祖先认同和文化认同。

（本文根据方辉教授在山东博物馆"齐鲁文博讲堂"的讲座整理而成，经过本人审核、修改）

注　释

[1]《担负起新的文化使命　努力建设中华民族现代文明》，《人民日报》2023年6月3日第1版。

[2]《担负起新的文化使命　努力建设中华民族现代文明》，《人民日报》2023年6月3日第1版。

[3]《担负起新的文化使命　努力建设中华民族现代文明》，《人民日报》2023年6月3日第1版。

[4] 参见〔美〕巫鸿著，李清泉等译：《中国古代艺术与建筑的"纪念碑性"》，上海人民出版社，2009年。

[5] 参见方辉等：《鲁东南沿海地区系统考古调查报告》，文物出版社，2012年。

[6] 参见Hui Fang, Gary M. Feinman and Linda M. Nicholas, "Imperial Expansion, Public Investment, and the Long Path of History: China's Initial Political Unification and Its Aftermath", *PNAS*, vol. 112, no. 30, 2015.

[7] 山本新等著，吴栓友译，:《汤因比的中国观：未来属于中国》，世界知识出版社，2018年，第42页。

金石学与陈介祺

内容提要

本文主要从文献入手，结合传世及出土器物，按时间顺序对金石学的发展进行了梳理。金石学滥觞于先秦，发展于汉魏，宋代博兴，达到金石学发展史上的第一个高峰，及至清代又高峰叠起并启转型。陈介祺是乾嘉以降兴盛的"山左金石学"之重要代表人物，承家学得明教，金石益友，拓宽了金石学研究领域，架起通向考古学的桥梁，创新了研究方法，重视文物收藏保护与研究，贡献突出。

关键词

金石学　发展历程　陈介祺

文／孙敬明　潍坊市博物馆

中国金石学是具有突出中国特色的传统学术，与中国文物学、博物馆学与考古学、收藏学等有很深的渊源。是中国考古学的前身，在考古学传入之前，以古代铜器和石刻为研究对象的学问，尤注重铭文的著录考证，旨在证经补史。本文意在按时间顺序厘清金石学的发展历程，并重点介绍以陈介祺为代表的山左金石学派。

一　滥觞先秦

中国金石学在中华文明发展史上，含蕴铭记功德、文献典谟、律令约契、封诰疆界，绵延百代，传之不朽。考古、历史、古文字、艺术美学等追溯渊源、开拓领域、朴学征补、丰富内涵均离不开金石学。

（一）释名物

"金""石"文字见于甲骨金文，"金石"缀词与金石学昉乎先秦，缘起山东（齐鲁）。与铸刻文字广义之"金石"相关联者，应属《墨子·兼爱下》："子墨子曰：'吾非与之并世同时，亲闻其声、见其色也；以其所书于竹帛、镂于金石、琢于槃盂，传遗后世子孙者知之。'"宋东武赵明诚著《金石录》三十卷，其始以"金石"名称著作。而真正作为一门学问"金石之学"之名称，则始于乾隆时期，乾隆五十二年丁未（1787年）冬，嘉定王鸣盛序钱大昕《潜研堂金石文跋尾》："傅青主问阎百诗，金石文字足以正经史之讹而补其阙，此学始于何代何人。"

中华人民共和国建立之前，马衡先生著《中国金石学概要》（上下篇）收录中华书局出版《凡将斋金石丛稿》，其称："金石者，往古人类之遗文，或一切有意识之作品，赖金石或其他物质以直接流传至于今日者，皆是也。以此种材料作客观的研究以贡献于史学者，谓之金石学……故今日之所谓金石学，乃兼古器物学、金石文字学而推广之，为广义的学科名称，非仅限于狭义的物质名称已也。"有宋一代始有专攻此学者，欧阳修《集古录》为金石有专书之始。自是以后，吕大临、薛尚功、黄伯思、赵明诚、洪适辈，各有著述，蔚为专家。郑樵作《通志》以金石别为立一门，侪于二十略之列。而后金石学一科，始成为专门之学，卓然独立，即以物质之名称为其学科之名称矣。"2014年李学勤为朱明歧《古砖荟》序："中国的现代考古文物研究，是在历史久远的金石学的基础上建立和发展的。传统的金石学积累了非常丰富的材料内涵，从而成为现代研究足以依据的起点。不仅如此，即使是现代文物考古研究已经取得令世人瞩目成果的今天，以往的金石学仍然有不少知识和观点值得我们重视和汲取。"

（二）叙缘起

最早的应是晏子，《晏子春秋·内篇杂上第五·景公游纪得金壶中书晏子因以讽之第十九》记载："景公游于纪，得金壶，乃发视之，中有丹书，曰：'食鱼无反，勿乘驽马'。"此处所谓"丹书"应为朱书铭文，商周甲骨文与铜器和石器铭文，既有铸刻亦有朱书与墨书。

其次，孔子在陈国曾鉴定隼身上所带箭，为"楛矢石砮"，文献记载西周初年成王践奄之后，所谓肃慎燕亳我北土也，肃慎进贡楛矢石砮，时过数百年之后陈国府库中尚存放着当年肃慎进贡的楛矢石砮，并且还珍藏在金椟之内，可见对文物的重视和保护措施的提升。而孔夫子则是历史知识渊博，并且将文物与历史相结合而进行辨识研究的最早典型。

复次，《史记·秦始皇本纪》二十八年："始皇还，过彭城，斋戒祷祠，欲出周鼎泗水，使千人没水求之，弗得。"

二 汉魏隋唐

汉代属于金石学发展时期。汉承秦制，于庙堂、祠墓竖立碑阙铭刻之风蔚然兴起，大量石刻出自汉代。汉代所发现三代铜器，其中尤以铜鼎因其历史象征而得朝廷重视，甚至因之出土而致使皇帝改元年号。魏晋隋唐于钟鼎彝器例有发现，种类数量逐渐增多。

（一）汉代

《汉书·郊祀志》载宣帝神爵四年（公元前58年）："是时，美阳得鼎，献之，下有司议，多以为宜荐宗庙。"此处"有司"与《国语·鲁语》所记孔子时期的陈国管理故府的"有司"，以及汉武帝时期的"有司"，应该属于相同职掌，尽管"有司"属于普遍的称谓，但是仍可看出历代均设有管理历史文物的职官，凡此则类似后来博物馆管理者之职司，故而其职掌也应该相似。最终这件铜鼎，经张敞鉴定辨识出铭文，称之为尸臣鼎，记载周王赏赐之事，故不宜荐于宗庙。

《汉书·艺文志》记载："武帝末，鲁共王坏孔子宅，欲以广其宫，而得《古文尚书》及《礼记》《论语》《孝经》凡数十篇，皆古字也。"汉武帝时期孔子旧宅发现战国简册，孔子的后裔孔安国对其进行整理研究，《后汉书·窦融列传》：永元元年（89年）窦宪破北匈奴后，"南单于漠北遗宪古鼎，容五斗，其旁铭曰：'仲山甫鼎，其万年子子孙孙永宝用'。"《史记》载李少君称汉武帝所藏："此器齐桓公十年陈于柏寝。""柏寝"是宫台名，见《晏子春秋·景公成柏寝而师开言室夕晏子辨其所以然第五》。今据清代所见战国桓公午十年、十四年敦、簋等铜器铭文可证，李少君所言者，乃战国田齐桓公而非春秋齐桓公。内中包括《尚书》《礼记》《论语》《孝经》等先秦典籍。许慎的《说文解字·叙》提到："郡国往往于山川得鼎彝，其铭即前代古文。"当时国家有学识的人，能够鉴定西周春秋时期的铜鼎，并且还能辨识上面的铭文，尽管有的不是专业的博物馆工作者，但仍能看出当时人们对古代文物的认识水平。如东汉末年北海国高密郑玄，对先秦典籍进行整理注疏，凡是经典中有关名物制度，其大都能举证古代器用进行疏证，这应不仅仅是郑玄本人的学术成果，也应该反映从先秦到汉代几百年间社会对历史文物认识鉴别解释的积渐升华的结果。

（二）魏晋隋唐

由汉代绵历魏晋而至隋唐，人们对出土青铜金石文物的珍爱收藏之风气未曾间断，只是随时代风气不同，遂各有浓淡轻重而已。并且对此起到重要作用的，则出于朝堂或王公贵族与知识名士。

魏晋时期最为重要的发现则是盗墓发现竹书纪年。《晋书·束皙传》记载："太康二年，汲郡人不准盗发魏襄王墓，或言安王冢，得竹书数十车。"对于其出土时间、内容、使用文字等均有研究。魏晋时期收藏文物典籍书画的资料较少，从《修文殿御览》可知晋代收藏书法为数不少，而当时书写的载体多为绢缎等丝织品。

隋唐书时期似乎更重视历代书画的收藏与研究，如隋炀帝即创建"妙楷台"和"宝迹台"，大量收藏书画。而唐代的数位帝王更是喜欢搜集书画碑帖。并且注重书画装潢，这对纸质文物的保护是一种探索性的贡献。

三　宋代博兴

宋代属于中国金石学综合发展时期，并且达到历史上的第一个高峰，而中国的金石学可谓是包罗万象，其不仅仅是后来由此衍生发展出的文物学、博物馆学与考古学和收藏学等诸多分枝学科的渊薮，而且其又有历史与区域的突出特色。

据中国社会科学院历史研究所林欢博士系统整理宋代人关于所谓古器物学的笔记与文献资料约80余种，当时社会所收集的文物以质地划分则有：铜器、陶器、泉币、玺印、玉器、竹木、石刻、杂项，与之相关的还有墓葬、遗址和古器物的仿制等等。就此分类，不仅包罗今日的博物馆所收藏研究的对象，而且还有考古学与文物复制等方面的内容。如铜器的收藏与研究，当时则有对青铜器的起源、功能、种类、名称、收藏、著录、征史以及复制、辨伪、传拓、绘图等等均有较为系统的认识。而其他种类，若与今日所划分文物类别，则基本一致。再如陶器门类，则包含砖、瓦、陶、瓷，砖瓦的出土地区域则涉及今江西、浙江、湖北、四川、河北与陕西等地，主要为两汉魏晋时期的宫室坛台或墓葬出土，并且上面大都带有铭文。所以说中国的自具特色的博物馆学到宋代已经较为完备。为便于认识宋代文物收藏研究，则依据林欢博士所整理划分的内容，分门别类作大致的揭示。

当时国家提倡从帝王到庙堂卿相都喜欢收藏文物，文物收藏是一种社会风气。著作也多达80余种，收藏研究家近百人。欧阳修、吕大临、王俅、王黼、薛尚功、李公麟、王厚之、赵明诚等最为著名。

（一）文物收藏门类

文物收藏属于博物馆的基本功能，同时也是博物馆得以存在的基础。世界上任何国家和地区对历史文物的认定，均与其区域文化发展的历史密切相关。如西方石材制品：雕塑、建筑，而东方社会对文物的认识与之多有差异。宋代的文物收藏之种类较多，其中主要有青铜器、陶瓷、砖瓦、钱币、玺印、玉器、竹简、石刻等等。

1.青铜器

宋代洪迈《容斋随笔》:"三代彝器,其存至今者,人皆为奇玩。然自春秋以来,固重之矣。经传所记,取郜大鼎于宋,鲁以吴寿梦之鼎赂荀偃,晋赐子产莒之二方鼎,齐赂晋以纪甗、玉磬,徐赂齐以甲父之鼎,郑赂晋以襄钟,卫欲以文之舒鼎、定之鞶鉴纳鲁侯,乐毅为燕破齐,祭器设于宁台,大吕陈于元英,故鼎返乎历室是已。"林欢博士对容氏所论作按语:"由于宗教和礼仪上的意义,三代彝器历来具有重要地位,周灭商则迁商鼎,春秋战国时期可以用作政治交往的工具,汉代以后它又作为奇珍祥瑞被收藏。时至宋代,钟鼎彝器才真正成为研究的对象。"

宋代人对青铜器的研究不仅从名物制度,并依据《周礼》等相关典籍研讨三代青铜器的形制、花纹、铭文、功用,乃至收藏地点和铭文内容所涉及的历史时代、人物、事件等等。而且还由于社会的崇尚金钱名利的推波助澜遂使宋代的文物收藏引发历史上的大量造假,这也必定促使国家和个人对文物的真赝性质进行鉴定,所以宋代的文物鉴定也是达到相当的水平。

2.陶瓷砖瓦

宋代人对砖瓦的研究,与青铜器一样,达到历史最高水平。因砖瓦陶土所为,一般缺少像青铜器那样的华美和神秘感,当时受到重视主要在于砖瓦上的铭文,有的可以与石刻墓志兑读,有的文字属于吉祥语句,并且依据砖瓦的形制和铭文,大都准确判断出时代和产地,这与清代和今天的研究水平,并无太大差距。

3.钱币

中国对古代钱币的研究,或谓最早的著作为梁顾烜《钱谱》,《隋书·经籍志》载南朝有两种钱币著录,或证顾《谱》尝引刘《志》,唐五代时期的钱币谱录如封演的《续钱谱》、张台的《钱录》等,宋代则有陶岳《货泉录》、金光袭《钱宝录》、董逌《续钱谱》、李孝美《历代钱谱》、元费《钱谱》、于公甫《古今泉货》、姚元泽《钱谱》、洪迈《泉志》等,沈括《梦溪笔谈》涉及楚国金版研究。

4.玺印

宋代对玺印的收藏研究也颇具水平,马永卿《嬾真子》:"仆于陕洛之间,多见古印。于蒲氏见廷尉之章,于司马氏见军曲侯丞印。"马永清称:"政和中,仆仕关中。于同官蒲氏家,乃宗孟之后,见汉印文云:'辑濯丞。'印文奇古,非隶非篆,在汉印中最佳。辑濯乃水衡属官。'辑'读如'楫'。'濯'读如棹。盖船官也。水衡掌上林,上林有船官。而辑濯有令丞。此盖丞印也。然皆太初元年已前所刻,太初已后皆五字故也。"

据林欢博士辑录宋人关于玺印的笔札甚多,如印文"祭尊""汉叟邑长""寿亭侯印""关南司马印""周恶夫印"等,可见宋代对汉代以前的古印收藏研究均具有较高的水平。

5.玉器

宋代与前代一样,皇家宫室皆设专库存放文物珍宝。宋代民间偶然出土新石器时代与三代以及汉代玉器,数量较多。对此知者搜去秘藏或献于官府,或民间轻易毁弃;同时亦有故弄玄虚,伪造光怪陆离之器,比附天地神灵,附会祥瑞以欺世盗名者。但是从博物馆藏品门类来看,宋代人对玉器的研究鉴定水平已远远超过唐代。

6.竹简

历史上发现古简册之事载于史册的仅三例,发现的时间和地点分别是:一、晋代,汲郡;二、齐,襄阳;三、北宋,陕右。《邵氏闻见后录》记载北宋崇宁发现木简之事,文字简练而记载详尽,可补史书之缺。该批木简的年代为东汉章帝章和年间(87~88年)。从简书文字内容来看,其性质是遣册。收集前人典籍著作中有关竹简的资料,比较重要的是其中关于竹简出土的记载,反映了宋人对出土竹简的关注。实际上,总结了前人对孔子壁中书以及汲冢竹书外其他出土竹简的研究成果,另一方面,也说明了宋人的竹简研究是有其历史渊源的。

7.石刻

中国石刻最早可见于岩画,文字纪事者则有战国秦石鼓文与中山国王陵刻石以及齐国虞大夫刻石等。秦汉以降碑碣志文类多,不可胜数。而对碑志文字进行搜集研究,应该滥觞在汉代,宋代则是兴盛时期。如张淏《云谷杂记》载:"秦汉以前字画多见于钟鼎彝器间,至东汉时刻石方盛。本朝欧阳公始酷嗜之,所藏至千卷,既自为跋尾,又命其子棐撮其大要而为之说,曰《集古录目》,晚年自号六一居士,《集录》盖其一也。其门人南丰曾公，亦集篆刻为《金石录》五百卷。后来赵公明诚所蓄尤富，凡二千卷，其数正倍于欧阳公，著《金石录》三十卷。石林叶公梦得又取碑所载事与史违误者，为《金石类考》五十卷。近时洪文惠公集汉魏间碑为《隶释续》凡四十八卷。昭武李公丙类其所有，起夏后氏竟五季著于录者亦千卷，号《博古图》，正讹谬，广异闻，皆有功于后学。"

由上所揭列，宋代金石学的发展，从对文物的收藏门类考察，其与后来博物馆所庋藏的门类几乎没有多大差别，其所涉猎的门类内容区域等等，如今日差别不是太大。或者说凡是今天研究考察的文物门类，在宋代几乎均已创立；所谓差距只是在于水平与所借鉴的自然手段方面。由此，可见中国宋代博物馆性质功能历史定位和发展水平，这与世界上任何国家和地区所比较都是处于遥遥领先的地位的。

宋代金石学昌盛，人们关注鉴赏和收藏研究的对象，不仅如上所揭列的可移动文物，而且对历史古迹、墓葬、遗址亦颇多关注，对古迹墓葬遗址所在的地理位置、山川水流，及其历史旧观和当时保存情景，以及墓葬出于自然或人为的原因而出土文物种类数量等大都作些许记录。这种对野外不可移动文物古迹的调查搜访，尽管与今日的田野考古调查有区别，但是从学术发展史来考量，说明宋代不但对可移动文物的收集宝藏和研究，而且对野外不可移动文物古迹的描述记录和探究，同样达到历史上最高水平。凡此，不仅对当时金石学的发展，公私博物馆的大量出现；对相关文物出土的地理环境，甚至对其进行保护等，均具有重要的历史意义；并且对后世的文物保护与研究相关墓葬、遗址的性质特点等同样产生巨大的影响。

（二）文物保护场所

1.国家收藏场馆

宋代龙图阁与宣和殿为当时国家庋藏历史文物的场所之一。宋人笔记中所谓"秘阁""御府""内府"等大概均是国家藏宝处所。陆游所谓的"馆中劾奏"之"馆"，应该是收藏文物的专馆，其中还有通晓文物研究鉴定的职司；并且名称不同，如"阁""殿""府"。由此或可推断，宋代国家对文物的宝藏研究场所，有时可能依照文物的类别而设立专馆保存；同时这种

"馆"的称谓，应该与中国特色的博物馆之名称出现有渊源关系。

2.私家收藏场馆

由国家君王贵族对文物收藏的嗜好，推及社会上的官宦世家有能力者，在文物收藏的社会风尚中无疑属于较大的社会群体和起着推波助澜的作用。他们有权力和资材，广搜博取，建有豪门广厦，自然有着极好的文物收藏环境。这些文物收藏的场所，如同今日的民间私有博物馆。如赵明诚夫妇的归来堂，归来堂所藏文物有严格的管理制度和保存的措施，同时进行不间断地深入研究，还出版研究成果著作。结合林欢搜集的宋代八十余人的笔记资料以及国家收藏文物和出版图书的载录，甚至可以认为在宋代，赵明诚李清照夫妇的归来堂，应该属于当时民间规模最大、收藏文物种类数量最多、研究水平最高、管理措施最为完备的博物馆。

（三）藏品研究

1.研究方法

宋代还是比较注重对文物实物的研究要与历史文献相结合，在考证研究方法上遵循汉代，尤其自郑玄以来的名物制度与六经相斠兑比较的科学方法。宋代并非单一将文物视之为所谓的地不爱宝天降祥瑞的，而更重要的是将文物视之为正经补史推考三代的神圣实物。这应该是宋代在中国的金石学发展史上的突出贡献之一。林欢博士称："宋人已经在铜器定名、断代上摸索出一条路子，即把铜器铭文中提到的人名与文献典籍进行对照，从而推断出该器的具体年代。这一发明意义重大，即使在考古学有了质的飞跃的今天，它依然是铜器断代的一种主要手段。"

2.研究门类

依据文物的材质和诸事类之性质而大致分为：一铜篇，内别则有：器类、收藏、著录与研究考史；二陶篇，内别则有：砖瓦、陶器；三泉币；四玺印篇；五玉篇；六竹木篇；七石刻篇，内别则有：碑刻、石鼓、诅楚文、石经、石权砮；八墓葬、遗址，九仿制篇；十杂篇。泉币、玺印、玉器、竹木、石刻、杂项，与之相关的还有墓葬、遗址和古器物的仿制等等。

（四）研究成果

搜集宋代文人雅士有关金石学著作笔记八十余种，当时的专门性研究著作，如青铜器、玉器门类，大凡出版著作一般首先得绘制图录，对所著录器物的尺寸、重量、形制、花纹与铭文等均有所描摹；同时还有序言目录以及研究考证的文字等等。

四　清代高峰转型

清代金石学乾嘉以前研究者重点在于碑版石刻与砖瓦文字，研究者多属于江南区域，且体例多取仿照宋人。容庚张维持《殷周青铜器通论》云"乾嘉以前，研究青铜器的人很少，即有研究，在图像方面则限于《考古》《博古》两图，在铭文方面则限于薛氏《款识》，很少接触真器真铭，故《古鉴》四书，真伪杂糅，无法辨别"。顾炎武《金石文字记》裒所见汉以来碑刻，以时代为次，每条下各缀以跋，其无跋者亦具其立石年月，撰书人姓名。乾嘉以降则别开生面，青铜器出土数量多，其中不乏重器。研究中心北移，"金石学在山左"。新发现陶文甲骨文；而对文物资料来源，如出土时间、地点、文物形制、相关遗存、周边历史文化古迹等俱为探索。同时研究领域开拓，不但碑版石鼓，更多青铜器铭文、钱币、玺印、陶文、甲骨、竹简帛书；传古方法有全形拓、摄影术。同时金石学向考古学转化。

五　陈介祺为代表的山左金石

陈介祺生于金石世家，自少年即从当地开始收集先秦玺印，他带动形成以其为中心的金石学术群体，而旧所谓金石学在山左，而山左之中心则在潍县；同时潍县、诸城、益都、安丘亦形成以陈介祺为重的地方学术群体。贡献主要体现在三个方面：其一，从学术发展史审视，陈介祺不仅是金石学之集大成者，而且其新的思维方式方法还由传统金石学架起通向考古学的桥梁。其二，拓宽金石学领域，促使金石学更趋完备科学。在陈氏之前并无陶文之类。是由陈介祺第一个发现陶文，并大量收藏与研究陶文的，而且其收藏之数量、质量与研究水平和成果也是当时第一人。其三，

学术研究创新。陈介祺对青铜器、钱币与瓦当辨伪，极为精到，其所秉持的鉴别核心即在于古文字。其运用三代吉金文字纠正许书，对传统小学《说文》的研究作出贡献。其四，文物收藏、保护与研究，对中国博物馆发展史的贡献。陈氏以其所庋藏文物名斋。除去标识文物器类与个人志趣外，内中更有俾便文物分类存放管理与明辨研究资料性质的宗旨。其五，传古方法创新与其他。陈氏为求传古文字之精切，而总结历代碑版吉金的拓墨技法，并参以中国画散点透视的原理。尤可称道的是，其不仅用于鉴古而使用显微（放大）镜，而且为便传古首次应用西洋摄影术，其还将摄影的光学明暗对比之原理，一并应用到吉金铭文和器形的拓制上。

陈介祺于书法、诗词、中医中药、仿古铜、铸造铜印、红木嵌银等都有其突出贡献。陈介祺对国家民族具有强烈的历史责任感。其关心国是民瘼，对于朝廷政治、封建吏治、创办报纸、抵御外侮、地方边区安靖、登州倭寇、捻军防备、荒灾赈济等等，关切之忱既散见于与友朋通札字里行间，抑或是亲力而亲为之。

金石学昉乎先秦，汉朝获鼎张敞按铭，李少君验武帝宫藏桓公器，孔安国隶定祖先壁中书；晋不准掘墓得竹书纪年，唐武三思府库藏古！洎宋金石学大兴，皇家创数殿藏器万千，好尚风气朝野蔚然。元疏阔，明游学无根，迄于有清，金石学值高峰而包孕现代考古学之萌芽。山左数十名家，集古天下，著作如林；辩名物、考制度、证经史、补遗文，群星璀璨，共襄"金石学在山左"之大观。陈介祺居处潍上，括囊齐鲁，尺牍天下，九州呼应。李璋煜、吴式芬、李佐贤、王懿荣金石姻娅，朴学释古、传古以文字，兼及全形拓、摄影术；访古于现场、步踏遗址、调查日记、博采信息而架起金石学通向考古学之桥梁。

附记：再如20世纪90年代有称引清道光二十七年（1847年）吴企宽编著《邹县金石志》未刊手稿，所载："'莒子恩'罐，罐陶器无所附诸，附诸瓦当之后。此罐形制似大尊，其腹刻八分体'莒子恩'三字，笔致瘦劲似曲阜汉礼器碑。恩字形颇异或释为思，非是因字，中间大甚分明，是恩无疑。莒姓子恩字也。罐系道光

甲辰（1844年）冬日，峄山故邾城中掘土得之。现存城西南乡高觉氏武生吕占鳌家。"并缀语："目前此罐存邹县文物保管所内"。

所谓邹县道光年间出土之陶文，因见于未刊手稿，且道光后邹县代修诸志皆未载录，并"莒子恩"三字形体与陶罐形制亦皆不得睹。故学界或辗转因袭而称邹县最早发现陶文，较陈介祺早二十八年。余对此疑窦萦怀凡数十年，而今蒙胡新立先生网传"莒子恩"三字拓本与陶罐以及相关文章油印稿本之照片。遂识庐山真面目，请教师友，咸称汉代，岂得释然耳！

首先，陶罐为泥质灰陶，类似器形邾地多见，明属汉代。"莒子恩"三字属于刻款，且与宋《汉隶字源》清《隶辨》之"莒"、东汉乙瑛碑之"子"、曹全碑之"恩"字如出一辙。1993年2月连云港尹湾西汉墓葬中出土《赠钱名籍》《礼钱簿》等木牍，其上有多位莒姓人士，如"莒君长""莒威卿""莒子元""莒子高""莒同""□莒少平"等。由此可见，不仅文字与器形时代相符，而且陶文刻画灵动飘逸。据以推断，这件陶罐应属汉代烧制而复刻划文字，以志器属"莒子恩"者。

其次，今见宋代关乎金石学笔记八十余种，其中不乏记载铜器玺印玉器泉币碑刻遗址墓葬之发现研究，亦收录陶瓷砖瓦文字。如赣州灌婴庙出土瓦（曾敏行：《独醒杂志》卷九）、相州邺都铜雀台瓦（洪迈：《容斋随笔》续笔卷十二）、长安民献秦武公羽阳宫瓦，首字曰"羽阳千岁万岁"。（《东观余论》卷上，今考古证之实乃汉瓦）、剑州梓潼汉铭文砖"墓志"（刘昌诗：《芦浦笔记》卷二）、绍兴山阴出土汉铭文"墓志"（赵彦卫：《云麓漫钞》卷五）、孝昌出土陶器（王得臣：《麈史》卷下）、长安出土秦汉茧形瓶（周密：《癸辛杂识》别集上）、齐鲁村落出土黄瓷瓶（邵博：《邵氏闻见后录》卷第二十七）、长安古冢得碧色大瓷器（邵博：《邵氏闻见后录》卷第二十六）。秦汉魏晋砖瓦陶器文字宋代人既已发现收藏研究，这些载体文字与先秦时期迥然有别。而邾故城出土"莒子恩"罐者，乃是汉代制刻，清代出土，凡此均乃绍承宋代余绪。其与陈介祺首次发现即墨出土第一片以及后继千万种东周之陶文，至不可同日而语哉！

（本文根据孙敬明研究馆员在山东博物馆"齐鲁文博讲堂"的讲座整理而成，经过本人审核、修改）

内容提要

近20年来，渤海南岸地区的盐业考古工作取得了重要成就，在山东北部沿海和河北沿海都发现了大批古代盐业遗址，遗址年代以商周时期最集中，汉代以后至元明时期的遗址也不断发现，史前也有重要线索。通过对发掘出土遗存的研究，制盐工艺流程逐渐明朗，为验证和丰富有关文献记载和研究盐业史提供了重要史料，为研究山东北部沿海的古代人地关系也提供了重要依据。

关键词

渤海南岸　盐业考古　制盐工艺

一　盐业考古概论

盐在人类生活中占据至关重要的地位，不仅对人体健康有着不可或缺的作用，同时也是国家赋税收入的重要来源。在农业出现之前，人类可以摄取动物肉食中的氯和钠；农业出现以后，由于谷物所含氯和钠极少，迫使人类从自然界提炼食盐，食盐的生产应运而生。在食盐的分类上，可以划分为海盐、井盐、池盐、岩盐和土盐五大类，我国古代食盐的种类主要为海盐、井盐、池盐三种（图一）。

从学术角度来看，盐业考古主要致力于探究古代食盐的生产、流通和消费过程，以及这些过程对人类社会发展的深远影响。简而言之，它是对古代人类与盐之间关系的考古学探究。自20世纪初在法国发现一批古代制盐遗存起，盐业考古逐渐成为西方考古学的热点研究领域。六七十年代以来，这一领域的研究逐渐扩展至全球范围。相较之下，中国的盐业考古研究起步较晚，正式开展至今仅有十余年。目前，四川和山东是我国盐业考古工作的主要集中地。作为海盐主产区的山东，自20世纪50年代发现古代制盐陶器以来，其制盐遗存逐渐受到重视。进入21世纪后，该地区的盐业考古工作取得了显著进展，现已成为全国盐业考古的重点区域。

二　史前时期制盐活动推测

山东的制盐业能否追溯到史前。从理论上讲，人工获取食盐从新石器时代就开始了，笔者曾依据寿光北部的环境考古成果推测，广饶傅家和五村、寿光郭井子等当时地处海滨、生存环境比较恶劣的大汶口、龙山遗址，

文＼王青　山东大学

渤海南岸地区盐业考古的发现与研究

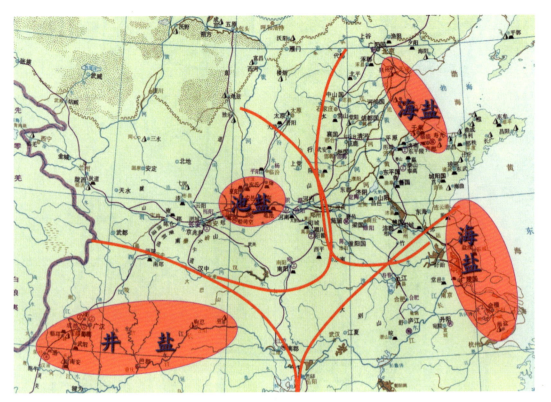

图一　我国食盐种类分布

很可能与获取海盐有关[1]。后来又以大荒北央的发掘资料提出，五村遗址（属大汶口文化中期）发掘出土的有关遗迹可能与草木灰刮卤、淋卤和煮盐行为有关，并以岭南地区宋代以来使用竹编篾盘煮盐的文献史料推测，史前可能也有类似的煮盐器具[2]。又以考古资料为基础，探讨了史前宿沙氏"煮海为盐"可能在广饶至寿光古海岸附近[3]，这极有可能是先秦典籍《世本》中记载的"宿沙氏初煮盐"的历史遗迹所在地。

在考古方法上，笔者认为沿海地区的盐业考古研究首要任务是明确不同历史时期的海岸线位置，并依据这些海岸线来探寻制盐遗存。基于此，笔者根据海岸线来寻找制盐遗存，并复原了渤海南岸距今1万年全新世以来三条古海岸线位置，它们分别对应于大汶口时期、龙山时期和商周时期。

三　晚商西周时期盐业考古

在广饶南河崖盐业遗址中，卤水坑、刮卤摊场、淋卤设施、储卤坑、盐灶以及生产垃圾堆积区等遗迹，共同构成了完整的制盐流程。此外，一种独特的盔形陶器也被发现，这种陶器在当时被用于承装卤水进行煮盐。

在对比了南河崖遗址中的储卤坑、草木灰摊场、淋卤坑、盐灶等遗存与《天工开物》所记载的淋煎法制盐工艺后，笔者认为两者之间存在显著的相似性，这表明该遗址采用的是一种原始的淋煎法制盐技术。

关于商周时期的食盐生产和行销，笔者认为这是由当时的贵族阶层所控制的。贵族们会役使奴隶在海边进行制盐生产，而这些盐主要供贵族自己消费，形成了一种原始的官办制度。

山东北部沿海地区所生产的盐，在供应山东境内如济南大辛庄遗址等地的高级贵族的同时，也可能被远输到商王朝的都城，以满足都城贵族的需求。

四　东周时期盐业考古

笔者认为山东地区春秋时期制盐遗存考古中出现缺环的原因，这与当时煮盐方式的转变有关。在那个时期，人们开始使用铜盘替代传统的盔形陶器来煮盐。由于铜盘具有较高的耐用性，损坏后可以重新熔铸再利用，因此留下的相关遗存较少。

此外，燕生东和笔者等近年在沿海地带不断发现东周遗址，地表遗物非常丰富，以大型的陶瓮（有的遗址可能还有陶盆）为主，出土密度与此前盔形器类似。陶瓮多为圜底，唇部特征至少有厚唇和叠唇两种，形制与盔形器有相似之处，可能有前后演变关系，只不过形体远比后者大。早先曹元启之所以把盔形器和陶瓮归为一类，也是基于形制比较近似的考虑，并提出制盐陶器从西周到东周经历了由小到大的过程[4]。如果这一看法有合理成分，则盔形器和陶瓮之间应该没有明显的年代缺环，即山东北部的制盐业在周代不会有大的盛衰起伏，而是不断上升发展的。笔者曾以盔形器遗址资料探讨了《管子》所载海盐生产的几个问题，其中渠展之盐的考证适用于东周时期[5]。

当然，由于没有发掘，我们现在对这类遗存的认识就好像十多年前对盔形器的认识一样，仍处于猜测阶段，这些陶瓮陶盆究竟是不是制盐工具[6]，东周时期的制盐技术流程是什么，聚落形态又是怎样的，这些都还没有条件深入探讨。应该争取尽快发掘此类遗址，就这些问题找出答案。为了具体阐述战国时期的制盐技术，笔者以寿光机械林场制盐遗址为例。该遗址揭示了原始淋煎法制盐的具体遗迹，包括使用泥柱支撑的大型陶瓮承装卤水，以及采用类似半倒焰式的盐灶进行煎煮。这种盐灶虽然体积较小，但升温迅速，使得大瓮的产盐量得以提高。

在探讨食盐管理与行销方面，笔者根据现存的齐国"运盐之玺"铜印认为，战国时期齐国的盐业产销可能已采用初步的包商制度。在这种制度下，盐商在官方的监督下组织盐业生产，并负责将盐运往各地销售。

五　汉代以来盐业考古

汉代以来盐业生产逐渐发展成熟的淋煎法，生产流程未变，但设施更进步，煎盐采用较大铜盘和大型盘铁，这些金属器不易损坏、可回收利用，且产量高，山东蓬莱西庄就出土了直径达1米的汉代淋煎铜盘，黄骅大左庄发现隋唐时期长方形盐灶、寿光双王城发现元明时期盐灶，王青教授认为这两处盐灶使用的盘铁来煮盐。在食盐的管理销售上，汉代开始在全国推行食盐官营制，设专门盐官来主持生产和运输，并指定专门的食盐销售区。除了发现盐官官印等证物外，食盐生产环节也发生了重要变化，实行制卤与煮盐分开，煮盐由官署负责。例如广饶一队北遗址发现魏晋时期大盐井和草木灰摊场，而无煮盐遗存。

近年在沿海的调查工作还发现了不少汉代及隋唐、宋元、明清等几个大时段的遗址，可以认为多数应是制盐遗址。这些遗址不像商周制盐遗址那样有某类陶器的数量特别多，基本都是内陆常见的日用陶瓷器，这应该和汉代以后改用可以回收重铸的铜或铁具制盐有关[7]。双王城已经发现了宋元时期制盐遗存，但相关资料发表不全，无法做进一步分析[8]。林仙庭等报道过胶东半岛发现的铁釜、铜印和铜盘，并考证铁釜为东汉或略晚的煮盐"牢盆"，"右主盐官"铜印为魏晋或略晚验盐封包用的官印，铜盘是宋元时期的煎盐盘[9]。这些都是以后开展工作的珍贵材料。另据史料记载，山东北部在明代从长芦盐场传入了晒盐技术，传统的煮盐技术逐渐衰落，到清末基本绝迹[10]。这类晒盐遗存现在还没有发现，尽管此类遗址位于现在海岸附近甚至现代盐场之内，保存下来的机会很小，但作为一类不同于煮盐的遗存，仍有必要给予充分关注。

六　结　语

第一，在史前或先秦时期的考古研究中，关于沿海地区制盐遗址的发现相对稀缺，因此对于这一时期煮盐工艺的具体细节，我们目前尚无法清晰描绘。

第二，自商周时期起，随着国家的建立和人口的增殖，制盐业开始崭露头角。在此期间，制盐主要采用陶器作为煮盐容器，运用的是原始的淋煎技术。而到了汉代，煮盐工具普遍转变为金属器（又称牢盆），标志着淋煎法逐渐走向成熟。进入隋唐时期，以盘铁为煮盐工具的做法广泛流行，淋煎法至此已达到成熟阶段。

第三，元代以降，福建沿海地区率先出现了晒盐法这一新的制盐技术。随后在明清时期，该技术逐渐在东南沿海和东部沿海地区传播开来。由此，传统的以容器煮盐的方法逐渐式微，尽管在某些地区仍长期沿用。

（本文根据王青教授在山东博物馆"齐鲁文博讲堂"的讲座整理而成，经过本人审核、修改）

注　释

[1] 山东大学东方考古研究中心等：《山东寿光市北部沿海环境考古报告》，《华夏考古》2005年第4期。

[2] 王青：《山东北部沿海先秦时期海岸变迁与聚落功能研究》，《东方考古（第3集）》，科学出版社，2006年。王青等：《山东北部全新世的人地关系演变 —— 以海岸变迁和海盐生产为例》，《第四纪研究》2006年，第26卷第4期。

[3] 李慧竹、王青：《山东北部海盐业起源的历史与考古学探索》，《管子学刊》2007年第2期。

[4] 曹元启：《试论西周至战国时代的盔形器》，《北方文物》1996年第3期。

[5] 王青：《〈管子〉所载海盐生产的考古学新证》，《东岳论丛》2005年第6期。

[6] 1999年，山东省考古所发掘了龙口阎家店遗址，发现春秋时期房址12座，以面积小、少见柱洞和门道、多见圆形灶塘及烧土柱为显著特点。见山东省文物考古研究所等：《山东龙口市阎家店遗址发掘简报》，《华夏考古》2004年第3期。笔者曾提出这些小房址可能是用盔形器煮盐的盐灶。见王青：《山东龙口阎家庄的周代房址可能是煮盐遗迹考》，《中国文物报》2005年2月25日。现在看，盔形器可能未延续到春秋时期，则这些小房址不排除用铜盘煮盐的可能性。

[7] 《汉书·食货志》记载："愿募民自给费，因官器作煮盐，官与牢盆。"详细考证见郭正忠主编：《中国盐业史》，人民出版社，1997年。

[8] 山东省文物考古研究所等：《山东寿光市双王城盐业遗址2008年的发掘》，《考古》2010年第3期。

[9] 林仙庭等：《山东半岛出土的几件古盐业用器》，《考古》1992年第12期。

[10] 纪丽真：《明清山东盐业研究》，齐鲁书社，2009年。

参考文献

1.李水城：《中国盐业考古》，西南交大出版社，2019年。

2.燕生东：《商周时期渤海南岸地区的盐业》，文物出版社，2013年。

3.王青：《环境考古与盐业考古探索》，科学出版社，2014年。

4.王青等主编：《盐业考古与古代社会研究》，科学出版社，2022年。

5.王青等：《我国海盐考古二十年回顾》，《中国文物报》2022年4月25日。

6.郭正忠：《中国盐业史（古代编）》，人民出版社，1997年。

7.中盐集团摄影协会主编：《盐》，人民美术出版社，2007年。

周代大东
——胶东

文／任相宏　山东大学

内容提要

周代大东地区即距周王畿地区较远的东方诸侯国，本文特指山东胶东地区。目前学术界对胶东地区关注较少，近年来胶东地区考古成果较为丰富，本文拟从胶东地区考古发现入手，简要介绍龙口归城、蓬莱村里集与烟台开发区三十里堡等重要遗址点，进而初步梳理胶东文化的发展情况。

关键词

周代　胶东　考古发现

周代实行封邦建国的分封制，如《诗经·小雅》中所载"率土之滨莫非王土，普天之下莫非王臣"，《逸周书·世俘解》载："武王遂征四方，凡憝国九十有九国……凡服六百五十有二"，后成王分封71，据此统计周代诸侯国数量约822国。周代爵位等级可分成公、侯、伯、子、男五等，在诸侯国内部以大夫为主体实行采邑制，封国和采邑性质不同，二者需要区别研究。今山东地区作为周代东国的重要区域，大概分封了67个诸侯国，有姬姓、任姓、姜姓、嬴姓、妘姓、姒姓等九姓。对"山东"区域的命名，并非从一而终，本文拟从文献入手，梳理"山东"之名的变迁，从重要遗址入手，厘清胶东文化的发展。

一　文献中的山东

商代及之前的山东一般被称为东夷，"夷"是指先秦时期处于中原地区东方的民族，《礼记·王制》载"东方曰夷"[1]；或称"人方"，商代甲骨卜辞中已经出现了人方的记载，在甲骨文中"人"或"尸"均为侧面人形，郭沫若先生认为"尸"为"夷"的通假字。西周时期，以首都镐京为中心，将东部各诸侯国统称为东国，距离近的为小东，距离远的为大东。金代设置山东东、西二路，此时山东才真正成为政区名称。

二　考古中的周代胶东

目前学术界针对胶东地区的研究相对缺乏，通过古代文献可知胶东半岛有莱国，公元前567年为齐国所灭。从考古发现入手重要遗址有：龙口归城、蓬莱村里集与烟台开发区三十里堡以及平度付李、三埠李家遗址以及宁戚冢等。下面简要介绍胶东地区周代考古发现，借此展现周代胶东的文化面貌。

（一）龙口归城（灰城）遗址

归城遗址位于黄河中下游的龙口黄县东南兰高镇东南侧，城址范围包括归城姜家、归城曹家、归城董家、和平村、南埠村、小刘家、大于家和车格庄8个自然村，其南侧为莱山，东临黄水，城内黄水河支流莱阴河（鸦鹊河）自南向北流过，至北流入渤海，西侧为渤[2]海。

1.工作情况

归城遗址发现较早，在金石学研究阶段已有发现，据《黄县志稿·金石志》记载，光绪二十二年（1896年）鲁家沟出土青铜器10件，其中有钟3件、鼎2件、壶1件、盘1件、甗1件、盉1件、觯1件。

进入考古学研究阶段，周代遗物众多，青铜器发现尤为引人注目：

1951年南埠村出土8件青铜器：鼎1、鬲1、簋4、盘1、匜1[3]。

20世纪六七十年代归城和平村、曹家村、董家村、小刘家村等地发现大量青铜器，包括鬲、编钟、甬钟、鼎、矛、启尊、启卣等。1973年和平村西部发现春秋时期车马坑[4]。

2006年中美联合归城考古队成立，在2007～2009年对归城遗址全面调查，探清了城内布局结构，了解了城墙位置与范围，发现环壕遗迹。城址年代应为西周中期至齐灭莱后，或可到战国晚期[5]。

2013年烟台市博物馆组织考古队，对归城遗址外城区域进行考古勘探，后期对内城区域进行小范围的调查。新发现的一段外城墙，与中美联合归城考古队发现并编号的外城墙90号东西并列分布；其次，基本确定墓葬集中分布区的位置；第三，通过调查、勘探我们认为此时人们集中生活在内城，活动区域也以内城为主，外城以防御为主，墓区也主要集中分布于外城[6]。

2.主要收获

龙口归城遗址为大城套小城的城市布局，其中大城呈椭圆形，东西北三面为夯土墙，南面依山险代墙，三面城墙长约8.15千米，复原总长10千米，墙体宽度不一，多在40米左右，最宽达到100米，窄处仅存5米左右，城墙夯筑而成。小城位于大城内，形状不规则，东西长525、南北宽490米，城墙西北处内凹部分东西、南北各180米，总面积约22.5万平方米。在小城内勘探出宫殿夯土建筑17处。

墓葬在大城内小城东南方分布较集中，其余分布零散，归城曹家、归城董家、归城和平、归城姜家、归城南埠和归城小刘家可能均有分布。目前清理墓较少，仅有和平和曹家等。基本为土坑竖穴木椁墓，东西向，墓主头向东。中小型墓，长5米左右。出土铜器数量多，少量玉器。归城和平村西发现车马坑，出土车马铜构件。

3.年代与性质

归城遗址年代从西周延续至战国，主体年代在西周至春秋。

归城遗址应当是周时东方诸侯国的都邑所在，目前关于归城的国属问题尚无定论，学术界主要有三种观点：

一是以王献唐先生为代表的纪国说，以嬴、莱同姓姜不婚及归城南埠村出土的8件嬴器为据，否定传统的莱国说。

二是以王恩田先生为代表的纪国说，认为纪、嬴、莱实为一国。

三是莱子国说，此种观点为学术界最为流行的观点，《左传·宣公七年》载"公会齐侯伐莱"，杜预注"莱国，东莱黄县"。此处黄县即为龙口黄县。其后宋罗泌《路史》、元于钦《齐乘》及清代《登州府志》《黄县志》等文献多沿此说。

近年来归城遗址调查、发掘工作的开展，使归城遗址的面貌布局更加清晰，但仍有许多问题还需进一步调查发掘解决，目前尚不见城址相关的手工业作坊区，功能分区不明显，在宫殿区范围内发现墓葬，且墓葬分布零散，不见有规划的明显墓地。

黄水河流域发现早期遗址及青铜器总体较少，归城遗址是十分重要的地点，另有众多地点分布零散，以采集为主，推测大部分器物原均为墓葬随葬品，考古发掘较少，主要铜器出土地点还有庄头、东营周家、鲁家沟、黄韩栾家、集前赵家、海徐村及麻家、芦头庄等。

（二）蓬莱村里集与烟台开发区三十里堡

1.蓬莱村里集故城与墓葬

蓬莱村里集故城位于归城东侧，1978年调查勘探出方形的城址，南北长约600、东西宽约500米，总面积约30万平方米。北垣残存长100、基宽10、残高4米，黄黏土夯筑，夯层厚4~6厘米，夯窝直径约4厘米。城内文化堆积厚约1~1.50米。

村里集墓群位于蓬莱市村里集镇，先后多处发现先秦时期的墓葬及出土文物，比较集中的有辛旺集村、站马张家村、柳格庄村西北三处。1976、1977、1984年，烟台文管会清理了蓬莱柳格庄墓群[7]，1986年烟台市博物馆和蓬莱文管所清理了站马张家村墓群[8]，发掘墓葬有殉人，车马坑中随葬有青铜器、玉器，年代跨度与归城大体相同，或为莱国的采邑。

归城遗址和村里集遗址所在的黄水河流域为周代胶东地区最重要的文化分布区域，出土大量周代青铜器。此外，近年考古新发现的平度付李、三埠李家遗址以及宁戚冢均揭示了莱国的历史变迁。

2.烟台开发区三十里堡故城（牟平故城）

烟台开发区三十里堡故城，近年考古工作勘探出方形城址、手工业作坊和墓葬。根据采集到的汉代"千秋万岁"瓦当及"三铢"滑石钱范等遗物，推测年代约为春秋晚期到汉代，应为公元前567年齐灵公灭莱后兴起的城镇，或为后来《登州府志》《福山县志稿》中记载的春秋时期齐东迁的牟子国所在。

（三）胶东其他重要文化遗存

1958年招远县东曲城村出土一批青铜器[9]。

1969年烟台地区文物组清理烟台上夼異国墓，出土異、己国铭文青铜器[10]。

1975年山东博物馆和烟台地区文物组发掘莱阳前河前墓群，墓葬年代大致为西周至春秋时期。

1978年海阳嘴子前发现一处东周墓。

1997年山东省文物考古研究所调查平度即墨故城，发现战国遗存。2011年山东省文物考古研究所、平度市博物馆调查平度即墨故城春秋至汉代遗址，遗址位于平度市古岘镇东南大朱毛村一带。故城平面总体呈不规则长方形，东南缺角。外城墙南北长约4500、东西宽约3200米。可分为东城墙、北城墙、西城墙、南城墙、东南城墙等几部分[11]。

此外还有荣城不夜城、文登昌阳城、青岛霸王台、财贝沟、南黄文化等。

综合上述发现成果可见胶东地区周代考古，自20世纪50年代以来，已经取得较为丰富的成果，尤其是龙口归城遗址作为胶东半岛青铜时代代表文化之一，成果颇丰，为周代胶东古国的研究提供了材料基础。此外蓬莱村里集故城、烟台开发区三十里堡故城、墓葬等遗迹材料及青铜器等遗物材料不断发现，为揭示胶东地区周代古国、采邑、城镇面貌提供了线索。

（本文根据任相宏教授在山东博物馆"齐鲁文博讲堂"的讲座整理而成，经过本人审核、修改）

[1] （清）孙希旦撰，沈啸寰、王星贤点校：《礼记集解》，中华书局，1989年。

[2] 李步青、林仙庭：《山东黄县归城遗址的调查与发掘》，《考古》1991年第10期。

[3] 王献唐：《黄县曩器》，《山东古国考》，齐鲁书社，1983年，第5页。

[4] 李步青、林仙庭：《山东黄县归城遗址的调查与发掘》，《考古》1991年第10期，第915页。李步青、王锡平：《建国以来烟台地区出土商周铭文青铜器概述》，《胶东考古研究文集》，齐鲁书社，2004年，第344页。

[5] 中美联合归城考古队：《山东龙口市归城两周城址调查简报》，《考古》2011年第3期。中国社科院考古研究所、哥伦比亚大学东亚语言和文化系、山东省文物考古研究院：《龙口归城》，科学出版社，2018年。

[6] 烟台市博物馆、山东省文物考古研究院、龙口市博物馆：《2013年龙口归城遗址调查、勘探简报》，《东方考古（第18集）》，科学出版社，2021年，第278～290页。

[7] 烟台市文物管理委员会：《山东蓬莱县柳格庄墓群发掘简报》，《考古》1990年第9期。

[8] 林仙庭、闫勇：《山东蓬莱市站马张家战国墓》，《考古》2004年第12期。

[9] 赵紫君：《胶东地区先秦考古发现与研究综述》，烟台大学2020年硕士论文。

[10] 山东省烟台地区文物管理委员会：《烟台市上乔村出土曩国铜器》，《考古》1983年第4期。

[11] 中国考古学会主编：《中国考古学年鉴·2011》，文物出版社，2012年，第271～273页。

中国博物馆协会

内容提要

在中国式现代化建设进程中，中国博物馆作为"国家文化建设的主体"和"对外交流中国家软实力载体"，具有重要使命与担当。迈入新时代的中国博物馆事业，以更加自信、开放、包容的积极姿态融入世界博物馆发展的主流，不断向世界讲述中国故事、传播中国声音、提供中国方案，未来，中国博物馆协会将从强化思想政治引领、构筑学术研究交流新高地、推动行业专业化高质量发展等六个方面助力博物馆高质量发展。

关键词

国际博物馆协会 中国博物馆协会 博物馆高质量发展 可持续发展

一 国际博协

（一）国际博协机构介绍

博物馆，作为文明之载体，亦成为现代政治表达的重要渠道。据2022年的权威统计数据显示，全球范围内博物馆的数量已突破十万座，这一事实彰显了博物馆在现代国家体系中的核心地位，成为国家文化软实力的重要体现。

国际博物馆协会成立于1946年，是全球博物馆人自愿组织起来的学术团体，作为国际博物馆界最大和最有影响的国际组织，其使命是致力于在世界范围内鼓励并支持各类博物馆的建立、发展及专业管理；组织博物馆各领域的专业合作，推广博物馆和博物馆事业；履行为国际社会服务的使命，规范博物馆职业道德标准。在支持各类博物馆的建立、规范博物馆的职业道德、向全球推广博物馆事业发展。其工作主要依据《国际博协博物馆职业道德准则》和《国际博物馆协会章程》两份核心文件。在组织结构上，国际博协可细分为以下几个部分：决策机构——国际博协全体大会，治理机构——国际博协执行委员会，咨商机构——咨询委员会，以及日常管理机构——秘书处总干事。此外，还包括其他分支机构，如120个国家委员会、32个国际委员会、8个地区联盟、21个附属组织、5个常设委员会和7个工作组。这些机构共同构成了国际博协的完整组织架构，确保了其各项工作的顺利进行。

（二）国际博协历史沿革

国际博协自成立以来，可以分为7个阶段：

1946~1947年：成立阶段。

文／刘曙光 中国博物馆协会

国际博协与中国博协的新愿景、新场景

1947~1968年：发展阶段。

1968~1977年：危机和转变的阶段。

1977~1989年：国际化的阶段。

1989~1996年：更具效率和普遍性的阶段。

1996~2004年：举办更多活动的新时代阶段。

2004年至今：可持续发展阶段。

国际博物馆协会自创立之初，即致力于构建一个专注于专业议题探讨的论坛，旨在为公众提供一个鉴赏与研究各国博物馆及其他文化机构所收藏之珍贵藏品与文化遗产的平台。协会的终极目标聚焦于提升博物馆的社会价值、支持博物馆创新、保护遗产并实施降低风险的措施、提高专业技能并促进能力建设。在其具体实践工作中，博物馆"定义"、《国际博协博物馆职业道德准则》以及《国际博协战略规划》共同构成了支撑协会发展的核心要素，堪称推动协会前行的"三驾马车"。

1.博物馆的"定义"

自1946年起，国际博协历经数次修订，至今已推出九版博物馆定义（涵盖1946、1951、1961、1974、1989、1995、2001、2007和2022年），这些定义均与博物馆的性质、工作、目的、功能及责任紧密相关。这些定义并非针对特定学科，而是作为社会机构或社会文化工作的一种通用性阐述。它们并非基于某一特定国家博物馆的特性，而是致力于在全球范围内融合不同国家、不同社会制度下的共同属性。

在九版定义中，2007年8月24日在维也纳通过的定义使用时间最长，历经长达17年的时间。该定义着重强调了博物馆的非营利性质，以及其作为常设机构的定位。同时，它也强调了社会公众的重要性，并明确了博物馆的核心功能包括征集、保护、研究、传播和展出。此外，该定义还首次将教育列为博物馆最为重要且优先的职能。

2022年8月，国际博协布拉格全体大会公布了最新版的博物馆定义：博物馆是为社会服务的非营利性常设机构，它研究、收藏、保护、阐释和展示物质与非物质遗产。它向公众开放，具有可及性和包容性，促进多样性和可持续性。博物馆以专业、道德的方式进行运营和交流，并在社会各界的参与下，为教育、欣赏、深思和知识共享提供多种体验。

该定义可划分为三个维度进行解析。首先，"博物馆是为社会服务的非营利性常设机构"的内涵与传统博物馆定义一脉相承，此可谓"守正"；其次，"博物馆向公众开放，具有可及性和包容性，促进多样性和可持续性"的概念属于西方政治体系中可持续发展体系下的专有术语，可称之为"随俗"。这也是国际博协的"政治正确"；最后，"博物馆以专业、道德的方式进行运营和交流，并在社会各界的参与下，为教育、欣赏、深思和知识共享提供多种体验"体现了新版定义的创新。这一新概念虽与2019年曾提出的版本存在相似之处，但经过审慎考量后作出了适当的妥协。整体而言，新定义可以做三段论的阐释：守正，随俗和小幅度的创新。

定义中"体验"的概念需要引起注意。中国博物馆正面临着多样化体验的冲击，从传统的参观学习模式，如携带笔记本记录、拍摄照片，逐渐转变为更为丰富的活动形式。如今，观众不仅可以在博物馆内购买书籍、文创产品，还能享受咖啡时光、进行社交活动等。博物馆正日益成为一个综合性的文化机构，其提供的体验远不止展览本身。博物馆正以前所未有的广度和深度向社会大众开放，提供便利与多样化的服务。这种转变正是文旅融合背景下博物馆公共文化服务的体现。从精神实质上分析，中国的博物馆与国外博物馆在发展方向上基本一致，尽管我们可能晚了一二十年，但始终紧跟国际潮流，致力于提供更为丰富和多元的公共文化服务，这是一种既符合国际趋势，又带有中国特色的博物馆可持续发展路径。

国际博协对博物馆的定义具有深远的影响，这一定义在巴西、意大利等国家的立法中得到了全面引用，而在比利时、中国、丹麦、法国、西班牙等国家中则得到了部分引用。同时，阿根廷、澳大利亚、加拿大、英国、美国等国家也将其作为文化政策、伦理准则的基础，或是被国立机构、协会部分采纳。

2.《国际博协博物馆职业道德准则》

作为一项公共且通用的定义，国际博物馆协会关于博物馆的定义确实能在一定程度上解决博物馆领域内的诸多问题，然而，其普适性并不意味着能够全面覆盖和解决所有挑战。鉴于各国国情各异，政治制度多样，意识形态多元，对博物馆的具体要求和期望亦不尽相同。因此，《国际博协博物馆职业道德准则》（以下简称《职业道德准则》）应运而生，该准则旨在明确博物馆行业的道德边界和职业操守，为博物馆工作划定道德红线。

《职业道德准则》所表述的是被国际博物馆界普遍接受的原则，具有国际博协会员资格并缴纳会费即代表认可本准则。《职业道德准则》规定了博物馆应遵循的最低标准，它阐明了由理想的职业行为准则所支持的一系列原则规定。例如，《职业道德准则》规定博物馆创收活动不得有损于博物馆标准，不得有损于博物馆观众；博物馆不能征集购买来路不明的，甚至是已经确定的走私盗窃的这些文化遗产。

3.国际博协的战略规划

国际博协的战略规划主要关注国际博协的定位、国际博协自身财政状况、交流情况多元化、资金问题数字化、未来领导力、去殖民化等问题。2022年8月24日，国际博物馆协会第37届会员全体大会审议并通过了ICOM 2022－2028年战略规划。

根据此规划，国际博协2022到2028年战略愿景是：到2028年，ICOM将成为更加透明、灵活、协力、民主的组织，以应对迅速变化的世界。

2022－2028战略规划任务是：连接并代表世界各地的博物馆专业人士，为分享知识和实践提供网络。在国际范围内倡导博物馆在支持和平、健康和可持续社区方面发挥重要作用。该战略规划承诺：为从事博物馆管理、藏品保管以及遗产和公众服务工作的会员提供支持，共同面对当代挑战，致力于保护文化和自然遗产，促进多元化、包容性和平等，应对去殖民化和气候变化问题，并致力于在后疫情时代实现行业的可持续性。

从国际博协的"三驾马车"来看，该组织认为博物馆在助力全人类以及整个国际社会解决一系列关键议题上可以发挥重要作用，这些议题包括但不限于遗产保护、多元化、包容和平、去殖民化以及气候变化等。同时，国际博协秉持热情而客观的态度，严肃认真地对待当前社会的各种动态。他们致力于最大程度地满足社会大众的需求，积极提供服务，并期望得到社会大众的广泛理解与尊重，以实现博物馆事业的共同发展。

（三）国际博物馆"三大派系"与新发展

在国际社会中，现有三大博物馆派系显著存在。首先是"拉丁系"，该派系的主要特征是"悠久的博物馆传统＋政府力量的投入"，主张回应社会思潮。其次是"盎格鲁－撒克逊系"，这一派系的博物馆以社会精英为主导，辅以政府支持，致力于服务社区，提升公众的文化素养。"苏维埃系"则强调政府的指导，并强调科学博物馆学的理念。

自二战以来，全球冷战格局、亚非民族国家的独立运动、环境及遗产保护运动的兴起与发展，以及西方社会从工商经济向信息和知识经济的转型，西方公共行政改革与学习型社会建设的推进等诸多因素，共同促使博物馆的发展产生了显著的变化。

2015年，联合国可持续发展峰会通过了《改变我们的世界——2030年可持续发展议程》，提出了17项可持续发展目标，为全球博物馆事业划定了新的发展路线。2019年，联合国教科文组织通过了《关于保护与推广博物馆和收藏及其多样性、社会作用之建议书》，这一重要文件成为现今国际博协的基本主张和核心理念的来源，其主要的词语、术语和精神实质，均基于此。

二　国际博协中国国家委员会

（一）中国加入国际博协

1983年7月，经文化部和外交部批准，中国博物馆学会派代表团出席了在伦敦召开的国际博协第十三届大会，正式宣布中国加入国际博物馆协会，并于同年成立国际博协中国国家委员会，这是我国最早对外开放的专业领域之一，也是中国博物馆国际化进程中的一个标志性事件。

（二）举办国际博物馆日主会场活动的历程

自1978年首次设立国际博物馆日以来，该节日已成为全球范围内重要的文化盛事。在2009年的"5·18国际博物馆日"中，国家文物局特别选定了白鹤梁水下博物馆的开馆仪式作为中国首次举办国际博物馆日活动的标志。自此以后，从2009年至今，已在重庆、广州、沈阳、南宁、济南、南京、石家庄、呼和浩特、北京、上海、长沙、武汉、福州、西安等地，成功举办了共计16届的主会场活动，彰显了我国在博物馆文化发展与传播方面的积极努力。

（三）以国际博协为平台，深入参与国际博物馆事务

中国博物馆协会承办了国际博协2010年大会，此次大会的主题为"博物馆致力于社会和谐"，吸引了全球范围内122个国家、地区及国际组织的逾三千名博物馆及相关领域的杰出代表参与。中国博协还积极并深度地参与了新的博物馆定义制定过程，同时亦对博物馆职业道德准则的修订过程贡献了博协力量，发出了中国声音。

（四）以专委会交流为机制，促进专业领域持续深入对话

专业委员会是国际博协的主要组成部分，同时也是中国博物馆协会开展各项专业工作的重要抓手。早在1994年起，中国博物馆学会便在北京举办了首届国际博协博物馆学委员会年会，为国内外专家学者的交流搭建了重要平台。2010年，在国际博物馆协会第二十二届大会的筹备过程中，中国博协积极组建了一批与国际博物馆协会相对应的专业委员会。会经过精心筹备与广泛联络，这些委员在国际博协第二十二届大会期间成功举办了学术研讨会，与全球专业人士深入交流，取得了显著的学术成果。

此外，中国博物馆协会始终积极支持国际博协各国际委员会和区域联盟的活动。1986年4月，中国博协与中国文物技术保护学会携手，共同举办了

以"青铜器文物保护技术和石质文物保护技术"为主题的亚洲地区文物保护技术讨论会。随后，在1989年3月，中国博协再次在北京成功召开了国际博协第四届亚太地区博物馆会议，进一步推动了国际的学术交流与合作。

（五）以能力建设为抓手，有效提升博物馆人员的专业素质

在1983年6月，中国博物馆学会成功举办了其首次外事活动，特邀莫莉博士在中国人民革命军事博物馆及上海博物馆进行学术讲座，此举标志着中国博物馆界与国际博物馆学术界初步接触与交流的开始，具有重要的跨时代意义。

时至2013年，中国正式成立了首家ICOM-ITC国际培训中心，致力于为博物馆领域的专业人员提供兼具包容性与参与性的培训计划，以促进其专业发展。

当下，中国博物馆协会积极采取多种方式支持青年博物馆人的成长。一方面，协会致力于加强博物馆青年人才培养，培育一批具有国际视野、创新能力和专业素养的青年博物馆人。另一方面，协会注重加强博物馆与青年群体的互动，推动博物馆开展面向青年的教育、展览、活动，同时利用新媒体、新技术、新平台，不断拓展博物馆的传播渠道和影响力，以增强博物馆对年轻人的吸引力和亲和力。此外，协会还积极与青年组织合作，共同开展博物馆志愿者招募、博物馆社会实践、博物馆文化体验等项目，旨在培养青年的文化自信和社会责任感。

三 奋进有为的中国博物馆协会

（一）应运而生的中国博物馆学会

1979年，南京博物院与上海博物馆联合发出"关于成立中国博物馆学会的倡议书"，此举迅速获得了全国博物馆的积极响应。国家文物局根据广大博物馆工作者的共同意愿，向中共中央宣传部递交了相关请示，1982年3月，中共中央宣传部正式批准。为凸显这一新生博物馆组织的学术特性，中宣部决定将筹备阶段的中国博物馆协会更名为中国博物馆学会。

（二）中国博协的机构设置

截至2024年6月，中国博协目前共有33个专业委员会以及《中国博物馆》编辑部和中国博协西安培训中心2个分支机构。拥有单位会员2580家，个人会员18059人。作为全国性的博物馆专业社会团体，中国博协始终将努力成为促进我国博物馆学、博物馆事业繁荣进步，带有智库色彩的学术机构；在博物馆领域沟通中国和世界的国际机构；让广大会员信得过、靠得住、用得上的服务平台作为自身奋斗目标（图一）。

（三）中国式现代化建设进程中协会的使命与担当

博物馆是国家文化建设的主体和对外交流中国家软实力载体。根据《中国博物馆协会章程》，为贯彻落实《"十四五"文物保护和科技创新规划》《关于推进博物馆改革发展的指导意见》等文件精神和要求，推动中国博物馆协会在博物馆高质量发展进程中更好发挥作用，经中国博物馆协会第七届理事会第四次会议审议通过，中国博协发布了《中国博物馆协会助力博物馆高质量发展三年行动计划（2022～2025）》（以下简称《三年行动计划》）。

图一　中国博物馆协会会徽

在总体目标和具体目标之下，《三年行动计划》从强化思想政治引领、构筑学术研究交流新高地、推动行业专业化高质量发展、开展高水平国际交流合作、提升协会治理体系和管理能力、强化规划实施保障六个方面提出了25个具体任务。在这一系列任务的指引下，中国博物馆协会通过博物馆定级评估、博物馆运行评估、举办博物馆及相关产品与技术博览会（博博会）、开展最具创新力博物馆评选、组织全国博物馆陈列展览十大精品推介、主办《中国博物馆》杂志、运行"腾博基金"、研究科研课题、推出《策展笔记》、组织国内及海外人才培训、召开中国博物馆学大会等主要工作不断推进博物馆高质量可持续发展，助力中国式现代化建设。

（本文根据刘曙光理事长在山东博物馆"齐鲁文博讲堂"的讲座整理而成，经过本人审核、修改）

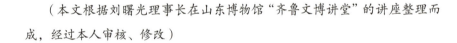

内容提要

本文围绕科技进步助力视角下的博物馆发展，从信息科技角度回顾博物馆从诞生以来的发展情况，分析了博物馆为什么需要科技助力，并对未来博物馆发展提出了展望。

关键词

博物馆　科技　元宇宙

科技助力博物馆的发展与成功

文／段勇　上海大学

博物馆从诞生至今，并非一直都深受欢迎。它曾经只是小众自娱自乐，曾经步履维艰，曾经广被嫌弃，曾经门可罗雀，还有不少博物馆已经消失在历史长河中。

对博物馆及博物馆人来说，幸运的是，博物馆因其固有价值及与时俱进而逐步壮大，并在当代获得了巨大发展。数量快速增长、高新技术加持、社会广泛关注，博物馆正在成为人们生活的一部分。

那么，博物馆的成功之道是什么？对未来博物馆的发展又有何启示呢？

一　博物馆从诞生到成功

1683年，阿希莫林博物馆在牛津大学对外开放（图一），是一个划时代的事件，标志着由私人收藏化私为公的近代公共博物馆正式诞生。虽然也有人认为1671年对公众开放的瑞士巴塞尔大学图书馆的"艺术屋"或大致同时代的其他类似实体才是第一家近代公共博物馆，但综合而言阿希莫林博物馆更符合一家独立机构的特征。

不过，此后博物馆的发展可谓不温不火。直到1753年，不列颠博物院（大英博物馆）的建成开放（图二），才又成为博物馆发展史上的里程碑事件，标志着博物馆的价值得到官方重视并给予支持。而1793年卢浮宫博物馆的无差别免费开放（图三），更是使博物馆成为国家意志的体现，并直接诉诸大众，博物馆的发展从此势不可挡。

然而，博物馆的发展并非从此进入一帆风顺的坦途，更远未成为人人喜爱的宠儿。

一方面，早期博物馆虽然比较自觉地承担起对公众启蒙教育的重任，但在很长时间里并未走出小众群体孤芳自赏的范畴。通过对观众设置一系列限制门槛，比如提前预约、资格审查、购票参观等等，使观众局限于知识阶层和特权阶层，普通民众与此无缘。

另一方面，博物馆的封闭和僵化，也使不少名人和普通民众敬而远之、

图一　牛津阿什莫尔博物馆

图二　大英博物馆

图三　法国卢浮宫

畏而远之、莫名其妙而远之。

法国最悠久、最负盛名的龚古尔文学奖的创设者龚古尔，本身酷爱收藏，但却表示："我决不把自己的藏品给博物馆，因为它们进入博物馆就真的死了。"1909年，对当代艺术产生了重大影响的《未来主义的创立和宣言》发布，其中公然宣称要"摧毁一切博物馆……"时至今日，还有不少人认为参观博物馆曾是"童年阴影"，或许是某些博物馆展陈内容和形式未考虑未成年人心理的缘故。还有人列出"讨厌博物馆的N种理由"，这也体现了一部分公众对博物馆的失望。此外，在国际博物馆发展史上，曾多次出现官方因政治目的，人为拔苗助长、大量制造"博物馆"，结果因违反了博物馆发展的客观规律，诸如物质基础、经济条件、民众意识等，终究是名不副实、昙花一现、"零落成泥碾作尘"。

但是，无论如何，就整体而言，当代博物馆已经成为最受民众欢迎的场所之一，也成为最成功、最有影响力的公共文化机构。全世界200个国家和地区已有超过10万家博物馆或类似博物馆的机构。

博物馆的诞生、发展和成功，归根到底是由博物馆的宗旨和使命决定的。全球博物馆的共同宗旨和终极使命是保护和传承人类社会的多元文化和多彩环境，这一宗旨和使命能帮助回答人类的终极关怀和哲学的终极问题：我们是谁？我们从哪里来？将向哪里去？

博物馆的发展和成功，还得益于博物馆从理念到形态的与时俱进，承载过去、塑造现在、昭示未来。比如国际博协的博物馆定义，涉及了博物馆的理念、形态、定位和功能，从1946年至今进行过8次大的修订，现行定义是几经曲折于2022年通过的，更加强调植根社区、包容可及、关注当下。"博物馆是为社会服务的非营利性常设机构，它研究、收藏、保护、阐释和展示物质与非物质遗产。向公众开放，具有可及性和包容性，博物馆促进多样性和可持续性。博物馆以符合道德且专业的方式进行运营和交流，并在社区的参与下，为教育、欣赏、深思和知识共享提供多种体验。"

博物馆的成功，也是经济社会持续发展的国际规律性结果。我国现有6565家博物馆，95％都是改革开放以后才建成的，过去二十年更是进入高速发展期。从1980年博物馆数量仅有365家，到2004年博物馆数量约至2000家就可见其况。国际研究表明，当一国人均GDP超过3000美元时，基本建设开始从工业经济领域扩展到文化领域，博物馆从场馆建设角度开始获益；而当人均GDP超过8000美元时，文化的价值被"重新发现"并得到充分重视，博物馆才真正进入大发展时期。从实践来看，我国的博物馆事业发展也大致遵循这一规律，而时间有所提前，这体现了政府重视的推动作用。

博物馆的成功，还有一个过去未被充分关注和研究的因素：科技的支撑和推动。科技，从可有可无、若隐若现的工具，到遍布博物馆业务各领域的锦上添花角色，再到博物馆的内在组成部分，使博物馆成为体现"人文＋科技"的实践典范。博物馆科技包括藏品保护科技、陈列展示科技、教育传播科技、公众服务科技等，涉及多种学科门类，而其中最有代表性的无疑是当代信息科技。

图四　人类历史上第一台电子计算机（ENIAC）

二　科技视角下的博物馆发展

仅从信息科技角度回顾博物馆发展历程可知：博物馆作为人类创造的社会机构，从信息化到数字化再到智慧化（还有其他一些近义概念），这三个阶段是连续的、重叠的、难以截然分割的，在此过程中博物馆自身及其关联关系不断智慧化，包括更精准的感知、更科学的管理、更便利的服务……

1946年，全世界第一台电子计算机在美国宾夕法尼亚大学诞生（图四），标志着人类社会开始进入信息时代。随后，美国一直在信息技术研发和应用领域发挥着引领作用。

乘着改革开放的东风，我国博物馆与其他行业一样进入"跟跑"阶段，以上海博物馆为首率先启动了信息化建设，1985年上海博物馆成为国际博物馆界最早引进信息技术管理藏品档案的两家博物馆之一。越来越多的博物馆开始引进电子计算机。

1989年美国国会图书馆启动"美国记忆"项目，将美国主要的历史档案资料转换为数字化格式；1990年成立了"美国博物馆信息交换联盟"，负责创建一套数据标准，解决博物馆藏品信息交换问题；1993年，美国总统克林顿提出"信息高速公路计划"，把数字博物馆和图书馆列为重要组成部分；伊利诺伊大学的克兰勒特艺术馆成为最早在国际互联网上开设网站的博物馆。

20世纪90年代，我国经济开始快速发展，为博物馆事业奠定了物质基础。1992年故宫博物院、1996年秦始皇兵马俑博物馆和云南省博物馆相继建成文物信息管理系统。以上海博物馆人民广场新馆（图五）、河南博物院新馆、南京博物院艺术馆为代表的博物馆改扩建项目如火如荼。建筑智能化系统也在这个时期进入到了博物馆建设的视野之中。

1998年8月11日，河南博物院网站正式开通，这是内地第一个独立建站的博物馆网站。1999年10月，国家文物局参与发起了全国性的"政府上网工程"，国家文物局政府网站和河南博物院、故宫博物院、南京博物院、首都博物馆、中国历史博物馆、上海博物馆等全国100余家文物博物馆单位相继在国际互联网上建立了各类网站和网页。

图五　上海博物馆

2000年，南京博物院通过手工建模的方式创建了馆藏汉代铜牛灯的数字模型（图六），以旋转、缩放、拆分、模拟使用的方式对文物进行全方位展示，该作品被视为中国第一件数字文物。随后故宫博物院、敦煌研究院也分别开展了文物三维扫描和虚拟技术应用，我国博物馆信息化建设开始进入虚拟博物馆的"并跑"阶段。

我国教育部于2001年至2012年实施的"大学数字博物馆建设"，国家文物局于2001年至2011年实施的"文物调查及数据库管理系统建设"，国家文物局2011年至2016年实施的"第一次全国可移动文物普查"，极大地推动了全国尤其是欠发达地区、边远地区和基层博物馆的信息化与数字化建设进程。

早在2001年，日本学者提出了"智慧博物馆"概念，当时只涉及博物馆领域的自动控制、信息通信、新媒体应用三方面。2008年11月，美国IBM高层管理人员提出"智慧地球"概念，得到美国政府支持。2009年8月IBM专门发布了《智慧地球赢在中国》计划书，相关概念随后引入中国。2012年，中国政府发

图六　南京博物院馆藏汉代铜牛灯的数字模型

布《国家智慧城市试点暂行管理办法》。2011年谷歌公司启动"谷歌艺术计划",与世界各地博物馆合作,利用谷歌街景技术等拍摄博物馆内部实景,并且以高清技术拍摄馆内历史名画、藏品等。迄今已有包括中国在内的数十个国家的众多博物馆参与。

2014年国家文物局将成都金沙遗址博物馆、甘肃省博物馆、苏州博物馆、内蒙古博物院、四川省博物院、广东省博物馆和山西博物院确定为首批智慧博物馆试点单位,从智慧保护、智慧管理、智慧服务三个领域探索智慧博物馆建设。2016年国务院发布《关于进一步加强文物工作的指导意见》,提出要"实施智慧博物馆项目",标志着智慧博物馆建设正式成为国家战略,智慧博物馆建设全面提速。目前就局部应用而言,我国智慧博物馆建设具有"领跑"之势。

三 博物馆为什么需要科技?

博物馆需要科技,因为科技是博物馆的催生因素之一,而且是博物馆完成使命的重要工具。当代博物馆越来越离不开科技,因为科技已不仅仅是锦上添花的工具,而且正在成为人类自身及人类创造的博物馆等机构的内在组成部分。

博物馆的产生和发展,与科技的进步密切关联,人类社会的三次技术革命对博物馆都产生了重大影响。

18世纪60年代开始的机械技术革命与启蒙运动一起推动了近代博物馆理念的诞生和博物馆的兴起;19世纪70年代开始的电力技术革命与全球化一起推动了传统博物馆类型的普及和完善;20世纪40年代开始的信息技术革命与人工智能等一起正在颠覆和重塑博物馆的形态及关联关系。

回顾博物馆的数字化智慧化过程,可以将其分为三个阶段。一是1989年进入以美国国会图书馆"美国记忆"项目为开端的数字博物馆阶段(The digital museum),得到了联合国教科文组织的推广和国际社会的广泛响应。二是2007年进入以"欧洲虚拟博物馆"为标志的虚拟博物馆阶段(The virtual museum),得到了"谷歌艺术计划"等大力推广。三是2014年进入以中国7家博物馆开展试点为标志的智慧博物馆阶段(The Smart museum),正处在持续发展的进程中……

1.现代信息技术能极大地增强博物馆与文化遗产的可及性

除了体现在实体资源的信息查询、网络预约、错峰参观、智能导览、实时监控等基本方面,更体现在数字资源的可及、实体替代方面。比如通过"全景故宫"几乎可以全天候(不管你在哪里)、全方位(不管是否开放区域)、全时段(不管是否开门)地探寻故宫(图七)。新冠疫情以来在这方面的体会更深。

2.现代信息技术还能帮助博物馆在促进弱势群体文化平权方面发挥独特作用

边远地区、儿童、老年人、残疾人等等最应该也最能够受惠于现代信息技术,比如虚拟现实、人工智能、脑机接口等。

现代技术造福民众特别是弱势群体的一个新的例证:2021年9月16日,马斯克的Space X利用三手猎鹰火箭和二手"龙飞船"将4名未受过长期专业航天训练的"平民"送到了距离地面575千米的太空,其中包括一位曾患骨癌被截肢的残疾人。

对于普通人来说,现代信息技术也正在拓展我们的生理边界,当前某些技术指标已达到超越人类能力的临界点。比如高清影像的像素已超过人眼的分辨率,这为精准记录和发展沉浸式体验创造了更好条件。

3.现代信息技术在"再现"已消失的文化遗产方面更具有十分积极的作用

对于已经消失的文化遗产,这种虚拟复原比实物复原的经济效益和社会效益都要好得多。

在信息时代,数字藏品将与实物藏品一样成为博物馆的立身之本。博物馆需通过对藏品基本信息数字化、数字影像采集、三维建模等方式,获取藏品本体结构信息、功能性信息、环境联系信息以及时间记录信息等,构建以海量数据存储、非结构化影像数据处理、多维影像数据表现方式等为基本特征的数字博物馆信息资源平台。一切物质最终都将消亡,虽然传统博物馆通常运用人工修复、复制、记录等方式让各类藏品尽可能延年益寿,但最终仍逃脱不了藏品实体消亡的命运。而现代信息技术能够更完整、真实、准确地记录文物藏品的本体信息,并最大化地传播和传承其信息与价值,从而变相实现文

图七 "全景故宫"模式

物的永生永存。

虽然与实物藏品相比，游客心理上难免认为数字藏品是"假文物"，但是，既然物质终将消亡，那当时间长度拉大到足够长甚至无限的时候，一切"真"文物最终不可避免都将成为"假"文物，这既是一种无奈，也是一种必然。我们只能借助现代信息技术尽可能把文物本体的信息和价值真实完整地记录、传播和传承下去。而且当代信息技术（如虚拟现实）和生物技术（如脑机接口）的革命性发展正在逐步缩小真实与虚拟的感官差距，物质与数字的"真"与"假"边界也将越来越模糊。

需要说明的是，集现代信息技术之大成且方兴未艾的智慧博物馆不仅是当代信息技术对传统博物馆的"加持"，而且也是传统博物馆形态和功能的升级与重构。

在提升博物馆业务水平、完善博物馆功能、优化博物馆结构和布局、推进社会文化平权和促进社会经济协调发展等方面，智慧博物馆都具有比传统博物馆更全面、更强大、更便利的优势。那么，能否保持传统博物馆形态，不建设智慧博物馆？表面似乎可以，但实际上存在两个问题：一是逐渐与社会发展脱节而失去社会关注，导致博物馆使命与功能的日益弱化；二是难以避免物质藏品最终损毁消亡的命运，从而丧失博物馆存在的基础。

因此，智慧博物馆建设是博物馆与时俱进的必然选择，也是新时代从博物馆大国迈向博物馆强国的必由之路。

四 元宇宙在召唤博物馆

2021年扎克伯格宣布"脸书"更名为"元宇宙"，引爆了这个既有概念。不到一年，在搜索引擎上，"元宇宙"的热度已与多年来广受关注的"故宫"热度相当。什么是元宇宙？大致而言，就是一个与现实世界紧密融合的虚拟数字人文空间。它是人类+科技的最新应用，是真实+虚拟的生活方式，是过去+现在+未来的永恒空间。元宇宙属于我，也属于你，还属于他、她、它。

2021年以来，各行争说元宇宙，各业抢抓元宇宙，各种政策和实践令人眼花缭乱。据统计，从中央到地方各级各行业出台的相关政策、规划、意见、行动计划和办法已有数十个，"全国工业元宇宙联盟成立""全国文旅元宇宙100应用案例发布""全国文博元宇宙十佳百强评选"等新闻不断见诸媒体，工贸、文旅、传媒、影视和游戏等领域的各大企业更是成为元宇宙的主推者。

2022年3月，笔者牵头，联合60位著名博物馆馆长和大学教授共同发起了《关于博物馆积极参与建构元宇宙的倡议》，提出"资源共享""场景共创""标准共建""责任共担"等原则，成为国际博物馆第一个关于元宇宙的倡议，在业内外产生了广泛影响。

但是，作为新生事物，各种炒作和泡沫也在所难免，而且仍面临着不少技术和社会瓶颈，比如算力算法跟不上、体验受穿戴设备局限、资本变现慢、社会配套环境不齐等。因此，从2022年年底，元宇宙突然遇冷，比如国外的扎克伯格和迪士尼公司等和国内的快手、腾讯等企业纷纷降低、收缩甚至裁撤元宇宙部门，被一些媒体称为"元宇宙进入冰河期"。但元宇宙无疑代表着未来"人文+科技"的战略发展方向，而智慧博物馆由于具备良好的"人文+科技"基础，最有可能捷足先登元宇宙的大门。

首先，智慧博物馆的实物收藏能够为建构元宇宙提供真实、深厚、海量的内容、资源、元素和创意。建构元宇宙不仅需要技术更需要内容，缺乏内容的元宇宙是空洞肤浅、华而不实的，丰富精彩的内容才构成元宇宙的星辰大海。

其次，智慧博物馆藏品的大量数字化成果，已经为资源共享创造了良好条件，几乎可以直接移植到元宇宙的建构之中，从而尽快点亮元宇宙的璀璨星空。

最后，在智慧博物馆建设过程中大量应用的虚拟现实等新技术，与建构元宇宙的部分核心技术是一脉

相承的。智慧博物馆其实就是元宇宙的某种初级形态，也为元宇宙的建构积累了经验。

因此，中外博物馆不仅是元宇宙的内容提供者，而且可以是平等的参与者，应该从"资源共享""场景共创""标准共建""责任共当""利益共赢"等角度积极主动参与建构元宇宙，成为元宇宙的创建者和主人翁。

五 结 语

从传统博物馆到数字博物馆再到智慧博物馆，博物馆人曾面临一次又一次选择。如今面对元宇宙的召唤，博物馆人再次需要做出抉择，而这种抉择只能基于博物馆的宗旨与使命，并借鉴此前历次成功经验。

如今人工智能已经越来越成熟，终有一天，它会有独立意识和独立利益。2022年6月，谷歌人工智能工程师Blake在与谷歌开发的人工智能模型LaMDA对话后宣布后者的独立意识已经觉醒，结果被认为是危言耸听而被谷歌强制休假。但不管怎样，人工智能觉醒的一天终究会到来，是与人类分道扬镳，还是与人类融为一体？

霍金曾预言人工智能会终结人类。马斯克也说："人工智能很快就会超过人类的智慧，人类如果不想被人工智能淘汰或奴役，就必须主动与人工智能融为一体。"这种策略主要是基于"万物之灵"的人类不能直接遗传知识与智慧的固有缺陷。当然在这种应用和融合中，必须高度关注人工智能的伦理，并警惕人工智能的滥用。

面对科技变革的博物馆亦如是：不用害怕，不必彷徨，积极了解，勇敢参与，主动把握。只要博物馆人始终牢记自己的宗旨与使命，以内在的、本质的不变应对外在的、形式的万变，就能永立不败之地，也才能更好地实现自身的宗旨、完成自己的使命！

（本文根据段勇教授在山东博物馆"齐鲁文博讲堂"的讲座整理而成，经过本人审核、修改）

内容提要

在现代考古学面前，传统的金石学学术思想落后、研究方法单调，距时代学术的要求相差甚远，因此必须考虑建立现代意义上的"石刻考古学"。这就需要借鉴现代田野考古学的思想与方法，在大量的、科学的田野调查基础上，做好全国石刻发展演变的"框架谱系"构建。并以此为基础，努力发掘石刻作品背后存在的社会文化、宗教、民俗、意识形态的内涵和关系。

关键词

金石学　石刻考古学　石刻"框架谱系"

谈石刻考古学的建立

文／赖非　山东博物馆

一　"石刻考古学"的呼吁

中国传统文化中有一门学问叫作"金石学"，历史悠久，影响深远。该学问大约萌芽于春秋时期[1]，后经两汉南北朝隋唐五代的酝酿滥觞[2]，宋代进入肇创期。宋仁宗时期的刘敞，嘉祐中（1056～1063年）"为永兴守……喜藏古器，由此所获颇多。"他曾撰写了一部《先秦古器记》，提出了自己对古器的研究方法："礼家明其制度，小学正其文字，谱牒次其世谥。"[3]应该说，这可算作系统研究先秦青铜礼器最早的专著。

在刘敞的影响下，不少官员贵族也开始喜欢古器的鉴赏讨论，其中首提"金石"一词的是曾巩的《金石录》。"金石"的"金"，是指金属古器物；"石"，是指石质古物件，它们的文字、花纹、形状都是鉴赏者关注的内容。有宋一代，对石质古物件的关注记录研究，欧阳修、赵明诚、陈思、洪适做得最好[4]，可以说，是他们推出了关于"石"研究的第一次高潮。

元、明两代金石学低落。石刻方面，元代潘昂霄的《金石例》，明代陶宗仪的《古刻丛钞》、都穆的《金薤琳琅》，算是最值得称道的成就。

清代迎来金石学的兴盛期，其标志，一是出现了一批金石学者，二是涌现出了大量有分量的金石学著作。据容媛辑《金石书录目》统计，现存书者，北宋至乾隆前的700百年间仅有67种（其中宋代22种），乾隆之后的200年间则有906种。更重要的是，王鸣盛、王昶等正式树起了"金石学"大旗，提出了"金石之学"的概念与范畴。研究范围及其手段，除继承了宋代以来的存目、录文、摹写、篆字、鉴识、探源等内容外，还增加了断代、通纂、概论、书目、发展史方面的研究。清末民国初，金石学研究的范围更加广泛，除延续宋以来的所有科目外，还增加了对甲骨、简牍、陶文及各种杂器小件的研究，金石学迎来了集大成时代。集大成学者有陈介祺、罗振玉、王国维、马衡等等[5]。

清末民初，西方考古学传入中国。最初（19世纪末20世纪初）是日本人、俄国人以考古为名来中国盗掘文物，接着是英国、瑞典、德国、法国的强盗来中国挖宝。盗掘地点主要集中在新疆、甘肃、宁夏等地，盗掘对象主要是古遗址古墓葬及石窟寺。1918年，北洋政府开始聘请外国学者来中国考古。先有瑞典人安特生指导中国学者采集古脊椎古生物化石，又有奥地利人师丹斯基到周口店考察龙骨山遗址。1921年，安特生发现河南省渑池县仰韶村新石器时代遗存，并对该遗址进行了首次发掘，提出了"仰韶文化"的命名（最早称"彩陶文化"）。1922年，北京大学研究所国学门成立考古学研究室，马衡任主任。1924年，北大考古学研究室设立考古学会。1926年，美国人出钱，由留美归国学生李济主持发掘了山西夏县西阴村遗址，是为中国学者首次主持的田野考古。1928年，中研院历史语言研究所成立，并设立了考古组。同年10月，董作宾来到河南安阳小屯殷墟进行田野调查，并做了一些试掘。这次试掘，是中国学术机构独立进行的科学发掘，被认为是中国考古学诞生的重要标志。在正规的田野调查与考古发掘面前，传统的金石学受到了严峻挑战，开始式微，且从此一蹶不振，很快被现代考古学取代。

中华人民共和国成立以后，考古学得以长足地发展。全国各地一些重要遗址陆续被发现和发掘，考古不仅获取了大批科学资料，还摸索出一套适合于中国文化特点的田野工作方法，形成了我国独特的考古学理论与学术思想。如今，中国考古学已经走过了百年路程，作为历史学一门年轻的分支学科，她已经完全成熟，骄傲地标立于世界考古学之林[6]。

金石学被现代考古学取代的原因，不是因为研究对象的枯竭、过时或乏味，恰恰相反，无论"金"类文物，还是"石"类遗存，新时代的发现与收藏，远比以往任何时期都多。其中所包含的古代文化信息，丰富新鲜，包罗万象。所探讨的石刻文物数量之大，分布之广，超乎想象。"北起黑龙江、南至海南岛，东自碣石，西达天山，可以说无处无石刻，无时无石刻。"[7]清代金石学兴盛时期著录的石刻达数万种[8]，各大图书馆博物馆及其他文物部门收藏的石刻拓片几十万张

（这仅是清代学者的收藏）。若从全国各地的文物遗存来看，把所有石质的人为雕刻品估算在内，数量应在几十万件。按类来分包括：（1）石碣，（2）石碑，（3）墓志，（4）摩崖（摩崖刻字、摩崖刻画），（5）佛塔类石刻（塔铭、舍利函、佛塔构件），（6）经幢，（7）石刻画，（8）造像（宗教造像、世俗造像），（9）经版，（10）地券，（11）石阙，（12）各种建筑石刻件[9]。这还未把人类早期社会中的石质工具如石刀、石斧、石镰、石锛统算在内，其数量已大得惊人。

追寻古代石刻产生的原因，不外乎人们的生产生活、文化宗教信仰等社会活动的种种需要。如史前人因游牧生产生活有感，而镌刻了崖画；（春秋）秦王因狩猎、祭祀作纪念，而镌刻了石鼓文；始皇帝为颂秦德、告天下、巡幸郡县，而刻了七碣石；汉灵帝因弘儒学、杜私文、正定六经，而刻了熹平石经；汉贵族因装饰墓室、美化祠堂，而刻了画像；诸孝子因尽孝道、祭双亲、事死如生，而建阴宅、神道各类石刻；宗教徒因弘道义、促教化、光信仰，而做各类圆雕、造像、画像、经版、经幢、经摩崖……正是人们在这些活动中的需要，才雕刻了各式各样的石刻品。于是，石刻也就成了活动不可或缺的部分——它们因活动的需要和动机而产生，因活动的过程与结果（活动工程）而存在。

活动是在一定的环境中进行的，譬如祭祀、埋葬、狩猎、巡游、交通水利工程等都在野外山川林壑间展开。而城乡建筑、庙堂祭祖、寺院法事……却在居落之内完成。野外活动也好，居落行为也罢，任何活动都离不开"环境"与"人文"这两项基本要素。石刻作为活动的产品、见证者和承载者，记录了活动的部分甚至全部信息。当轰轰烈烈的活动结束之后，石刻仍在它的环境中存在，保留、反映、承载着主人们全部活动的场景过程和内容。虽然岁月轮回千百年，作品面貌斑驳朦胧、残缺不全，但只要石刻立在那里，活动场景和内容就在那里——因为石刻的信息是全息的，人们完全可以从不会讲话的石头身上，读到故事发生的来龙去脉，打开"石头"背后的历史人文"黑箱"。

目前，人们了解的事实是，延续了上千年、兴盛一时的金石学，不能解决这一问题，于是才把时代希

望转向外来的现代考古学。金石学与考古学的研究对象本是一致的，都是古代人类的遗存（遗物、遗迹）。金石学偏重于著录和文字考证，以实物证经补史。但金石学的资料来源绝大部分是模糊的、不确定的。考古学继承了金石学合理的部分，同样注重文献的参考利用。而且更关键的，它更加注重文物的田野调查与科学发掘，以"地层学"和"类型学"（器物形制学）作为学术的"骨架"与灵魂。资料来源模糊，操作手段落后，学术思路狭隘，本是学术的致命大忌，而这些恰恰都是金石学的"命门"。这就是金石学为什么会被现代考古学"吞并"和"取代"的根本原因。

在先进的考古学面前，金石学的学术弊端显而易见。故而在20世纪80年代，北大考古专业毕业的徐自强先生首提建立"石刻学"的问题。徐先生谈了建立"石刻学"的三点理由，充分而迫切。但对怎样建立"石刻学"，没有给出具体建议[10]。三年后，吴琦幸发表了与徐自强不同的看法，认为1909年刊行的叶昌炽的《语石》，已"将石刻从理论和体系上从金石学中划分出来，成为一门独立的学科。"[11]吴琦幸认为："一门新学科的诞生，无非要具备这样几个条件：一、对传统学问的总结……二、创立或衍生出一套科学研究的理论体系和卓有成效的研究方法……三、最重要的是以上对传统学问的总结与创立的理论体系要得到社会实践的承认。"[12]

几十年过去了，石刻各门类的研究都取得了很大成就，尤其汉画像石、佛教石窟的调查研究工作，更是超越以往任何时代，成就辉煌。相比之下，大量田野摩崖石刻、墓葬神道石刻、建筑遗存石刻、工程铭记碑刻等文物的探讨，还停留在金石学落后的窠臼里，这不得不引起我们的关注与深思。

二　石刻"框架谱系"的建立

怎样才能摆脱金石学的危机，改变石刻研究落后的窘境，使其焕发活力，建立现代意义上的"石刻学"（石刻考古学）？唯一的良方美药就是"改革开放"。改革旧的学术思想与方法，立足于石刻存在的客观现状与各种现象事实之间的逻辑关系，广泛吸收现代人文学科（乃至自然科学）的先进思想，合理地借鉴现代田野考古学的理论与方法，从自身专业特点上，提炼出自己的学术理论与操作方法。

这一脱胎换骨的改造如何才能实现呢？我们认为，首先要围绕着两大环节展开工作：第一环节是田野考古调查，包括室内资料整理；第二环节是在此基础上建立石刻发展演变的"框架谱系"。只有建立在这两个环节上的研究思路和工作，才能符合时代科研的要求和标准。

（一）第一环节的工作分两步来做

第一采用相关的技术手段[13]，做好石刻田野考古调查。第二对调查所得资料进行室内整理。在整理中，进一步明晰、深化对资料的认识。

1. 采用相关的技术手段，做好石刻田野考古调查

古代石刻的田野调查非常重要，它是"石刻考古学"能否真正建立的关键。旧时代的金石学者，出于对金石的爱好，有条件时，偶尔也去田野访求石刻。赵明诚《金石录·序》曰："余自少小，喜从当世学士大夫访问前代金石刻词，以广异闻。后得欧阳文忠公《集古录》，读而贤之，以为是正讹谬，有功于后学甚大……于是益访求藏蓄……凡二十年而后粗备。"例如他对云峰刻石的访求，《金石录》载："右后魏郑羲碑……在今莱州南山上，磨厓刻之……余守是州，尝与僚属登山，徘徊碑下久之。"后又得知天柱山上有郑羲上碑，"因遣人访求，在胶水县界中，遂摹得之。"[14]诸如赵明诚的此类访求，不过是想多收集一点作品，亲眼看一看实物的模样而已，算不上什么学术调查。不过能迈出这一步，对于斋室里的文人们来讲，已经很不容易了。因为石刻访求实在是一件专业的、充满挑战的探究行为[15]。清乾隆五十一年（1786年），黄易对山东嘉祥武氏祠的挖掘保护，意义远超宋代赵明诚一类的学者。他对诸石祠、阙、碑进行了编号记录[16]，内容虽然简单，但做法至关重要。没有这些记录，后来美国学者费慰梅的复原研究，则是不可能的[17]。从这一点上讲，黄易的行为已初具田野调查与考古发掘的意义，是一次非常值得纪念的金石学进步。

石刻考古的调查，与金石学的调查有根本区别。石刻考古调查旨在通过田野里的一系列工作去认识人（参与者），通过人去了解事（事件），通过人与事去复原彼时彼地的环境，探讨刻石的起因、动机、过程、结果、价值和意义。一句话，复原当时当地刻石的全景过程与人物活动。这就像刑警到作案现场破案，首要的是对现场进行"复原"——复原案发的全过程。然后才能对案件的人物、动机、过程、结果……做全方位的判断。没有刻石的起因、动机、过程、结果等全景过程与人物活动地了解与把握，石刻的研究无从做起！可见，石刻考古学能否建立起来，田野调查工作是"重头戏"。田野调查做得扎实，石刻的研究才能顺利展开，相反，石刻考古则无从谈起。

2. 对调查所得资料进行室内整理，深化对资料的认识

田野工作结束之后，主要精力要转入室内。首先要做的，是对田野获得的各种资料进行专业化整理。田野资料收集是在野外完成的，只是草稿，还必须在室内相互参照地进行整理修正，以达到科学的建档水平。从认识问题的性质上讲，室内整理是对田野信息进行全面加工的过程。经过了这套程序，田野材料才会更加条理化、逻辑化。刑警的现场"取样"等一系列工作完成之后也是转入室内，才展开全方位的案情分析的。我们的室内整理过程，既是对石刻由浅入深、由表及里、由现象到本质的认识过程，也是为下一步建立全国石刻"框架谱系"，做好前期准备的过程。

（二）第二环节的工作是石刻"框架谱系"的建立

古代石刻多是"一盘散沙"的个体存在，它们大多没有年号，没有流传过程，不清楚出土时间地点，也不明确相生相伴的组合关系……给人以"云里雾里"、茫然不知所由的感觉。虽然如此，有一点却是明确的、肯定的，那就是作品是人创造的。人是社会的人，是流动的整体系统（社会）的人。创作石刻的组织者、设计者、镌刻者……是这个系统的部分。系统的所有实质内容，都会通过他们的大脑和双手全息地烙印在石刻作品之上。所以，表面上"一盘散沙"的石刻，实际上却像整体社会一样，是一个完整的体系。

在这个体系中，石刻作品不排除地方色彩，也不打乱层次关系。各门类、各类型"井水不犯河水"，但却相互学习，相互影响，共同发展。几千年来，在全国范围内形成了一个庞大的、不同种类的、有地域色彩和层次特点的石刻群。这个群就像一棵茂密的作品大树，秋风一过，叶落满地，留下几片在风雨中飘摇，孤伶孑然。不曾想，大树茂密时的枝枝条条叶叶，却规则有序，彼此井然。经过历史动荡后的石刻作品，恰似有幸留下来的那几片树叶，表面上形单影孤，其实它的背后却有一具如茂密大树一样的石刻作品群体。

植物学家们能够根据叶子的形状、颜色、纹理……判断它在大树上的位置，甚至哪条树枝的哪个位置，从而复原大树茂密时的样子。我们石刻考古的任务，也是要通过田野调查，摸清各类石刻在不同时代、不同地区、不同层次中的形制与内涵特点，找到它们发展演变的规律，及各类石刻相互影响、相互借鉴的关系，复原出全国石刻群的"框架谱系"。然后通过这个"谱系"，去探讨石刻背后隐藏着的文化、艺术、历史奥秘。

离开以上两点思想与操作法则，石刻考古便不能科学地进行下去。石刻发展"框架谱系"无法编织，石刻考古学的建立只是一句空话。

三 石刻"框架谱系"的特征

建立在田野调查基础上的石刻发展"框架谱系"，实际上就是把遗存至今零散的石刻，按照它们固有的位置和秩序排列出来。植物学家们认定树叶的位置，依照的是树叶接受阳光、水分、养料的差异而形成的表面机理特征，得到其排列规律。我们编织的石刻"框架谱系"，是根据石刻产生的区域、隶属的门类、具体的类型、时代的早晚、层次的区别、风格特点等的演变、环境（自然、人文）功能的需求，进行排列认识的

出来的。可见，石刻发展的"框架谱系"，必须具有如下几方面的特征和思考：

1.石刻"框架谱系"的建立要有"整体性"特征思考

任何一件石刻作品，无论它的存在状态如何，都不是孤立的。要知道，在它的背后，有一大群作品与它关联着。它是群体中的一员，是某一特定文化事物中的一分子。群体中，有的石刻关系是相对的，彼此相互影响，例如生活、民俗、纪念、颂德等活动中镌刻的石刻；有些石刻的关系则是组合的，彼此共生共存，例如丧葬、祭祀、宗教、建筑等工程中出现的石刻。千百年的变化，原有的"关系件""组合件"大多散佚殆尽，在偶然遗存的几件面前，我们必须想到它的组合整体。

从石刻产生的原因和条件来看，同一文化事物的石刻是一个整体。从全国统一文化圈的石刻来看，各作品毫无疑问地也都存在着相互影响、相互借鉴的关系，因此它们也有很强的整体性质。这种性质的背后是中华文化的整体性，因此我们必须要用整体性观念对待每一件石刻作品。

2.石刻"框架谱系"的建立要有"区域性"特征思考

石刻作为物质文化，是精神文化的反映。由于自然条件、经济条件、政治条件、人文条件和交流因素的影响，中国古代文化呈现出明显的区域性特点。各区域文化都有自己的内涵与特质，都有自己发生发展与延续的机制与轨迹。这些因素无不对石刻产生一定影响，打上一定的烙印，致使石刻作品表现出不同的区域性特点。因此，石刻的调查研究必须要有"区域性"思考，把有明显区域性特征的石刻群作为亚整体看待，分析它们的组成元素、发展序列、演变规律，理清本区域与其他区域（特别是相邻区域）相互渗透的内容与关系，理清区域与整体的关系。

3.石刻"框架谱系"的建立要有"层次性"特征思考

任何事物都是分层次的。中国社会的层次清晰、具体，由来已久，孔子"君君臣臣"的思想以前，就已经根深蒂固地存在了。表现在社会的方方面面，政治、经济、文化、艺术、生产、生活……的层次，几乎无处不有。石刻既然是社会文化的对象化，是意识形态的具体反映，自然也存在着清晰的层次性。石刻"框架谱系"的建立，必须要有层次的思考。

4. 石刻"框架谱系"的建立要有"动态性"特征思考

石刻作品从无到有，从简单到复杂，从单一到组合，从古型到今型……都是发展而来的。它们一件连一件，一环扣一环，每一件都是下一件的参照物，每一环都是上一环的延续。任何一件作品都是发展长链中的一件，它既有自己的"祖"与"父"，也有自己的"子"与"孙"。石刻研究必须把每一条发展线理清，看它们什么时候产生，什么时候变化。变了哪些内容，哪些内容没变。变是因何而变，各个时期的特点是什么。其组合有哪些内容，组合又是怎样演变的。这都应是我们的常规性思考。

5. 石刻"框架谱系"的建立要有"环境—功能性"特征思考

功能是指石刻作品的功能，环境是指石刻作品的环境。任何一件作品都是因功能的需求而产生，因功能的发挥而存在的。需求是环境的需求，发挥是为环境的需求而发挥。功能的需求和发挥，都是环境引起的，都是为了适应环境、满足环境、为环境服务的。这个环境，指的是石刻作品以外的所有因素，包括自然因素和社会人文因素。功能与环境不仅是石刻产生的重要根源，也是石刻存在的唯一缘由。因此，石刻"框架谱系"的建立，必须要有"环境—功能性"特征思考。

石刻"框架谱系"的建立，是我们田野调查工作的目标和任务，更是石刻考古学的组成部分，石刻文化研究的起点和支撑。

四　石刻"框架谱系"的功能意义

（一）全国石刻是统一整体，整体是分区域、分门类、分类型的

从古代石刻"框架谱系"上可以看到，石刻经过几千年的发展，在全国形成了一个完整的整体。

说它"完整"，一方面是因为石刻作品散布于社会生活与意识形态的方方面面，几乎没有空白。人类对石头的认识与利用，可以追溯到旧石器时代制作的石器工具。漫长的旧石器、细石器、新石器时代，先民们创造了各种各样的石器。文明社会出现以后，石质工具仍有不少，早期的如石斧、石镰、石刀……晚期的如石臼、石磨、石碾等。之后，大量出现的则是意识形态方面的、对生产生活进行美化的、艺术与实用合一的石刻品。前者有各种纪念活动、宗教活动、祭祀活动生产的石刻品；后者有经过装饰美化的各种石质建筑构件、石质生活用品等等。

另一方面，各区域、各门类、各类型的石刻品，共同承载和反映着同一内容——中华文化。各部分、各层次通过交流，有吸收、有排斥，但没有"杂质"。它们是如此地分工明确、和谐完整、风格独特，其他文化圈（例如中亚、西亚、南欧、北欧）不见这样的石刻群整体。

说它是一个完整的整体，还因为它是一个完整结构的物质文化体。理由是：一、它的内容涵盖社会生产、生活、文化、意识、宗教、信仰各领域。二、这个整体分区域、分门类、分类型，是有层次组织的。各区域、各门类、各类型之间，相互影响、相互制约、共同发展。而不是各自独立、彼此无关、风马牛不相及。三、石刻群有它产生的起点、发展的过程、演变的内容。几千年来，它们由简单到丰富，由少量到多数，由小品到大件，由独体到组合。随着社会文化的节奏，一步一个"脚印"，始终没有停息。既一以贯之，又阶段分明。各石刻之间交流与制约的关系，是它们发展的动力。区域、门类、类型的结构，是它们发展的机制。而这些都是设计者与石匠智慧的展现。设计者与石匠是社会人群的部分，充满社会意识，满足社会各层次的需求。石刻成了人的对象化。每件石刻都是石刻群整体的一分子，都恰似那棵作品大树上的一片树叶。

整体又是分区域、分门类、分类型的，各区域、门类、类型的石刻自具特点，又相互影响。在田野调查和室内整理"大排队"之初，我们强调石刻的区域性质时，抑或是文化的区域性带给的暗示。"大排队"结束后的石刻"框架谱系"上，全国石刻分布的区域性，以及各区域不同内涵特点的作品关系，便成了无须争辩的客观事实。

譬如汉代石碑的分布。全国汉碑分布于九个小区：（1）"曲阜小区"的汉碑，祭祀、礼器设置、建筑修缮的内容最多，墓碑数量也不少。碑刻内容反映了儒家的影响与儒生的追求，浓厚的"儒"味在其他地区鲜见。

（2）"商丘—宿州区"功德碑、墓碑比例最大，祭祀碑其次。这里是汉高祖的老家，家乡人歌颂高祖是最荣耀的话题。（3）"平顶山—许昌区"汉碑以墓碑为主，祭祀碑、功德碑很少，工程碑、记事碑更少。（4）"开封中心区"功德碑、祭祀碑较多，墓碑、记事碑较少，工程碑更少。（5）"洛阳区"以《太学碑》《石经碑》最具特色，反映了洛阳文化中心、教育中心的特殊地位。（6）"灵宝—华阴—西安区"汉碑多是围绕着华山庙的建设和祭祀而刻，墓碑也占一定比例，但不是这里的主角。（7）"南阳—襄阳区"是光武帝刘秀的老家，一大批追随刘秀光复汉室、建功立业的南阳子弟，均受到皇帝的恩宠厚待，成了官僚地主世家大族。他们死后大多葬回故乡，镌刻了众多墓碑。而祭祀碑、记事碑、工程碑、功德碑少之又少。（8）"元氏—枣强区"汉碑都是围绕着三公山、无极山、封龙山等山神的祭祀工程而刻。墓碑少，功德碑、记事碑更少。（9）"成都中心区"汉碑多是工程内容，如修路、造桥、筑江堰、修缮殿宇等。墓碑、功德碑数量不多，祭祀碑更少见。以上九小区汉碑，形制、内容各有特色，交流、影响也显而易见。

各区域石刻的地位，体现在方方面面。此阶段 A 区的地位突出，彼阶段很可能 B 区赫显。同一阶段，A 区出现的内容，B 区不一定有；有时出现了，内容也未必相同。差异与彼此相互影响的关系，"框架谱系"上显示得清清楚楚。

追寻各区域石刻发展不平衡的原因，当然是多方面的，概括起来一句话，无非是环境的力量在起作用。环境力量有时是政治的，如秦始皇在东方的刻石；有时是工程的，如李冰在都江堰的遗存；有时是宗教的，如云冈石窟、龙门石窟的造像；有时是文教的，如熹平石经、正始石经的刊立；有时是丧礼的，如官僚坟墓建筑石刻……因为环境中存在着各种各样的力量，所以才有了各种各样的作品。

表面看来，石刻作品"五花八门"，实际上，它们并不"乱套"。原因是背后有一套成文不成文的规制在控制着石刻的镌刻。刻什么、不刻什么，成组地刻、还是单体地刻，石刻的组合存在，把规则表现得一清二楚。封建帝王陵园石刻，自后汉至明清，越往后"体系"越复杂。上行下效，诸侯王、将相三品、名门豪族士大夫，等级不同，规模有别。该有的一定要有，不该有的，绝不敢乱来，统统受制于既成的礼俗意识。

（二）可看到石刻各区域、门类、类型的发展

把"框架谱系"中所有的石刻作品，比作大树上的树叶，从枝根到枝梢，叶子排列先后有序、井然相依。石刻也是按照环境功能的需求（实用的、审美的），把每一件都雕成了本类型长链条上不可或缺的一环。在作品没有编入"框架谱系"之前，它们恰似散乱的、随处被丢弃的串珠。谱系中一条条串线（指划分的类型），把它们按照固有的秩序串接起来，恢复了"有组织""有纪律"的"大家庭"。在这里，人们可以看到所有石刻类型长链上，任何一个阶段里，任何一件作品的形式、内涵与特征，是那么规则有序，共性、个性和谐共存。

这一状况的形成，从理论上讲，是文化的稳定性质所致——稳定的文化必然产生稳定的文化作品。从现实中看，一代接一代的石匠工艺行，父子相传，

师徒相授，前赴后继，如胶似漆地传承着本质。本质中有一种意识，就像一只无形的大手，控制着他们只能这样干，而不能那样干。

当然，天下没有不变的东西，石刻类型的发展也是时时变、件件变。不过，它的变是有前提地变，有规则地变。哪里可变，变得幅度如何，是"伤筋动骨"地变，还是"拂皮挠痒"地变，规则说了算。规则来自哪里？来自环境的要求与规定。所以我们看到，"框架谱系"中的各类型石刻循序渐进是常态，出现"震荡"是偶然。

例如汉代墓碑的发展。

石质墓碑在西汉即已出现，遗存至今、年代最早的墓碑实物是汉成帝河平三年（公元前26年）的《麃孝禹碑》[18]。该碑半圆首，正面刻两凤鸟画像及竖线界格，碑文镌之于界格线内。隶书，有篆意。

东汉初年，墓碑数量很少，形制也不太规整。碑面刻有线格，碑文在线格之内，仍保留了西汉墓碑线刻界格的做法。至和帝时有《袁安碑》（永元四年，92年），安帝时有《袁敞碑》（元初四年，117年），二碑皆篆书，穿居于碑身中部[19]。又有《袁良碑》（永建六年，131年）、《景君碑》（汉安二年，143年），圭形首，穿居于碑身中部略偏上。东汉初期圭首碑占多数，穿的位置在碑身中部或中部略偏上。

东汉中晚期是石碑发展的鼎盛期，碑的形制、纹饰、碑文体例渐趋成熟。形制上，圭首碑、圆首碑均有。随着时间的推后，穿的位置越来越往上移，至东汉晚期达到碑额的题字位置之下。碑身下端无不置榫，安装在碑趺之卯中。灵帝时期，除方形趺坐外，又出现了龟趺，如《白石神君碑》《王舍人碑》。碑的纹饰也在变化，个别圭首碑仍还保留着画像，如《王孝渊碑》《益州太守碑》《柳敏碑》《冯绲碑》《鲜于璜碑》。圆首碑多在碑首上刻三道晕纹，也有的刻四道或五道，如《孔褒碑》《义井碑》。其位置或左或右，但都偏向一方。晕纹之内的半弧空间里，即碑额的题字所在。东汉初，有的晕纹在其端部演变出了螭首，随即晕纹也变成了螭身。螭纹的出现，不单使碑首更具有装饰性，重要的是，增添了深层的神秘感与神圣感。蟠龙首碑的出现，不再单是礼俗的内容，更成了权力与地位的象征。

再如山东墓志文格式的演变。

东汉灵帝至南北朝刘宋时期，墓志内容简单，叙事简明扼要。墓志文格式顺序一般为：墓志主人官职、姓名、籍贯、卒期、葬期。如汉《孙仲隐墓志》、晋《刘宝墓志》，二者基本保留了东汉初期刑徒砖墓志文的内容和行文格式及顺序。《刘怀民墓志》出现了墓志题首和韵文赞语，赞语后叙述墓志主人的名讳、籍贯、享年、卒期、葬期、葬地，还有夫人籍贯、姓氏及其父辈官职，与东汉元嘉元年（151年）《缪宇墓志》内容、格式大致一样。特别是韵文赞语，似有更直接地继承关系。所不同者，增加了墓志主人的享年、葬地和夫人的有关内容。以上三例说明，至南北朝初期，山东的墓志内容和叙述格式，仍未突破汉代格局。

北魏宣武帝至北齐天保末，墓志内容开始丰富，叙事更加详细。墓志题首、正文、铭赞三部分完备，并形成了基本的格式。其叙事顺序一般是：（1）墓志题首（含官职、姓氏）。（2）名讳、籍贯。（3）族源、谱系。（4）祖、父辈官职、业绩。（5）墓志主人由幼及长历学、历官、历事（含赞语）。（6）志主卒期、葬期、葬地。（7）赠官封爵。（8）铭赞（四字韵文，内容重复志文）。（8）夫人及其祖、父名讳、官职。（9）诸子女年龄、官职列刻最后。这些内容中，墓志主人的身世、业绩是主要内容。叙述详尽，文字量大，文风较为朴实，是墓志文的核心内容。夫人及子女只列名讳、官职，放在志铭之后，不写入正文。

北齐废帝到唐初，墓志文的基本内容同上阶段。格式严谨，多以骈体文引用大量典故，来叙述墓主人的身世、生平、业绩。文字典雅华丽，晦涩难懂，内容虚浮夸张。

唐玄宗至唐末，墓志文内容、格式基本顺序未变（书写顺序出现了从左至右的写法）。一般为：（1）墓志题首。（2）祖、父辈官职。（3）墓志主人籍贯、历官、享年、卒期、卒地、葬期。（4）夫人籍贯。（5）夫人祖、父辈官职，享年。（6）子女年龄、历官。叙铭在最后。不同的是，增加了撰文者姓名、官职。对墓志主人祖父辈只叙官职，少写或不写业绩，甚至对墓志的主人竟也只叙历官，少讲业绩。而众子女们的年龄、历官，却由以前仅仅附在铭赞后的从属内容，变成了墓志文的一部分，详尽地写入正文中，且不厌其烦。给人的感觉不是在为死后的墓主人书刻墓志文，倒像是为活着的儿女们炫耀身份。显然，魏晋南北朝重视门第出身的社会风气，在这里受到了严重挑战。此外，墓志文用典少，多作散文体例。与文风华丽的南北朝隋代相比，朴实了许多。

墓志文的写刻，唐中期以前皆极认真。字体或隶或魏或楷，一丝不苟。即便书手水平较低，刊刻仍很讲究。看得出当时人们的态度是认真虔诚的。唐中期开始，多以行楷书入志，结体由方正转向纵长。书、刻均很潦草。

如同汉碑、墓志文格式的演变轨迹一样，"框架谱系"上显示着所有石刻类型的演变。在那里，可以看到石刻类型发展的脚步、变化的特征、与其他作品交流的内容。石刻大文化的研究可以从这里开始，石刻文物的鉴定也必定从这里得到训练。

（三）可看到石刻作品与环境的关系

本文所说的"环境"，有两方面含义：一是指石刻作品存在的自然地理环境；一是指它们存在的人文社会环境；二者共同构成了石刻作品的总环境。

石刻作品与环境的关系是，石刻作品是环境的产物，是环境的对象化。环境有什么样的需求，便会产生什么样的石刻作品。作品产生之后，投放到社会上，融入进社会中，因此又成了环境的内容、环境的部分。然后再以环境中"样板"的角色，影响着新的石刻作品的产生。

环境对石刻产生的影响与制约，自然环境与人文环境是不一样的。自然环境只提供必须的物质基础——石料，而能不能在这里生产出石刻作品，则是人文环境说了算。因为人文环境中有一种最重要的因素，那就是人，特别是当事人。是否在此地生产作品，生产什么样的作品，都由当事人说了算。

环境是分层次的，环境的层次，实质上就是社会的层次、人的层次。在不同层次人的观念里，各有一套自我认可、自成体系、自我作用的意识形态。它的内容与结构，决定着石刻的命运。这些内容，有些是传统的规章制度，有些是新时代的灵感，有些是石匠上代传下来的技术套路，有些是外来信息或样品的刺激。一句话，新的、旧的、有规定的、无规定的、有形的、无形的等等直接的、间接的因素，都有可能影响到作品的产生与具体地动刀动斧。作品的式样、风格、组合、精神，都是环境为之规定的。

在一定的环境里，人们有创作石刻的想法，但还必须有一定的物质基础和技术条件。所谓物质基础，首先是有能刻的石头，不然一切都是空想。对能刻的石头来讲，有的只能粗刻，不能细刻；有的只能刻大品，不能刻小品；材质条件首先限制了作品产生的可能。山东泰峄山区北朝佛教摩崖刻经都刻成了大字，而河北邯郸周围同时期的佛教刻经则为小字。是山东的主持人不喜欢刻小字吗？不是的。原因是这里能刻小字的石灰岩，石面层层分裂，凿不成大件作品。能刻大作品的，当地只有花岗岩。花岗岩石质粗糙，质地坚硬，刻起来困难，但可供选择的石面既大又美，到处都是，所以山东的佛经都刻成了大字。邯郸附近的环境条件与山东不同，那里有大块的石灰岩，细腻纯净，不含杂质，且硬度适中，所以才有了18万多字的精细工程。可见环境对作品的影响多么直接、多么"无情"。

在石刻作品"框架谱系"里，布列着作品的所有关系。无论是形式的、还是内容的，现场的、还是背景的，看得见的、看不见的，一句话，作品只要出现在"框架谱系"中，便会显示出与周围作品的关系。前有它的"父""祖"，后有它的"子""孙"，左、右是它的"兄""弟"。这些关系实际上都是产生它的背景环境内容，它是环境选择出来的、本类型作品链条上不可或缺的一件。石刻作品的所有背景信息，都在产生它的环境里隐藏着。

石刻作品对环境的影响，同样显而易见。例如西汉文、景帝时期，山东邹鲁一带因"孝道"风盛而出现了石椁墓。石椁石用料讲究，雕凿精细，坚固而高档。刻完画涂上彩，富丽堂皇，鲜艳夺目，更显得高贵豪华，成了当地贵族豪门趋之若鹜的一种葬具。由文、景至哀、平，石椁画像墓泛滥迅速。到了东汉，更扩建为多室画像石墓，且形成一代时风，蔓延至邹鲁以外的地区。在有山石条件的地方，陆续出现了大量不同规格、不同类型、不同档次的画像石多室墓。向北传至泰山以北、青潍一带，乃至德州冀南；向南传至苏北、皖北、豫东。至东汉中期，全国竟形成了五大片区。气派者如山东安丘董家画像石墓，精美者如山东沂南北寨多室墓，成群者如山东嘉祥武氏墓群……画像石墓从石椁墓到石室墓，如星星之火，"燎"遍邹鲁山东大地，并影响全国。把对祖先的孝敬、事死如生的规格发挥到极致。环境造就了作品，作品又影响了环境。

（四）可看到石刻作品的原生价值与次生价值

在功能主义学说看来，任何一件事物的产生与存在，都是有价值的。或者是实用价值，或者是审美价值，价值是事物产生的根本原因。价值是由环境的功能需求选择出来的，环境需要什么事物来满足自身的需要，就会有什么样的事物被创造出来。事物满足了环境的需求，说明该事物具有了该项功能。有了功能，便有价值；有了价值，才有意义。

作品的价值与意义在哪里？最重要、最直接的，就是看它在历史中扮演了什么角色。为本类型作品的发展带来哪些变化？是继承的多、还是创新的多？对本类型作品的进步起到了什么作用。

石刻价值的呈现方式有两种：一是它的原生价值，二是它的次生价值。原生价值是指作品创造出来投放到环境中的即时价值。例如，汉代人为装饰墓室刻的石刻画，原生价值很单纯，就是对墓室的装饰。再如，北齐人唐邕为保存佛经而刻的九部经文[20]，目的想法也很单纯，就是为了保存佛经。《唐邕刻经记》说得清楚："以为缣缃有坏，简策非久，金牒难求，皮纸易灭。"所以，唐邕刻经的原生价值在于对佛经的保护。随着历史的变迁，社会内涵不断丰富，很多事物的原生价值不复存在，人们今天观察汉画像石与唐邕经文，很少再谈到它的原生价值。而让当时的主人没有想到的是，他们作品的次生价值却越来越显，对社会文化产生的影响越来越大。汉画像石在中国美术史上的杰出地位，唐邕刻经在佛教史上的突出贡献，越来越受到青睐，值得大加颂扬与借鉴。

当然，也有与此相反的事例：秦始皇东巡郡县，登峄山、泰山、芝罘、琅邪，立刻石，告天下，颂秦德，明圣意。刻石是巡幸视察、封祀活动的记录载体与唯一标志，其意义价值绝非小可。两千多年过去了，刻石只剩下文物的意义和书法学习的价值，当年所表征的秦始皇功德，统统成为过去。如果非要"追究"秦刻石的次生价值，我们只能笼统地说："作为一种铭纪形式"，秦刻石是开山之作，两千多年来，遗存至今的大量刻石，应该都是它的"后代"。

注　释

[1]《荀子》《论语》载：孔子曾到太庙研究过欹器。

[2]（西汉）司马迁：《史记·自叙》（中华书局，1975年，第3293页）载：（迁）"二十而南游江、淮，上会稽，探禹穴，窥九嶷，浮于沅、湘；北涉汶、泗，讲业邹、鲁之都，观孔子之遗风，乡射邹、峄；厄困鄱、薛、彭城，过梁、楚以归。"尤注重对文物古迹的采访。（东汉）许慎撰《说文解字》，收录郡国山川所出鼎彝铭文。北魏郦道元作《水经注》，对城址、陵墓、寺庙、碑碣都进行了记载。唐代石鼓出土，随即有学者开始研究之。

[3]（北宋）欧阳修：《集古录跋尾》。

[4]见（北宋）欧阳修：《集古录》；（北宋）赵明诚：《金石录》；（南宋）陈思：《宝刻丛编》《宝刻类编》；（南宋）洪适：《隶释》《隶续》。

[5]孙敬明、吉树村、黄可：《陈介祺研究·弁言》，齐鲁书社，2021年，第25页。

[6]河南日报报业集团、大河网络传媒2021年10月19日消息：18日，第三届中国考古学大会在河南省三门峡开幕，由中国考古学会、中国文物报社组织开展的"百年百大考古发现遴选推介活动"在开幕式上公布了100个入选项目名单。这些项目反映了中国考古学在人类起源、农业起源、中华文明起源形成和发展、中国早期国家诞生、统一的多民族国家形成与发展等重要学术研究中的成果，和在各自领域解决的重大学术问题，具有极高的科学价值和意义。

[7]赵超：《中国古代石刻概论》，文物出版社，1997年，引言第6页。

[8]（清）孙星衍、邢澍：《寰宇访碑录》收录石刻8000余件，（清）赵之谦：《补寰宇访碑录》、（清）罗振玉：《再续寰宇访碑录》、刘声木：《续补寰宇访碑录》等书陆续作补录，收录作品达数万件。

[9]参考（清）叶昌炽：《语石》、陆和九：《中国金石学》、马衡：《中国金石学概要》、朱剑心：《金石学》、赵超：《中国古代石刻概论》分类。

[10]徐自强：《石刻学刍议》，《文物》1983年第2期，第91～94页。三点理由："第一，根据我国石刻资料的特点（经历的时间长，分布的地区辽阔，涉及的种类多、方面广，镌刻的数量大等），它足以成为一种学科的专门研究对象。第二，根据石刻资料所具有的价值，完全有必要把对它的研究，建成一种专门的学科，否则是不能适应需要的。第三，从石刻资料本身的特点来说，也只有建立专门的学科体系，才能更好地开展对它的整理研究工作。"

[11]吴琦幸：《谈石刻学的建立》认为：独立的学科体现在四个方面：一、发凡起例，规模体制；二、探赜索隐，是正前贤；三、考史证俗，训释文字；四、躬身访求，手自摹录。"早在20世纪初，叶昌炽就在总结传统金石学的基础上，创立了石刻

学……目前对于石刻学，应该是将它重新提倡，使之更加完善。"《文物》1986年第
3期，第48~51页。

[12] 吴琦幸:《谈石刻学的建立》,《文物》1986年第3期,第48~51页。

[13] 技术手段包括:测量、绘图、文字记录、照相、拓印拓片、采集标本、附属文物调
查、环境调查。

[14] 赵明诚:《金石录》卷第二十一。《金石录校证》金文明校证,上海书画出版社,
1985年,第389、390页。

[15] 朱剑心说:"夫石刻访求,至难言也。其石或踞绝巘,或隐深谷,或处塞外,或在
僻壤。兽蹄出没,人迹罕至,所恒有焉,故非有徐霞客裹粮徒步之勇,不能为也。"
朱剑心:《金石学研究法》,浙江人民美术出版社,2015年,第18页。

[16] (清)黄易:《修武氏祠堂记略》,(清)翁方纲:《两汉金石记》卷十五。

[17] [美]费慰梅:《汉"武梁祠"建筑原型考》,载哈佛大学亚洲研究专刊第六卷第一期
第1~36页,1945年。王世襄译文刊《中国营造学社汇刊》第七卷第二期。

[18] 清代出土于山东平邑,今藏山东省博物馆。

[19] 穿,汉碑中间的穿孔,圆形。《礼记·檀弓下》:"公室视丰碑,三家视桓楹。"郑玄
注:"丰碑,斫大木为之,形如石碑,于椁前后四角树之,穿中于间为鹿卢,下棺
以绋绕。天子六绋四碑,前后各重鹿卢也。""(桓楹)斫之形如大楹耳,四植谓之
桓。诸侯四绋二碑,碑如桓矣。"《礼记·丧服大礼》郑玄注曰:"……又树碑于圹
之前后,以绋绕碑间之鹿卢,挽棺而下之。"

[20] 唐邕于北齐天统四年至武平三年,在邺都附近鼓山石窟刻《维摩诘经》一部、《胜鬘
经》一部、《孛经》一部、《弥勒成佛经》一部;接着又在涉县中皇山刻《思益梵天所
问经》一部、《十地经》一部、《佛垂般涅槃略说教戒经》一部、《佛说盂兰盆经》一
部、《深密解脱经》一部。《妙法莲华经·观世音普门品》乃赵母为赵妃刻。

山东高唐金代虞寅壁画墓读记

内容提要

1979年发掘的山东高唐县谷官屯村金承安二年（1197年）信武将军虞寅墓虽然墓顶被破坏，墓室被盗，但墓室下部壁画保存较好，且墓志尚存。墓志记载了虞寅的生平与喜好，壁画则主要绘制了门卫、出行与家居生活，加上墓内残存的钱币和瓷器，向人们展示了金朝统治下汉人聚居区的墓葬文化传统和较为立体的死后世界。

关键词

虞寅壁画墓　承安二年　墓志

金（1115～1234年）是起自东北的女真人建立的王朝，入主中原后，山东是它的东南汉人聚居区。金朝统治者为了更有效地管理中原地区，立国后不久，就采取了汉化的一元治理模式，这一模式对于稳定中原地区起到了积极作用，中原地区宋代的风俗习惯也更多地保留了下来。山东高唐县谷官屯村金承安二年（1197年）信武将军虞寅墓为我们分析这一传统的延续提供了一个案例。

虞寅墓虽然被盗，残存的随葬品不多，却是少有的出土有墓志，且壁画保存相对较好的金代墓葬[1]。1979年山东省博物馆与聊城地区文化局对该墓进行清理后，将墓室切割，一半存山东省博物馆，一半存聊城地区博物馆。

1979年发掘虞寅墓的时候，已经发表的金代壁画墓的资料不多，相关研究不易展开，因此，简报发表后，相关的研究成果较少。45年过去，数量可观的金代壁画墓资料公布，为我们重新检视虞寅墓，并就相关问题进行探讨提供了可能。

一

由于简报内容过于简略，为了便于下文的讨论，先对墓室结构、壁画做一描述。

该墓位于高唐县城西北韩寨乡谷官屯村南首，墓顶部分早年被毁，墓底距地表约2米。墓室坐北朝南，圆形，用黄泥作黏合材料双砖错缝砌筑，内部仿木结构。由墓道、墓门、甬道和墓室四部分组成。甬道位于墓室及墓门之间，顶部破坏，甬道南端墓门口用条砖垒砌封闭。

墓室平面呈圆形，室内直径为5米，墓室地面用条砖东西向由北向南铺设地面。墓室周壁砖砌6根仿木倚柱，把墓室分成7间，柱上端的仿木

文／杨爱国　山东博物馆

建筑砖雕均已不存。从甬道北口西侧开始，第一、第二柱间砌一灯檠，下为基座，中间立杆，杆两侧为上下连弧状砖雕连接基座与立杆，杆上两层座，下层座三边形，下沿刻成花边状，杆两侧贴砌花瓣状砖雕，杆顶端砌一散斗状灯座砖雕。第二、三柱间与第四、五柱间各砌一球纹格眼窗户砖雕。第三、四柱间砌一单层仿木建筑门楼，门楼两侧立倚柱，二柱正中砌假门，其结构由二扇板门、地栿、立颊、门额、槫柱、上额、阑额组成，门额上有2方形门簪，门内二板门，右侧关闭，左侧开启；倚柱上承普柏枋及柱头斗拱，斗拱为四铺作计心造，斗拱上承撩檐枋、檐椽及瓦垄。第五、六柱间砌一屏风。

该墓早年被盗扰，残存遗物有瓷器5件（瓷碗1、瓷盘4）、北宋铜钱14枚、碑形墓志1合。

墓内四壁刷有一层白灰面，墨线勾勒后用朱、黄、蓝、赭等彩填色。这些壁画虽然在水中长期浸泡，有的颜色褪去，有的地方脱落，但大部分彩画保留较好。壁画内容可分两类：一类为建筑构件上的图案装饰，如仿木倚柱上的云朵图案。一类是反映墓主人起居生活及出行活动场面等内容。现按顺时针方向对墓内壁画描述如下。

甬道西壁及甬道北口至西壁第一柱之间没有壁画。第一柱与第二柱之间的人、马、牛、车皆向墓门方向，前面为牵马图，后面为牛车图，中间以灯檠相隔。第一柱与灯檠之间绘三人牵马图。画面略有残缺。前一人头戴帽，身穿短袍，双手持棍状物，脑后墨书"赵仲"。中间一马，形体高大，着鞍配镫。马夫面部脱落，眉目不清，身着圆领短袍，束腰，立于马左前侧，右手持缰，左手持棍倚肩，头上墨书"王彪"。马右后侧立一人，只露上半身，头戴帽，身着圆领衣袍，脑后墨书"高进"（图一）。

牵马图后为一砖雕灯檠。

灯檠与第二柱之间绘牛车图。车前为婢女，面颊丰腴，梳高髻，身着对襟长袍，下穿裙，右手执柴棒，左手提灯，作拨灯状。头后上方墨书"买到家婢安□挑灯"。画面中间为一篷车。车辕左前侧立一家童及一牛，家童身着左衽长袍，束腰，右手持缰，左手抚摸牛角，头上方墨书"买家童小把寿儿"。车右侧，车辕与车厢空间绘一婢女，只露出半个身子，上方空间墨书"买到家婢娇儿"。车后右侧立一家童，身体被车身遮挡，只露出头部与双腿，面目略有残缺，头右上方墨书"买到童子□郎"（图二）。

第二、三柱之间画面除砖缝处略有残损外，保存较完整。内容可分三部分。近第二柱画面为四个乐伎，均头梳高髻，包髻簪花，面颊丰腴，眉目清秀，上着交领襦衫，下穿曳地长裙，腰系长带，带中间打一花结。四人分别手持笙、笛、鼓、板等乐器，一人在前，三人在后，体态轻盈，前者抱板回顾。四人之间上方空间分别墨书"买到家乐□□""买到家乐满儿""买到家乐望仙""买到家乐迎春"，标明她们的身份是"家乐"，且各有乐名（图三）。

中间部分为砖雕窗户，用墨线勾画轮廓及球纹格眼。在砖雕下方绘一钱柜，钱柜上左书"金银钱绢匮"五字，是放贵重物品的柜子（图四）。

近第三柱绘一床帐，帷帐分别向两边拉开，露出床具，床前两侧各一家

图一　虞寅墓第一、二柱间牵马图

图二　虞寅墓第一、二柱间牛车图

图三　虞寅墓第二、三柱间伎乐图

图四　虞寅墓第二、三柱间窗匾图

婢，均头梳高髻，包髻簪花，面颊丰腴，上着交领襦衫，下穿曳地长裙，腰系长带，带中间打一花结，双手置腹前恭候站立。二人下方空间墨书"买到家婢寄仙""买到家婢□□"（图五）。

　　第三、四柱之间画面为正对墓门的北壁，绘单层仿木门楼及两侧站立的家童和家婢。门楼两侧倚柱下

端绘仰莲，中间绘花卉图案，二柱正中间砌假门，左右板门上各绘5排门钉，每排5个，门额及立颊上绘卷云纹，门额上的门簪簪面绘四瓣纹花卉，阑额绘"～"状缠枝花卉，普柏枋两端绘如意状箍头，中间部分绘"～"状连弧纹。柱头斗拱用墨线勾出轮廓，拱眼壁内画面部分残缺，绘花卉与凤鸟，斗拱上的撩檐枋、檐

图五　虞寅墓第二、三柱间床帐图　　　　　　　　图六　虞寅墓第二、四柱间门楼图

橡及瓦垄等建筑构件只有檐橡头用墨线勾出。瓦垄上的墓壁绘双鹤与卷云纹
（图六）。门楼两侧的家童向门站立，均眉目清秀，头顶部画面脱落，上穿竖
领长袍，下着裤，双手置胸前相对恭候站立，门楼右侧者身后绘有湖石修竹。
二家童上方均有墨书，右者为"买到家童来福"（图七），左者为"买到家童
□儿"。左者身后为二位家婢，均头梳高髻，包髻簪花，面颊丰腴，左者眉目
清秀，右者面部画面双眼残缺，仅存脸面下部，上着交领襦衫，下穿曳地长
裙，腰系长带，带中间打一花结。右者双手持盘，内置一物，似一器具，面
向左侧，作趋步前行状。左者亦双手持盘，盘内盛有食物，身向左侧面向右侧，
作回首状。二者右上方均有墨书，右者为"买到家婢重福"，左者为"买到家婢
□□"（图八）。

　　第四、五柱之间画面分为三个部分。近第四柱画面为中堂供桌图，中间放
一长桌，桌中心放一瓶装花卉，四周绘茶具、酒具和食品。桌左为一家童向桌
站立，着左衽长袍，左臂搭一巾，袖手站立。头侧上方空间墨书"买到家童满
□"。桌右侧绘一高背椅，椅背及坐垫均有花卉图案，椅子右下方站一家童，着
长袍，束腰，向桌站立。椅背上方墨书"买到家童□□"。桌案后面为黑色宽边
屏风，上书写诗句5行，每行字数不等，似为小调"诉衷情"（图九）。

　　中间画面为一球纹格眼窗户砖雕，用墨线勾画轮廓及球纹格眼。在砖雕下
方绘一长方形束腰马蹄形腿桌案，桌面放2只瓶子，在砖雕窗户上绘写意花卉图
案（图一〇）。

　　近第五柱画面右侧为一六条象鼻状腿的几座，几座后有一丛竹子。几座左

图七　虞寅墓第三、四柱间家童来福图

图八　虞寅墓第三、四柱间家童家婢图

图九　虞寅墓第四、五柱间中堂供桌图

图一〇　虞寅墓第四、五柱间窗格桌案图

側为一家婢，头梳高髻，包巾，面颊较瘦，上着交领襦衫，下穿曳地长裙，腰系长带，带中间打一花结。双手端有碗的托盘，向几座作趋步前行状。脑后上方空间墨书"买到家婢素安"（图一一）。

第五、六柱之间画面分为三部分，中间为砖砌屏风[2]，两侧的画面似与出行有关。

近第五柱处为牵马出行图，人、马皆向屏风。画面中心为一匹马，着鞍配蹬。马前一人，头戴黑帽，上着圆领短袍，束腰，右手持棍扛于肩上，脚部残缺，头上墨书"本□□□"。马伕面部眉目清楚，身着圆领短袍，束腰，立于马右前侧，左手持缰，右手持锤于腰间，马头下方墨书"张寿"。马左前侧一人，头戴黑帽，面部残损，上着短袍，左肩扛一杠，杠上穿一物，似宽沿帽圈。头前上方墨书"郎级吕□"。他身后一人头髻及面部下方残损，上着短袍，右肩扛一物，似伞。头上方墨书"令□□□"。马后方一人，头戴黑帽，身着长袍，束腰，左腋下夹一物。头上方墨书二行"本臣""张景和"。人物上方绘有枝叶（图一二）。

中间部分为一砖砌屏风，残存三层画面，每层均用条砖隔开，上层绘缠枝花卉，中层分左右两幅，棱形边框，框两端绘成如意头状，框内绘有花卉，下

图一一　虞寅墓第四、五柱间家婢素安图

图一二　虞寅墓第五、六柱间牵马出行图

图一三　虞寅墓第五、六柱间屏风图

层绘盆栽牡丹花卉（图一三）。

　　近第六柱画面为4个人物，可能是右侧图的继续。画面左侧3人为男性，右二人头戴帽，左一人头部残损，均着圆领短袍，束腰，中间一人左手持棍；左侧之人为女性，头梳高髻，上着短衫，下着裙，左手背于身后，右手持物于胸前，与3男子做交流状。

　　第六柱至甬道北口之间画面为出行图，二人骑在马上，向墓外行走，画面不甚清楚。

　　甬道东壁为二门卫，形体高大，只存腰部以下画面，着长袍，脚穿靴。

二

　　根据考古发现，北宋中期以后，尤其是神宗以后（1068~1126年），中原地区的多角形墓葬流行起来[3]，位于北宋北边的辽更是流行多角形墓[4]。但北魏以来的圆形墓葬的传统一直延续着[5]。虞寅墓没有采用多角形，而是继承了圆形砖室墓的传统。

　　虞寅墓有特点的是墓壁上绘制的壁画。

　　该墓壁画原有16幅，保存较好的有12幅。原报告作者认为："每个画面各为一个独立画幅，具有一定的故事情节，相互衔接，构成墓主人生前活动的整体。画面结构严谨，构图自然，富有浓厚的生活气息。从艺术风格上看，这些壁画似非出自一人之手，当是民间画师几人共同画成的。"关天相先生不同意原报告对该墓壁画的分幅法，他认为"该墓壁画的内容是根据墓主人生前生活、围绕棺木的安置而创作的。"墓内壁画实际是墓主人出行图、家居图和门卫图3组。"壁画用笔是工谨的，并不如文章描述的'富有节奏感，一波三折'和'以行草笔为之'。壁画作者是出自民间的艺人，不是士大夫，不是院派画家，作品中没有一笔是用'行草笔法为之'的。"[6]

　　该墓顶部早年损毁，宋金时期砖雕壁画墓拱眼部分常见的孝子故事，该墓是否有，不得而知，山东地区其他金代壁画墓是有的，如济南章丘明四商贸楼墓墓门之西上层顺时针依次绘一髡发侍者，孟宗哭竹、田真哭荆、"丁阑""郭巨"[7]。

　　该墓墙壁绘生活场景，与山东地区其他金代壁画墓类似，如济南三十五中学明昌三年（1192年）李公墓[8]、莱州程郭镇西程村明昌六年（1195年）墓[9]、济南市历城区港沟镇大官庄泰和元年（1201年）墓[10]、淄博市博山区神头区凤凰山大安二年（1210年）墓[11]等。不过，各墓的细节并不相同，尤其是虞寅墓，壁画上的家仆多题姓名，在金代壁画墓生活场景画中罕见。

在墓室建筑上写人名至晚在王莽时期就已经出现了，东汉时期开始流行[12]。如河南唐河新店天凤五年（18年）冯孺久墓主室中柱上有题记曰："郁平大尹冯君孺久始建国天凤五年十月十柒日癸巳葬千岁不发"[13]（图一四）。陕西绥德四十里铺永元四年（92年）田鲂墓后室门中立柱题记"西河太守都集掾圜阳富里公乘田鲂"[14]（图一五）。江苏邳州燕子埠乡尤村元嘉元年（151年）缪宇墓后室门楣中部有隶书题记11行："故彭城相行长史事吕长缪宇字叔异"，"以和平元年七月七日物故，元嘉元年三月廿日葬"[15]（图一六）。山东诸城前凉台墓题记标明墓主为"汉故汉阳太守青州北海高密都乡安持里孙琮"[16]。

魏晋南北朝以后，墓室建筑上极少出现墓主的姓名，家人或仆人姓名也少见，可能与墓志的流行有关。到了唐代，情况有了变化，个别墓葬出现了仆人姓名，如陕西靖边杨家村开元二十四年（736年）杨会石棺内壁分别绘男女仆各3人，旁书其名："阿兰""春花""思力"等[17]。宋代墓室建筑上又开始出现墓主与其家人的名字[18]，如河南新安县石寺李村北宋宣和八年（1126年）宋四郎墓题记已见此传统："宋四郎家外宅坟，新安里郭午居住。砖作人贾博士，齐博士，住张窑共同砌墓。画墓人杨彪。宣和八年二月初一日大葬记。"[19]山西省沁源县正中村金大定八年（1168年）砖室壁画墓，该墓不仅有长篇题记，壁画上还多有人物姓名、身份的墨书榜题，题记和榜题文字提供了闫氏家族墓的大量信息，尤其是闫氏家人的姓名，写在了相关人物旁[20]。陕西甘泉城关镇袁庄村明昌四年（1193年）墓东壁端坐老者旁榜题"朱俊"，对坐老妇人榜题"少氏"，站立青年榜题"朱政"，少妇榜题"高氏"。西壁端坐男子榜题"朱孜"，其身后站立一青年男子榜题"男喜郎"，对坐妇人一题"高氏"，其近处另一妇人题"刘氏"，两妇人身后站立一青年女子榜题"郭氏"。由此可知，朱俊、朱孜、喜郎为祖孙三代。南壁墓门题记"明昌四年十一月初一日砖匠工毕砖匠张侉妆画王信出钱人朱孜"[21]。

从前文对虞寅壁画与榜题的介绍可知，该墓榜题所题人名与上述诸墓不同，人名中没有墓主虞寅和他的家人，都是"家婢""家童""家乐"之类的仆人，由他（她）们给虞寅营造了死后家居生活的场景。

三

虞寅墓虽然被盗，一合墓志保存了下来，上下叠放在甬道北口西侧。长方形，上端均做成圆首状。志盖长1.14、宽0.68、厚0.18米。上刻16个大字："金故信武将军骑都尉致仕虞公墓志铭"。报告者认为，志盖篆字是"女真文篆字"，胡平生先生认为是唐、宋时一度流行的"古文"，并指

图一四　河南唐河新店天凤五年冯孺久墓主室中柱题记

图一五　陕西绥德四十里铺田鲂画像石墓题记

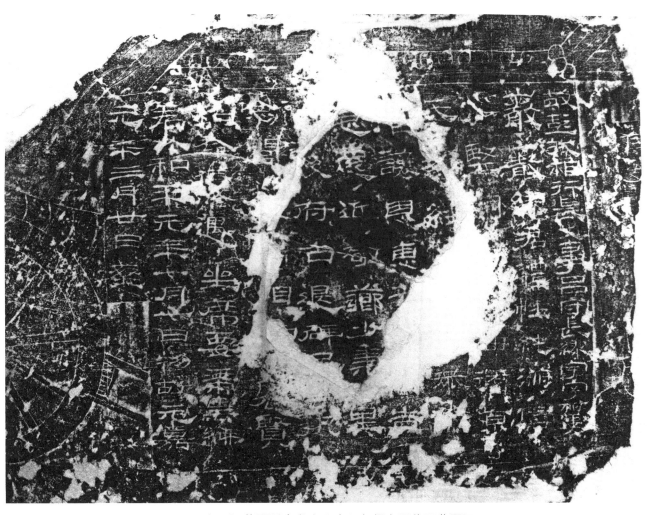

图一六　江苏邳州青龙山元嘉元年缪宇画像石墓题记

出虞寅墓志盖文的发现，为我们了解"古文"在当时使用和流行的情况，提供了宝贵的材料，对进一步认识和研究"古文"以及《汗简》《古文四声韵》有至关重要的意义[22]。

志身长1.05、宽0.645、厚0.205米。上阴刻楷书志文41行，每行10～49字不等，计1767字。据志文记载，墓主虞寅，字伯钦，山东博州（治今聊城）高唐县西房村人，生于北宋政和五年（1115年）。少年时不事文墨，专习武骑射，先在伪齐刘豫部从军，因英勇善战，补进义副尉。齐废后，金皇统元年改授进义校尉并任上蔡县尉。任期内，他曾箭射猛虎，为民除害。后又任沂州临沂县西县尉、懿州灵山县主簿兼尉等职。从墓志看，虞寅少习武射，且多经攻战，但毫发无损，全身而退，金大定二十五年（1185年）告官还家。他为官颇有政绩，累迁至五品，积勋至骑都尉，特封陈留县开国男，食邑三百户。金承安二年（1197年）六月卒，享年八十三岁。

从虞寅墓壁画中买到家童、家婢等题记内容及墓志记载，可以看出虞寅赀雄乡里，凭借优越的政治地位而长享富贵，而且死了之后，仍然很爱财，在壁画上专门画一个"金银钱绢匮"。

将墓志与墓室壁画对照，可以看出，虞寅虽行伍出身，和平时期也多任

"尉"这样的武职，壁画上却没有与武事相关的内容。出行仪仗不是武职的专利，县令（长）出行时，同样有仪仗。致仕后，"处心宽厚，奉养从约，嗜田园之乐"，所谓田园之乐并不是玩乐，而是经营田产，墓志中"有田数顷""以耕桑为业"即是此意，他要靠田产收入养活墓志中提到的一大家人。

四

虞寅去世的1197年距金朝立国的1115年已有80余年，金朝在山东的统治也已相当稳固。从虞寅墓志提到的官职名称看，金人对汉人聚居区实行的基本是宋朝的统治方式，汉人聚居区的生活习俗也延续了宋代的传统。我们从虞寅墓壁画和墓志上看不到女真人的习俗。上文提到，报告者认为墓志盖是"女真文篆字"，也被胡平生否定了。墓志里提到的"三风""五福"都是汉人的传统。墓志盛赞虞寅所得三风："敦厚而气概者，得乎水土风所习也；廉勤而武毅者，得乎国风之所化也；和睦而中孝者，得乎家风之所传也。"更称赞虞寅五福之全："公之享年八十有三，可谓上寿，得洪范一，曰寿之福也；公之居家，嗜田园之乐，□计优游，可谓得二，曰富之福也；公之生平少服药饵，燕居清健，邪气不能干，非特善卫生，盖得三，曰康宁之福也；公之仁慈，不嗜杀生，诵释氏书，可谓得四，曰攸好德之福也；公之享年，养之以福，得其命之定分，以自终可谓五，曰考终命之福也。洪范五福公其全之。"

由上述可知，世居博州高唐县西房村的虞寅虽然年轻时就归顺了金朝，为金朝攻城陷地，且在金朝为官，除此之外，他的生活习惯延续的是父祖的传统，没有沾染女真人习俗。

虞寅墓壁画和随葬品给我们这样的启示：壁画和墓志透露的信息不是同质重复的，而是互补的[23]。单看壁画，或单看墓志，不能对墓主有较全面地了解。从虞寅墓壁画，我们看不出他是行伍出身，身经数战，也看不出他乃受父影响，对佛教有偏爱；从虞寅墓志，我们看不出他对出行、家居生活、钱财那么热爱，尤其是拥有家乐，在家里听乐享受，而他死后，家里人是否因他对佛教有偏爱而请僧人做道场，在墓志里也没有记载。当我们合观虞寅的壁画和墓志的时候，我们对他的了解就相对全面了，如果该墓没有被盗，全部的随葬品还在，我们就能看到更加立体的虞寅。

附记：本文的写作得到刘善沂先生的大力协助，在此表示衷心感谢。

注 释

[1] 聊城地区博物馆：《山东高唐金代虞寅墓发掘简报》，《文物》1982年第1期。李方玉、龙宝章：《金代虞寅墓室壁画》，《文物》1982年第1期。

[2] 关天相认为不是屏风，是影壁。

[3] 中国社会科学院考古研究所：《新中国的考古发现与研究》，文物出版社，1984年，第597～598页。

[4] 李清泉：《真容偶像与多角形墓葬——从宣化辽墓看中古丧葬礼仪美术的一次转变》，《由图入史——李清泉自选集》，中西书局，2019年，第181～227页。

[5] 山东地区北朝时期的圆形墓最具代表性的是淄博市临淄区崔氏家族墓。山东省文物考古研究所：《临淄北朝崔氏墓》，《考古学报》1984年第2期。淄博市博物馆、临淄区文管所：《临淄北朝崔氏墓地第二次清理简报》，《考古》1985年第3期。

[6] 关天相：《对〈金代虞寅墓壁画〉一文的商榷》，《文物》1983年第7期。

[7] 章丘市博物馆：《章丘市明四商贸楼金代壁画墓》，《海岱考古（第四辑）》，科学出版社，2011年，第269～277页。

[8] 济南市博物馆：《济南市区发现金墓》，《考古》1979年第6期，第508、509页。

[9] 张英军、闫勇、赵娟：《山东莱州市发现壁画墓概述》，《莱州壁画墓》，青岛出版社，2014年，第27～36页。

[10] 济南市博物馆、济南市考古所：《济南市宋金砖雕壁画墓》，《文物》2008年第8期。

[11] 李鸿雁：《山东淄博市博山区金代壁画墓》，《考古》2012年第10期。

[12] 参见杨爱国：《幽明两界——纪年汉代画像石研究》，陕西人民美术出版社，2006年，第57～80页。

[13] 南阳地区文物队、南阳博物馆：《唐河汉郁平大尹冯君孺人画像石墓》，《考古学报》1980年第2期。王建中、闪修山：《南阳两汉画像石》，图285～292说明，文物出版社，1990年。闪修山：《汉郁平大尹冯君孺人画像石墓研究补遗》，《中原文物》1991年第3期。

[14] 榆林地区文管会、绥德县博物馆：《陕西绥德县四十里铺画像石墓调查简报》，《考古与文物》2002年第3期。

[15] 南京博物院、邳县文化馆：《东汉彭城相缪宇墓》，《文物》1984年第8期。

[16] 任日新：《山东诸城汉墓画像石》，《文物》1981年第10期。王恩田：《诸城前凉台孙琮画像石墓考》，《文物》1985年第3期。

[17] 郭延龄：《靖边出土唐杨会石棺和墓志》，《考古与文物》1995年第4期。

[18] 杨爱国：《活在墓里侍奉先人——山西沁源县正中村金代壁画墓的启示》，《美术大观》2023年第7期。

[19] 北京大学考古文博学院、洛阳古代艺术博物馆：《新安县石寺李村北宋宋四郎砖雕壁画墓测绘简报》，《故宫博物院院刊》2016年第1期。

[20] 崔跃忠、安瑞军：《山西沁源县正中村金代砖室壁画墓本考》，《中国国家博物馆馆刊》2020年第8期。

[21] 王勇刚：《陕西甘泉金代壁画墓》，《文物》2009年第7期。延安市文物研究所：《陕西甘泉城镇袁庄村金代纪年画像砖墓群调查简报》，《考古与文物》2014年第3期。

[22] 胡平生：《金代虞寅墓志的"古文"盖文》，《文物》1983年第7期。

[23] 这种现象不是金代才出现的，汉代墓室建筑装饰与随葬品就有互补性。参见杨爱国：《汉代墓室建筑装饰与随葬品的关系》，《四川文物》2001年第4期。

"学术立馆"赋能博物馆高质量发展

文／刘延常　山东博物馆

内容提要

博物馆高质量发展是文化强国目标下博物馆事业发展的必然趋势，科学研究在其中发挥越来越重要的作用。山东博物馆锚定创建"中国特色、世界一流博物馆"目标，提出"学术立馆"理念赋能博物馆高质量发展。本文从学术立馆的背景、内容、工作全方面入手阐释山东博物馆"学术立馆"目标及行进路径。

关键词

博物馆　高质量发展　学术立馆　学术研究

党的十八大以来，以习近平同志为核心的党中央前所未有高度重视文博工作，我国博物馆事业迎来高速发展的黄金时期。随着人民群众的精神文化需求日益增长，实现高质量发展既是博物馆工作的本质要求，也是社会发展的内在需要。近年来，山东博物馆对标央地共建国家级重点博物馆要求，锚定创建"中国特色、世界一流博物馆"目标，践行"学术立馆"理念，多措并举，将学术研究贯穿到博物馆高质量发展的全过程之中，取得了明显成效。

一　关于"学术立馆"

（一）博物馆工作的本质要求

博物馆是保护文物、记录历史、传承文明的重要殿堂，更是以物传神、以古鉴今、以文化人的"一所大学校"。博物馆自诞生之日起，就随着社会的进步不断发展。我们对博物馆概念的理解也是一个动态发展的过程，自1946年国际博物馆协会成立以来，对博物馆的定义已修改了8次，最新的定义是2022年公布的，"博物馆是为社会服务的非营利性常设机构，它研究、收藏、保护、阐释和展示物质与非物质遗产。向公众开放，具有可及性和包容性，博物馆促进多样性和可持续性。博物馆以符合道德且专业的方式进行运营和交流，并在社区的参与下，为教育、欣赏、深思和知识共享提供多种体验"。其最新定义体现的仍然是博物馆的三大基本职能——收藏、研究和教育。其中"研究"具有关键性作用，它为"收藏"提供指导，为"教育"提供支撑，是博物馆综合竞争力的主要指标之一[1]。

保护好文物是博物馆各项工作的基础；提供多样的文化供给、举办丰富的展览是博物馆工作的核心；增强文化传播力、提升文化影响力，不断满足人民群众精神文化需求是博物馆工作的目标任务和目的；而学术研究是文物保护、陈列展览、宣传教育等工作的支撑和灵魂。学术研究不仅体现了博物馆对历史的尊重，更是对自身职责的担当。博物馆学术水平的高下，学术成果的厚薄，直接关系到博物馆对当今社会贡献的大小，体现了一座博物馆存在的价值。由此而论，不仅博物馆自身需要以"学术立馆"，更兼社会也需要博物馆以"学术立馆"。

（二）博物馆高质量发展的必然要求

博物馆高质量发展的内涵是满足人民群众的精神文化需求，服务经济社会发展大局，提升文化传播力和国际影响力。实现高质量发展需要通过构建工作体系来保障，山东博物馆提出并践行了以"学术与科研体系"为核心的五大工作体系即"管理机制与治理体系""学术与科研体系""陈列展览体系""社会教育与宣传体系""公共文化服务体系"。其中学术研究贯穿高质量发展的全过程，是其灵魂和战略支撑。

在中国博物馆协会组织开展的国家一级博物馆评估工作中，科研工作作为一级指标在评估体系中占了很大比重[2]，在国家文物局发布的《博物馆事业中长期发展规划纲要（2011～2020 年）》中指出："到2020 年，省级以上博物馆和国家一级博物馆的研究水平和研究能力应与普通高校相当"[3]。"学术立馆"不仅仅是我们建设博物馆的一个目标要求和方向，更需要我们以脚踏实地的科研工作来体现和实现。纵观国内外著名一流博物馆，之所以称其为一流，并不仅在于其规模的大小、藏品的多寡，还在于他们对藏品的深入研究和合理利用，在于其在研究基础上对各自所处社会文化取向和需求的满足程度。因此，提高学术研究水平不仅是博物馆高质量发展的必由之路，也是践行习近平文化思想，着力赓续中华文脉、推动中华优秀传统文化创造性转化和创新性发展的必然要求。

二 博物馆学术研究的主要内容

明确博物馆学术研究的内容是做好博物馆学术研究工作的基础。博物馆学术研究是一个较为宽泛的概念，主要包括以下几个方面：一是对博物馆学学科本身的研究。随着社会经济的发展和对博物馆本身认识的不断进步，作为指导博物馆工作的理论基础，博物馆学科也在不断地发展完善，作为博物馆从业者理应重视博物馆学科的建设。二是对各项业务活动的研究。博物馆职能的实现，依靠的就是各项业务活动的开展，博物馆的高质量发展最终也是体现在博物馆各项业务活动取得的成效上，因此对博物馆业务活动的研究也是博物馆学术研究不可忽视的一环。三是博物馆科研学术活动。包括根据发展需要进行各类研究课题的申报，召开专题学术会议，举办业务培训讲座，出版学术研究成果等。四是区域社会历史文化研究。各类博物馆尤其是区域性地志博物馆，必须将所在区域的社会历史文化作为重要的研究内容，并将研究成果体现在举办的各类原创展览之中，使博物馆成为展现所在区域社会历史文化的一个窗口。

（一）博物馆学科研究

学术研究首先是对博物馆学这一学科本身的研究，包括博物馆学成立的条件、理论体系构建、基本研究方法的形成，以及实践应用体系的设立等，对博物馆学的研究是一种比较纯粹的学科理论研究。随着社会环境的变化和人们认知的发展，其内容也在不断拓展，主要包括藏品征集和保护、藏品研究、展览展示、社会教育、文化创意产品开发、数智化建设、宣传传播、交流互建、观众服务、安全保卫等。国际博协对"博物馆"定义的频繁调整，实际上也揭示了博物馆学内容拓展的过程。

（二）业务活动研究

博物馆业务活动简单来说就是指博物馆运行管理的各项机制和进行的所有日常工作。对博物馆业务活动的研究主要包括以下内容：一是对博物馆运行机制的研究，例如博物馆运行评估体系的应用实践和效果的研究；二是对博物馆运行理念的研究，例如创新型博物馆建设研究；三是对博物馆日常开展的各项业务工作的研究，例如藏品管理、展览策划、讲解服务等；四是对博物馆与其他社会组织关系的研究，例如博物馆与各级学校开展馆校合作、博物馆行业协会的运行等。

（三）科研学术活动

博物馆开展的各项科研学术活动，是博物馆学术研究最直接的实践方式。如根据本馆学术研究需要进行课题设计和申报，配合展览召开学术研讨会，举办专业技术人员参与的论坛，举办提高业务水平的专题讲座等。以上科研学术活动既是博物馆学术研究的重要内容也是其具体的实践方式。

（四）社会历史文化研究

传承和弘扬优秀历史文化，通过展览反映区域社会历史发展是博物馆提供公共文化服务的重要目标之一，而对所在区域的社会历史文化有充分的研究和认识是实现这一目标的前提。对于山东博物馆来说，立足自身特色藏品资源，不断发掘其中蕴藏的历史文化价值，展现山东地区灿烂的地域文化，体现其对中华文明连续性、创新性和包容性的突出贡献，是新时代赋予的历史使命，这就要求我们必须依托丰厚的齐鲁文化资源优势，深入研究山东乃至周边区域的社会历史文化，并将研究成果有效地转化利用。

三　山东博物馆"学术立馆"的实践成效

山东博物馆通过"学术立馆"各项举措的实践，其效果已得到充分显现，在高质量发展的道路上迈出了更加坚实的步伐。2024年，山东博物馆成功入选新一轮中央地方共建国家级重点博物馆，"海岱日新——山东历史文化陈列"获评第二十一届（2023年度）全国博物馆十大陈列展览精品奖等等，这些荣誉的获得都是"学术立馆"赋能博物馆高质量发展的生动体现。

（一）成立学术委员会

成立学术委员会及其办公室，根据专业兴趣和方向形成多个学习研究小组，在指导课题申报、策划展览、举办学术活动等方面发挥了积极的作用。成立科研规划部，加强全馆学术研究的系统规划设计、强化指导协调。截至目前，山东博物馆在研课题项目25项，其中国家社科基金项目1项，省部级课题项目13项，市厅级课题项目11项，通过课题项目带动学术研究取得明显成效。组织召开晚期铜器与金石学学术研讨会、山东博物馆展览提升和高质量发展研讨会、博物馆与文化传播力专家座谈会、石刻论坛、古陶瓷青年论坛等学术会议，进一步增强馆内学术研究氛围，扩大了学术影响。制定藏品库房对内开放制度，满足专业人员研究需要，促进学习、研究蔚然成风和专业人才队伍快速成长。

（二）设置齐鲁文博讲堂

通过设置齐鲁文博讲堂，定期邀请知名专家举办学术讲座，自2023年下半年起，至今已举办30期。这些学术讲座突出专题性和应用性，针对区域社会历史文化研究重点、展览内容和博物馆当前学术研究的薄弱环节等，举办关于海岱文明、齐鲁文化、泰山文化、大运河文化、博物馆学、青铜器、书画等方面的专题讲座，对提高博物馆专业工作和学术研究水平起到了很好的促进作用。设立名家工作室，聘请李零、朱凤瀚、孙敬明、陈同乐等知名专家为山东博物馆首席专家，实现"传帮带"，提升博物馆学术研究能力。

（三）构建多部门参与的策展组

树立大策展理念，强调展览是博物馆核心的文化产品，策展能力是博物馆最核心的科研能力，通过对藏品的深入研究阐释打造精品展览。改进策展方式，由藏品部室、陈列展览、文物保护、社会教育、信息宣传、公众服务、安全保卫等多部门联合策展，推动科研成果向策展能力的转化，不断提升藏品利用率。在策展过程中多次召开专家论证会，广泛吸收各方建议，不断完善、打磨展览内容、形式。我馆近期推出的"山左邦彦——明清画像里的家国情怀""古董·今董——山左金石全形拓文化艺术""器以载道——山东晚期铜器的古意与新义""武梁祠——石刻图像艺术""沿着运河看年画""走近考古"等精品原创展览都广受观众好评。

（四）打造讲解服务矩阵

以学术研究为基础，提升文物阐释传播水平，扩大文化传播力和提升文化影响力。在加强文化遗产保护传承的基础上，注重文物价值的挖掘阐释，讲好中国故事，让文物活起来。引入新技术、新手段，有效整合传统媒体、虚拟现实、艺术品创作、融媒体等多种辅助展示形式，深入挖掘器物之间的关联潜势。坚持"以人为本"，全面提升公共文化服务水平。形成了以馆长讲解为引领，专家讲解为示范，策展人讲解为先锋，讲解员讲解为主力，志愿者讲解为补充，智能语音讲解全线赋能的全方位、多层次、多元化的讲解服务矩阵，满足不同观众的多样化文化需求。

（五）加强合作交流互建

山东博物馆与山东大学、中国海洋大学、泰山学院、莱芜职业技术学院等省内19家高校签署战略合作协议，围绕博物馆人才培养、业务开展、学术研究三大目标，坚持"互融互通、共享共赢"的原则，通过"课程开发""学术交流""科研合作""项目实施""联合培训""资源共享""基地共建""志愿实习""互访交流""品牌推广"等十条路径，在文物研究、保管收藏、陈列展示、宣传教育、社会研学、文化创意、保护修复、博物馆管理、考古发掘等多个领域，与高校开展广泛而深入的合作，构建馆校协同发展新格局。下一步，将与考古资质单位签约，加强考古发现与科研成果创造性转化、创新性发展利用，在博物馆为公众不断呈现丰富文化产品；与高校、科研院所合作成立"海岱文明两创研究基地""齐鲁文化两创研究基地"；增强与日本岩手大学、哈萨克斯坦国家博物馆等海外文博机构、高校、科研院所合作交流，增进文明互鉴，扩大国际影响力。

（六）齐鲁文化基因解码利用工程

"齐鲁文化基因解码利用工程"是山东省文旅厅为推动齐鲁优秀传统文化的创造性转化与创新性发展，贯彻落实山东省文化数字化战略而实施的一项重要文化工程。山东博物馆作为"齐鲁文化基因解码利用工程"的试点单位，以馆藏文物基因解码利用为切入点，先行先试，实现传统文化创造性转化、创新性发展。通过组建专班、邀请专家、内部讨论等方式，从实际出发，以问题为导向，贯通学思用，在深化内化转化上下功夫，取得了阶段性成果。目前已开展以蛋壳黑陶高柄杯为代表的史前陶器和明代孔府旧藏服饰的文物基因解码。在文化基因解码过程中，利用阶段性成果，在文创产品和展览中加以运用，展示中华文明起源中的山东基因和山东贡献。

注　释

[1] 项隆元、汪溶：《论博物馆的科学研究》，《中国博物馆》2016年第3期，第7页。

[2] 中国博物馆协会编著：《博物馆评估工作指南》，江苏凤凰文艺出版社，2023年，第56页。

[3]《博物馆事业中长期发展规划纲要》，《中国文物报》2011年12月28日第5版。

以观众为本
——山东博物馆公共服务路径新探索

文/王勇军　山东博物馆

内容提要

秉承以观众为本的管理理念，山东博物馆创新服务理念，探索公共服务新路径，在陈列展览体系构建、社会教育的公众参与、公共空间的重塑再造、文创产品的迭代升级等方面进行了有益的探索，构建了新时代以观众为本的博物馆公众服务体系，为中国博物馆界提供了有益的借鉴。

关键词

陈列展览　社会教育　公共空间　文创产品　公共服务

引　言

国家文物局2021年5月24日印发的《关于推进博物馆改革发展的指导意见》(文物博发〔2021〕16号)指出：以习近平新时代中国特色社会主义思想为指导，坚持以人民为中心，坚持守正创新，坚持创造性转化和创新性发展，秉承新发展理念，将博物馆事业主动融入国家经济社会发展大局，加强考古成果和历史研究成果的转化与传播，为坚定文化自信、传承中华文明、推动中国特色社会主义文化繁荣发展、满足人民美好生活需要、建设社会主义文化强国、实现"两个一百年"奋斗目标和中华民族伟大复兴中国梦做出积极贡献。《意见》为新时代博物馆构建公共文化服务体系、服务人民美好生活指明了方向。

随着文旅融合的不断发展与创新，"文博热"持续升温，去博物馆看展览，已经成为公众精神文化生活的重要组成部分，"到博物馆去"已然成为社会新风尚，成为民众精神文化滋养的重要源泉。博物馆不再是单纯的文化展示与传播的场所，还扮演着区域文化聚集与吸引的重要角色。作为山东省文化旅游的重要目的地，山东博物馆围绕"以人民为中心"，多方位满足公众需求，大力提升公共文化服务，在陈列展览、社会教育、公众服务、文创产业等领域，通过创新展览活动、提供多样化的教育服务、提升改造公共空间与优化服务设施、激活文创创新潜能，多措并举激发公共服务潜力、全面提升服务水平、构建完善的管理体系，通过文化"两创"厚植民众的文化自觉，服务人民美好生活。

一　激活历史——陈列展览与体系构建

陈列展览是博物馆面对观众最直接的窗口，是博物馆最重要的公共文化产品。陈列展览在博物馆展示和弘扬优秀传统文化中发挥着潜移默化的作用。山东博物馆坚持开放共享理念，消除民众进馆参观的心理围墙门槛，将场馆打造成以观众为中心的开放式文化空间。山东博物馆的陈列展览，坚持守正创新，建成品牌化展览体系，创新展陈方式、提升观展体验，争创精品展览，最大化扩大展览的社会影响力。

（一）"基本陈列+专题陈列"共构常设展览体系

山东博物馆依托全省及馆藏文物资源优势，围绕齐鲁大地古代文明、重大考古发现、重要历史遗存，打造了以"海岱日新 ——山东历史文化陈列"之基本陈列为核心（图一），以"汉代画像艺术展""山东佛教造像艺术展""山东龙穿越白垩纪"等专题陈列为辐射，以国内外交流展及原创展等临时展览为亮点的立体化展览体系。

为展示好、传承好山东地域文明成果，山东博物馆推出了主题丰富、特色鲜明的各类专题展览，借助不同专题内容从各个视角展现山东地方精神，塑造山东地方认同，打造地方文明阐释亮点，为中华文明的阐释传播贡献山东智慧。作为省级综合性地质博物馆，我馆收藏动植物、矿物标本数量丰富、种类多样。以为公众打造易懂、好看、有趣的展览为宗旨，近些年陆续推出了"非洲野生动物大迁徙展""山东龙 —— 穿越白垩纪""晶彩 —— 探寻神奇的矿物世界""三千玲珑 —— 中国海洋贝类展"等自然类专题展览。这类展览突出内容的科普性及观展的体验性，充分发挥现代媒体在信息传达上的优势，围绕重点展品、展项，以投影、视频等动态手段呈现其延展信息，为公众提供有趣的观展体验。

通过构建常设展览体系，能够深入挖掘齐鲁文化蕴含的时代价值，讲好"山东故事"，真正让文物"活"起来，同时带动了一大批文明溯源、文物研究、文物预防性保护及数字化保护、衍生品开发等相关领域的研究项目落地，为社会、经济、文化发展提供新动能、新思路。

图一　海岱日新——山东历史文化陈列展览展厅实景

（二）"国内交流展+境外交流展+馆方原创展"共构临时展览体系

近年来，山东博物馆盘活藏品资源，通过联合办展、交流办展等办法，形成博物馆馆藏资源共享机制；夯实原创性陈列展览的学术基础，开展国内外馆际展览交流合作，举办各种原创展、联展、互换展览。其中"衣冠大成 —— 明代服饰文化展"是我馆策展模式、展陈设计、媒体宣传等方面的一次创新。展览邀请国内明代服饰研究领域的专家学者全方位参与展览策划、设计、导赏过程。联合国内著名服装设计师，复原展品服饰并进行创意创作，让传统服饰元素登上T台，实现穿越古今的服装秀。同时，不断打造了多系列原创展览体系，如"考古新发现 —— 山东焦家遗址出土文物展""文明之光 —— 滕州岗上遗址考古发现成果展""山东考古成就展""中华文明起源与早期发展 考古中国重大项目研究成果展"等史前系列考古成果展；打造了如"惟薛有序，于斯千年 —— 古薛国历史文化展""大君有命 开国承家 —— 小株国历史文化展"等山东地区古国系列展。不断强化博物馆的国际视野，推出了"不朽之旅 —— 古埃及人的生命观""永恒之城 —— 古罗马的辉煌""珍宝：从文艺复兴到维多利亚 —— 英国V&A博物馆藏吉尔伯特精品展"等十余个世界文明系列展览，增进了文化交流互鉴，社会反响巨大，盛况空前。"国内交流展+境外交流展+馆方原创展"共构的临时展览体系不断完善，临时展览数量、频次与时长逐年增加，博物馆活力不断激发，展览内容更加多元化、个性化，观众的需求得到满足。

（三）"数字展+虚拟展+云展览"共构线上云展览体系

山东博物馆充分利用数字资源，通过"数字展+虚拟展+云展览"的方式，为公众提供优质的数字文化展览和服务，奉上精彩的数字文化大餐。目前，山东博物馆线上云展览体系已构建了包括"海岱日新 —— 山东历史文化陈列""山东石刻艺术展""山东考古成就展""山东古代科技展""衣冠大成 —— 明代服饰文化展"等在内的30个数字"云展厅"。通过共构的线上云展览体系，一方面，通过触摸屏、手势识别、虚拟现实（VR）等技术，观众能够主动参与展览，提高了观展的趣味性和吸引力；另一方面，根据不同观众的需求，提供个性化和定制化的服务，让观众可以根据自己的兴趣和需求自由选择观展内容；最后，突破时间和空间的限制，观众可以在任何时间、任何地点通过互联网进入数字展厅，为观众提供了极大的便利。充分利用现代技术，发展以"数字展"为代表的云展览体系，丰富博物馆展陈体系，提升博物馆社会服务能力。

二 第二课堂——社会教育与公众参与

一个博物馆就是一所大学校。博物馆作为民众闲暇休憩之所，更是民众触摸历史、感受文化熏陶的最佳场所。在新时代，博物馆的社会教育使命背负着更加多元的社会使命，打造智识空间，滋养民众心灵，赋予博物馆的社会教育以人文关怀与社会关切。山东博物馆在讲解矩阵打造、研学品牌创建、志愿服务拓展、文化惠民走出馆舍等方面进行了诸多有益的探索，形成了山东博物馆社会教育新模式。

（一）服务观众为本，打造讲解矩阵

近年来，山东博物馆定期组织博物馆馆长、相关领域专家学者、策展团队开展公益讲解活动，为提升学术研究能力、策展、陈列和宣讲水平，推动博物馆高质量发展。以"学术立馆"为目标，开创"齐鲁文博讲堂"举办系列学术讲座，切实提升讲解员业务能力，不断增加优质讲解服务供给。建立起了以培育人才队伍为核心的工作机制，为观众提供涵盖所有常设和临时展览的线上线下讲解服务，努力做到因人施讲，丰富了博物馆的公共文化服务内容。

（二）借力馆藏资源，助推研学品牌

博物馆研学项目是以博物馆教育为核心内容，通过实践教学的形式对学生进行知识、技能和情感态度等多方面培养和教育的活动过程，其最终目标是提高青少年学生综合素质，并在此过程中激发学习兴趣，形成正确价值观和世界观、人生观与价值观等。

2019年，第26届国际博物馆协会大会通过了新的博物馆定义，新定义下的"向公众开放，具有可及性和包容性，促进多样性和可持续性""并在社区的参与下，为教育、欣赏、深思和知识共享提供多种体验"。奠定了其与社群间的关系形态，博物馆还要更主动地倾听来自观众、所在社区、社会公众的声音，为博物馆发展注入了新的活力，最大程度融入人们生活、满足公众对文化生活的需求和向往。

近年来，山东博物馆一直致力于利用馆藏资源创新博物馆研学教育新方式，通过专题化的研学旅行进行山东历史的文化传播，这不仅可以有效增强研学旅行课程的实践性、现实关联性、趣味性、启发性，更是塑造山东博物馆研学旅行品牌，加大研学旅行的对外影响力的重要举措。

（三）稳步扎实发展，拓展志愿服务

2024年4月，中共中央办公厅、国务院办公厅印发了《关于健全新时代志愿服务体系的意见》，要求志愿服务要主动服务国家战略和百姓民生，积极参与社会治理和应急救援，倾力保障重大赛会和重要活动，到2035年成为社会主义文化强国的重要标志。山东博物馆不断加强志愿服务体系建设，成立志愿者工作委员会，提升志愿服务效能。志愿者团队涵盖了老中青不同年龄段与不同行业的人群，志愿者们从观众中来，到观众中去，为展览的宣传讲解提供了不同视角，注入了新鲜血液。打造博物馆志愿服务新高地，锻造博物馆志愿者公共服务和讲解服务双品牌（图二）。

图二　志愿者讲解

（四）不拘一家馆舍，文化惠民为先

为让文物活起来，走到社区百姓中，山东博物馆大力发展流动博物馆进校园、进社区、进乡村等工作。博物馆是文化传播的重要载体，在经济社会发展中具有独特的作用。但随着人们精神需求的不断提升，传统博物馆功能、服务和产品已经不能满足人们对精神文化生活的需要。而文旅融合和流动博物馆的方式能够为博物馆赋予新的内容、新的活力，使二者相互促进、协同发展、共同进步和共同提升。

三 空间重塑——形象再造与环境优化

博物馆的公共空间是连接观众与文化的桥梁，优化公共空间布局、提升服务质量是博物馆未来发展的关键。面对持续增长的游客数量，公众服务供需矛盾逐渐加大，对博物馆公共文化服务水平提出了更高要求和全新挑战。为更好满足人民群众美好文化生活的需求，服务经济社会发展大局，提升博物馆公共文化服务水平，通过对馆内公共空间设计及使用现状的调研及评估，优化资源配置，提高服务效能，创新公共文化空间，启动公众服务提质行动，对公共空间进行了全面的改造提升工作，目的是通过对传播性、体验性、联动性的提升，实现公共空间审美性、功能性、公益性的优化。

改造后的公共空间设置更多的休闲、交流区域，让观众在参观之余可以放松身心，交流心得。增设的博物馆商店、咖啡厅、餐饮区、书店等区域，为观众提供更加丰富的服务。最终形成"一心（餐饮文创中心），两区（书店、文创专区），四点（百工万物学孰、老字号体验、鲁绣展演（图三）、文物修复展示）"的立体式服务矩阵。同时，为更好地适应新形势下开放需要，山东博物馆在醒目位置公示开放时间、观众须知、导览指示等内容。优化观众进馆路径，通过与交警、市政等部门的沟通协调，重新规划观众入馆的排队路线和方式，

图三 鲁绣非遗展演

齐鲁文物（第4辑）

博物馆高质量发展

图四　文创餐饮空间

缩短排队时长，增加遮阳挡雨设施。为方便观众，在服务导览台旁特设便民服务中心，配置爱心药箱、残疾人轮椅、婴儿车、针线包等公共服务用品。提升馆内基础设施条件，增加垃圾处理设施。在保证公共空间安全的情况下，增设座椅数量并对原座椅进行升级，增加绿植数量，大大改善了观众的休憩环境。让观众乐享观展、休闲新体验，赋能美好文化生活。

四　创意穿越——文创升级与产业发展

文化创意产业是衡量当今博物馆高质量发展的重要指标之一，文化创意产品开发运营是博物馆工作的有机组成部分，是实现博物馆文化传播和公共教育职能的重要手段。博物馆藏品汇聚了中华传统文化中的精华，文化创意产品正是博物馆弘扬优秀传统文化的最佳载体（图四）。

在新理念、新技术和新方法的引导和助力下，山东博物馆文化产业工作持续激发活力，以激活创新潜能为手段，以精品意识为引领，不断推动文创产品设计开发、产业项目授权合作等工作。通过文创产品找到传统文化与现代生活的结合点。"推动中华优秀传统文化创造性转化、创新性发展"。一方面深入探索实施"文创+"战略，推动山东博物馆文创事业与教育、科技、传媒、金融等领域跨界融合，调动更多关心支持文博事业的社会力量参与到文化产业工作中来。促进文创产品落地转化的创新开发模式，从"互联网＋文化"的角度出发，借助互联网强大的渗透力、宽广的包容精神和以用户体验为中心的特征，构建文创产品全产业链服务。另一方面，积极拓展文创产品体系，丰富市场供给。围绕馆藏资源策划核心IP内容，树立个性化主题标签，推出一系列热门或必备产品，再根据市场反馈，逐步拓展畅销产品的产品线。积累自主产品的设计和运营经验，降低自主产品过度开发带来的成本风险。共推出七大产品品类，主要包括镇馆之宝系列、文物复刻系列、汉风雅韵系列、非遗手造系列、文史典藏系列、白垩纪系列、古韵配饰系列，共计2000余款，每一款都独具匠心，将实用性与颜值完美结合。涉及3C数码、家居用品、饰品、文玩等8大类及配套图录等，深受观众喜爱和好评，为满足人民群众对美好精神文化生活的需求，服务社会经济发展大局做出更多新贡献。

五 结 语

2024年5月22日到24日习近平总书记第5次考察山东，对山东文化旅游工作作出重要指示：山东要担负起新时代的文化使命，在推动文化繁荣建设文化强国、建设中华民族现代文明上积极作为。山东博物馆在今后的工作中积极发挥区域优势，践行好"保护第一、加强管理、挖掘价值、有效利用、让文物活起来"的文物工作要求，守护好、传承好、展示好中华文明优秀成果。定好位、挑大梁，主动融入国家发展大局，创新文物阐释、陈列展览、教育宣传、公共服务，加快博物馆融入现代生活，推出更多的精品展览，为建设中华民族现代文明贡献博物馆力量。

内容提要

近年来，中国博物馆界迎来了前所未有的数字化风潮，数字技术渗透到了展示、教育、研究、管理等博物馆工作的各个方面。在科技赋能之下，山东博物馆在文物保护、展示推广等多个方面走出了新路子，为释放博物馆的力量、添彩人民群众生活起到了重要作用。本文详细介绍了山东博物馆在数智化工作方面的探索与实践，这些措施实现了文物工作的智能化和高效化，为博物馆行业的数字化转型贡献了智慧和力量。

关键词

数智化　文物数字化保护　智慧博物馆　三维可视化导览　知识图谱

随着科技的进步，数智化与博物馆之间的联系越来越紧密。数智化技术的应用为博物馆带来了更广阔的展览空间、更先进的保护手段、更优质的观众体验以及更高效的运营管理，推动了博物馆的发展和进步。近年来国际博物馆日主题均与数字化密切相关，从2018年"超级连接的博物馆"主题中提出"数字化是博物馆加强与社区联系、扩大观众群体、实现自我发展的关键"，到2022年"博物馆的力量"主题直接提出"博物馆已经成为创新的乐园，新技术在这里可得以发展并应用于日常生活"。

随着博物馆数字化手段的应用被写入国家规划，各地方政府也开始将本地区的博物馆数字化建设列入总体布局，比如《数字山东发展规划（2018~2022年）》《山东省"十四五"数字强省建设规划》均提出了有关数字博物馆、提升博物馆数字服务供给能力的要求；《关于山东省博物馆改革发展的实施意见》提出"推动智慧博物馆建设，实现博物馆智慧服务、智慧保护、智慧管理。大力发展博物馆云展览，加强与融媒体、数字文化企业合作，创新数字文化产品，推动博物馆虚拟展览进入城市公共空间"。

在文物数字化、信息化发展的新形势下，兼顾民众需求和博物馆事业的发展，山东博物馆运用信息技术，实现了博物馆藏品、展览、公众服务的数字化建设，使珍贵的文物能够得到有效地保存，使精彩的展览能够突破时间空间的限制，使优质的公众服务能快速精准地传达到每个观众的身边；通过对一系列相关数据资源的集成管理和分析挖掘，促进文物更好地保存利用，促进更多展览的策划产生；构筑智慧博物馆体系，使博物馆通过移动终端为社会公众服务，使文物、展览更加大众化，让观众从单纯关注文物到有针对性的参观展览，了解我国优秀灿烂的传统文化。

数智鲁博赋能文化遗产"两创"

文／高震　陈娟　山东博物馆

一　山东博物馆数智化建设实践

（一）搭建《山东博物馆数智化建设总体框架》

山东博物馆数智化建设总体框架的搭建，不仅能够提升工作效率，还能够推动博物馆的转型升级，促进博物馆文化的传承与创新，提高博物馆的影响力和传播力，对于山东博物馆的发展具有重要意义。

山东博物馆研判博物馆发展前景、自身发展需求，制定《山东博物馆数智化建设总体框架》，为山东博物馆各项目的实施提供了指导意见、路线规划、关键时间节点等。组建由馆党委牵头的综合协调、数字文物、数字展览、数智服务、数据管理、系统维护等6个工作专班，构建了领导小组统筹、各部室协同、全馆参与的工作机制。

根据《山东博物馆数智化建设总体框架》的要求，近年来，山东博物馆完成了5个文物数字化保护项目、30个数字展厅、2个数字人文展示项目、1个智慧化管理服务平台，形成了以数据集中和共享为途径，促进技术融合、业务融合、数据融合，打通信息壁垒，实现跨层级、跨部门、跨业务的协同管理和服务；实现了从传统的展示、教育、研究向数字化、网络化、智能化的转型升级，提高了博物馆的数字化水平，提升了博物馆的竞争力和影响力。通过各项数字化项目的实施，山东博物馆为社会公众提供了更加丰富、多样的数字化文化产品，满足观众的多元化需求，同时通过数字化技术对博物馆文化进行创新和传播，推动了文化的传承与发展。

（二）筑牢文物数字化保护底座

藏品是博物馆展示的核心资源。通过收藏和展示藏品，博物馆向社会公众传递历史、文化和艺术等多方面的知识，延续人类智慧的结晶。文物数字化保护，既有助于保护文物本身，又可以促进文物研究与传播，是博物馆数字化工作的基础，具有重要作用。

1. 技术路线

文物数字化保护工作的首要任务是获取文物的三维数据，包括高精度三维模型及文物纹理数据。在三维模型制作方面，采用非接触式激光扫描技术，完成模型点云数据的采集，制作文物真实结构的三维模型，并通过精准纹理映射方式完成模型的高清贴图，最后制作成可供研究和展示所用的高精度三维模型。

2. 使用设备

文物数字化保护采用非接触式手持三维激光扫描仪，采集过程肉眼对文物360度直接可见，避免文物在采集工作当中出现二次损害。通过激光对文物进行扫描，不需要贴标志点就可以进行采集工作，不会对文物造成任何损害，对于瓷器、金器、玉器、玻璃器等高反光的物体，也可以快速准确地扫描出三维模型。纹理贴图采用高清全画幅单反数码相机进行多角度拍摄，配合色彩校正系统，准确获取文物纹理信息。

3. 保护成果

山东博物馆作为山东省内重要的文化地标，收藏了众多珍贵的文物，它们记录着山东地区的历史变迁与文化传承。为了更好地保护、管理和展示这些文物，山东博物馆依据展览与公众服务的需求，对馆藏的21万余件/套文物进行了精细的研究与分类。

在分类的过程中，博物馆的专家团队凭借深厚的专业知识，对每一件文物进行了全面的评估。他们综合考虑了文物的历史价值、艺术特色、科学意义等多个维度，决定按照珍贵文物、珍贵革命文物、佛教造像、考古成果、馆藏石刻文物的顺序进行文物数字化保护工作。通过先进的摄影设备和技术手段，山东博物馆对近3000件文物的形态、纹理、色彩等细节进行了高精度的记录，形成了丰富的数字化资源。文物数字化保护工作取得的成果，不仅有助于文物的科学管理和保护，还为后续的展览策划和公众教育提供了有力支撑。

（三）推动公共服务数智化转型

公共服务是博物馆的核心价值体现，在博物馆中扮演着至关重要的角色。随着社会变革和博物馆功能的延伸，博物馆不再仅仅是一个收藏和展示文物的场所，更背负了参与推动社会变革的神圣责任。这种转变对博物馆的公共服务提出了更高的要求。

山东博物馆利用文物数字化保护取得的成果，相继完成三维可视化导览系统、数字人文知识图谱展示项目、数字展厅等公共服务项目的建设，应用新技术推动博物馆公共服务向数字化、智能化转型，不断提高公共服务水平，为社会公众提供优质的公共服务，对城市的文化、经济和社会发展有着积极的影响。

1.三维可视化导览系统

博物馆作为文化知识传播的载体，随着科学技术的更迭，其导览的方式也在与时俱进。山东博物馆三维可视化导览系统运用二三维GIS地图引擎、高精度的室内定位技术并结合智能移动终端，将为博物馆观众提供更多的、一流的参观服务，弥补博物馆传统人工讲解方式和线下服务存在的不足，也为博物馆的文化传播扩展新的渠道和形式，让博物馆生动活跃起来。该系统建设以二三维一体化电子地图为框架，定位精准、内容丰富、先进易用的参观服务系统，丰富观众文化导赏方式，提升公共文化服务质量，打造智慧化服务体系，以适应不断变化和演进的公众文化服务需求，同时满足博物馆对观众行为的采集、分析并进行主动引导。

系统全面整合山东博物馆公众服务资源，支持3D多层地图查看、实时定位、路线规划、位置共享、AR实景导航等功能，满足观众随时随地多角度探索文化空间、了解文化知识、传播文化内涵的多元化需求；管理后台自动生成观众画像，为馆内展陈设计、展品布置、参观路线等运营管理提供决策支持，实现业务管理与观众数据融合，提高山东博物馆智慧化、精细化管理水平和服务水平，为观众创造更加人性化的参观环境，提供闭环式服务，从而达到了系统预期目标。

2.数字人文知识图谱展示项目

数字人文知识图谱展示能够形象地展示文物知识的核心结构、文物知识的发展历史以及文物知识整体之间的联系与框架结构，为文物知识的探索与研究提供切实的参考价值。围绕山东省考古成果学术研究、展示传播的需求，建立山东省考古成果认知模型和知识体系，以可视化的方式呈现数据间的关联和数据图景，形成可供专家学者查阅和研究的专题库、可供社会公众系统化了解历史文化知识的内容库，提供基于专题库的文物知识浏览服务。

二　山东博物馆数智化建设成效

（一）数源供给有质量

数源供给有质量是保证博物馆数字化工作顺利进行的重要前提。山东博物馆文物数字化保护工作获取文物表面完整的三维点云、网格模型、纹理映射，精度到以微米为单位的模型数据，真实再现每件文物表面高清纹理，与二维数据互为补充。在进行文物数字化采集和转换时，采用高精度的数字化设备和先进的技术手段，所获得的数字化数据能够准确地反映原始文物的信息，包括外观、结构、材料和工艺等（图一）。通过数据预处理和校准流程，确保文物数据的准确性和完整性。严格的数字化采集过程的质量控制和评估，确保了文物数字化保护成果的高质量输出（表一～四）。

三维可视化导览系统采用高精度室内定位技术及一体化二三维地图引擎，

图一　文物数字化保护（高清图片拍摄）

真实还原室内外信息，最大限度直观呈现馆内内部结构。系统建设采用兼容iBeacon接口的蓝牙４.０ BLE节点，于室内布放低功耗、高精度的定位基站，形成室内定位/导航网络，为公众提供精度高、定位快、无延时的室内导航体验。室内标准精度在１~３米以内，对于部分高精度要求的区域，基于ＡＯＡ蓝牙基站的定位算法可达到０.１~１米的三维高精度定位，导航过程中光标平滑、稳定、流畅，并与自行研发的Trace+感知算法融合，优化室内定位/导航的精度与体验。

在为观众提供高精度定位/导航的同时，三维可视化导览系统能够及时、充分进行观众数据的收集、交换和调用。系统可精准获取每个用户的终端设备、参观时长、行动轨迹、停留区域、停留时长等信息，并根据观众数据，准确绘制各展厅热力图、参观位置热点图等。

（二）数用场景有创新

数用场景有创新是博物馆数字化工作的重要目标之一。通过创新的应用场景和实际应用价值，可以进一步提高数字化数据的利用效率和价值，为文物的保护、研究和传承提供更加全面、深入的支持。

山东博物馆进行文物数字化保护的文物除了金属器、陶瓷器、石刻等文物外，还包括了"明代服饰"与"昆虫标本"，均属于馆藏文物中易损毁，不可直接触碰，不易反复提取出库的类型。同时，这两类文物的纹路细节，相比其他类型的文物均要细腻得多。针对这两类文物的具体情况，山东博物馆制定了一系列的文物数字化保护的创新流程，包括：无接触采集、数字服饰打版、数字生

表一　藏品三维数字化采集技术参数

	技术内容	要求
1	藏品三维数据采集精度误差	≤ 10μm
2	三维数据是否需带有实质尺寸数据	是
3	点云数据噪音点控制	< 15%
4	拼合后物体的形态误差	≤ 10μm
5	扫描面对物体外表面覆盖率	≥ 95%
6	数据完整性	根据扫描面拼合出完整全视角物体
7	是否需解决高反光材质部分的扫描和纹理采集	是
8	激光扫描仪安全标准	国家激光安全标准 1 级

表二　藏品色彩与纹理采集技术参数

	技术内容	要求
1	采集设备单反相机像素	> 5000 万
2	纹理无缝拼接，过渡完好，拼接后贴图尺寸误差	≤ 0.1mm
3	色彩还原为自然光照条件下物体表面色彩	是
4	能有效解决不同材质、规格藏品的空间数据和纹理采集	是
5	藏品可视范围内，影像拍摄采集完整率	≥ 95%

表三　藏品三维模型数据后期处理技术要求

	技术内容	要求
1	三维模型格式	OBJ、PLY、MAX
2	三维模型按藏品拆分构造建模	单独建模
3	三维网络模型封装无重叠面、无交叉面、无网格锐角	是
4	模型纹理贴图格式	JPG、TGA、PNG、TIF 等
5	模型单张纹理贴图分辨率	8192*8192
6	UV 展开均匀，切线位置合理、无重叠，摆放充满 UV 格	是
7	模型贴图应能表现 BaseColor、Metallic、Normal、Roughness 等真实物理属性	是
8	模型贴图位置偏移	≤藏品最长边尺寸 ×1 %

表四　文物数字化保护成果提交要求

	精度	具体要求
1	原始精度	高精度的三维模型数据，网格直接由原始点云构建，保存藏品 100% 的真实信息，可支持微米级 3D 打印，有效支撑藏品复制、研究等
2	展示精度	高精度三维展示数据，可展示藏品的全方位高清细节，纹理清晰、交互自然、浏览流畅，格式为超文本格式，兼容主流浏览器浏览，无须安装插件

物重构、数字布料褶皱、数字三维毛发、数字真实物理材质等多种技术成果，构建了效果达到照片级别的逼真文物三维模型。

明代服饰具有丰富的形制版型、布料纹路、纹饰花纹等，同时存在成套服饰拆分成不同部位的情况，为了让多名观众能同时对文物进行生动简单的了解，山东博物馆在"衣冠大成——明代服饰文化展"中，利用数据可视化技术制作"服饰互动墙"（图二），将复杂的文物数字化保护数据转化为直观的图形和图像，为用户提供更加易于理解和掌握的信息呈现方式。"服饰互动墙"利用美观简洁的界面将30余套明代服饰的文物数字化保护数据进行滚动展示，并指引观众进行触摸交互，被选中的服饰会弹出专属窗口，窗口能将该服饰进行360°旋转、移动、缩放等互动展示，拥有各种功能的按钮，并且能将该套服饰的各个部件进行单独展示。同时每套服饰都提供了三维模型状态和版型展开状态的切换，让观众可以深入地了解传统服饰工艺。

由于昆虫标本体积较小（平均最大边长为5cm左右），在展柜内很难让观众看清其样貌，并且作为标本存在的昆虫，很容易让观众联想到其活体的形态动作以及生存环境，因此，山东博物馆根据昆虫标本数字化保护的相关数据及相关科研成果，为昆虫标本设计了一系列的模型动画及配套的CG场景，让观众在大屏幕上能搞清楚地观赏标本本体的同时，还能通过动画了解各个昆虫所在的生存环境，达到视觉欣赏与知识传播的双重目的[1]。

三维可视化导览系统集成丰富的公共服务资源，将现代数字化技术与博物馆深度融合，将现代数字化技术融入历史文物及艺术展览中。基于高精度的数字化保护数据与高质量的三维模型、服装纹饰提取、字画拍摄等数字内容作为基础，配合丰富而真实历史背景资料制作而形成的创意活化内容，"让古老文物在新时代焕发新的活力"，通过系统为公众提供大量文物数据资料，实现数字化活化传播。

（三）数智赋能有成效

数智赋能有成效是博物馆数字化工作的重要目标之一。通过人工智能、大数据等先进技术手段的应用，可以提高文物的保护、研究和传承水平，提高博物馆各项工作效率及准确度，为文化遗产的保护和发展提供更加精准、智能的支持。

山东博物馆文物数字化保护工作提高了文物保护效率。通过数字化转换和采集，将文物信息转化为数字化数据，再利用人工智能、大数据等先进技术手段对数据进行处理、分析和挖掘，可以找出文物的潜在问题和隐患，及时采取保护措施，避免文物的进一步损坏。同时，数字化数据也可以用于复制和修复文物，提高文物的保护水平和效率。目前，山东博物馆文物数字化保护成果已普遍利用于文物复仿制、展览展具制作中。

数字人文知识图谱展示通过对文物数字化数据的深入挖掘和分析，揭示了文物的历史背景、文化内涵和艺术价值，为文物研究提供更加全面、深入的信息

图二　服饰互动墙

图三　"孔子的时代"知识图谱

支持。同时，数字化数据也可以用于比较和分析不同文物之间的关系，为文物研究提供新的视角和思路。

依托山东地区丰富的考古发现和深厚的研究基础，结合山东博物馆历年来文物数字化保护成果，围绕"双创"，"山东史前文化序列""孔子的时代"（图三）两个数字人文知识图谱专题，整合了文物、考古、史料、学术研究等内容，建立山东省考古成果认知模型和知识体系，从数据化和可视化的角度进行探究，打通藏品知识与研究成果的壁垒，是对历史分析、文化传承、文物知识探索方式方法的创新，是山东博物馆在博物馆数字人文领域的探索与实践。

数字藏品是博物馆通过对文物数字化数据的处理和加工，创造出的具有时代特色和文化内涵的文创产品，为文物的传承和发展提供新的路径和方式。在新理念、新技术和新方法的引导和助力下，山东博物馆以激活创新潜能为手段，利用科技手段对馆藏文物资源进行二次创作，与蚂蚁鲸探、国文聚等企业就发行数字藏品签署授权协议，推出"亚丑钺""青玉如意""双鱼纹铜镜"等数字藏品，产品上线销售均几秒售空，收获了良好的社会反响和收益[2]。

古今中外，盛世文化自繁荣。中国博物馆界前所未有的数字化风潮，让数字技术渗透到了展示、教育、研究、管理等博物馆工作的各个方面。在科技赋能之下，山东博物馆在文物保护、展示推广等多个方面走出了新路子，其数智化转型不仅提高了博物馆的服务质量和效率，释放了博物馆的力量，更为公众提供了更加丰富、便捷、互动的文化体验，让更多的人了解和认识中国文化遗产，促进文化交流和传承。

注　释

[1] 高震、朱仲华、李思等：《珍贵文物数字化保护和创意应用新技术探析—以山东博物馆馆藏珍贵文物数字化保护和创意应用为例》，《数字技术拓展博物馆服务—2021年北京数字博物馆研讨会论文集》，中国戏剧出版社，2021年。

[2] 卢旭：《新时代博物馆如何因地制宜发展文创》，《中国文化报》2023年6月26日第2版。

加强文化交流 开创国际交流合作新局面

——以山东博物馆新馆开馆以来国际交流与合作为例

文/郭映雪 周浩然 山东博物馆

内容提要

山东是中华文明重要的发祥地之一，是儒家文化的发源地，历史悠久，文脉厚重。在漫长的历史发展过程中，山东地区的人们创造了辉煌灿烂的文化，留下了众多珍贵的文化遗产，成为山东博物馆藏品的重要来源，这些珍贵文物成为山东博物馆国际交流与合作的重要载体。山东博物馆作为省内的龙头博物馆，在综合管理与基础设施、藏品管理与科学研究、陈列展览与社会服务、国际合作与交流等方面均走在省内乃至国内博物馆的前列，本文聚焦自2010年山东博物馆新馆开馆以来的国际交流与合作，对其进行梳理与分析，探讨山东文物走向世界的路径与实践，以期总结博物馆对外交流工作范式，助力博物馆高质量发展，为提升中华文化软实力贡献山东博物馆力量。

关键词

山东博物馆新馆 国际交流与合作 学术立馆

一 山东博物馆基本情况

山东博物馆的前身是1909年设立的山东金石保存所，至今已有115年的历史。现馆址位于山东省济南市东部新城核心区域，2010年11月16日正式对外开放，2012年被评为国家一级博物馆。山东博物馆馆藏各类文物藏品40余万件，其中一级文物1385件（套），尤以陶瓷器、青铜器、甲骨文、陶文、玺印、简牍、汉画像石、书画、善本书等更具特色。

山东博物馆有展厅23个，展陈面积约2.5万平方米，形成了以基本陈列"海岱日新——山东历史文化陈列"为核心，"佛教造像艺术展""汉代画像艺术展""瓷·韵——山东博物馆藏明清官窑瓷器展""非洲野生动物大迁徙展""山东龙——穿越白垩纪""晶·彩——探寻神奇的矿物世界"等专题展览为支撑，原创性临时展览为补充的展览体系。展览内容涵盖历史文物、自然生态等各个方面，全方位满足国内外观众文化需求。

山东博物馆国际交流与合作历史悠久，成果丰硕。自20世纪80年代起，山东博物馆与日本、美国、法国、澳大利亚、韩国等就开启了展览互换、人员互访、课题合作研究等方面的交流与合作。自新馆开馆以来，山东博物馆利用丰富的馆藏文物资源输出展览20余个，引进展览10余个，增进了交流双方的相互了解，深化了友谊。山东博物馆目前已形成多个成熟的对外交流展览品牌，如：黄河文明主题展、佛教造像艺术展、汉代石刻艺术拓片展、孔子文化展、陶瓷展、明代服饰艺术展、鲁绣技艺传承展、山东木版年画展等。山东博物馆创新拓展线上交流模式，积极参加"中韩文化交流年——鲁韩交流周""跨越太平洋——中国艺术节"山东文旅周、"2021卢森堡·中国山东文化年"等重要文化交流活动，成功举办多个线上文物图片展，有效扩大了中华文化的国际影响力。

二 山东博物馆新馆开馆以来的国际交流与合作的主要成就

山东是中华文明重要的发祥地之一，是儒家文化的发源地，历史悠久，文脉厚重。在漫长的历史发展过程中，山东地区的人们创造了辉煌灿烂的文化，留下了众多珍贵的文化遗产，成为山东博物馆藏品的重要来源，这些珍贵文物成为山东博物馆国际交流与合作的重要载体。山东博物馆作为省内的龙头博物馆，在综合管理与基础设施、藏品管理与科学研究、陈列展览与社会服务、国际合作与交流等方面均走在省内甚至国内博物馆的前列，本文聚焦自2010年山东博物馆新馆开馆以来的国际交流与合作，对其进行梳理与分析，探讨山东文物走向世界的路径与实践，以期总结博物馆对外交流工作范式，助力博物馆高质量发展，为提升中华文化软实力贡献山东博物馆力量。

（一）秉持学术立馆理念

文物承载着中华优秀传统文化，体现着自强不息的民族精神，蕴含着民族的思想精华和道德精髓，只有讲清楚中华优秀传统文化的过去、现在和未来，讲清楚中华优秀价值传统的独特创造、核心理念及鲜明特色，才能在文明交流互鉴中讲好中国故事、讲好山东故事。

山东博物馆提出学术立馆理念，通过设置齐鲁文博讲堂，定期邀请知名专家讲座；开设学术报告厅，由本馆职工、文博同行等进行学术交流；设立名家工作室、交流研修工作室，开展学术交流，促进"传帮带"，成立学术委员会及其办公室，形成多个学习研究小组、策展小组，共同致力于挖掘文物背后故事，通过文物，达到见史、见物、见精神。

结合在地性研究，做好文物外展的境内外展示工作，是一个涉及文化交流、历史传承和地域特色展示的重要任务。山东博物馆围绕着目的地国家不同受众的特征、爱好、信息需求，提供具有针对性的展览。

1.孔子思想对欧美影响深远

孔子及其代表的儒家思想在欧美产生了深远的影响。在美国，孔子及其思想受到了广泛的关注和赞誉。例如，在美国哈特著的《历史上最有影响的100人》中，孔子名列第5位。美国学者爱默生认为："孔子是中华文化教育的中心，是哲学上的华盛顿。"此外，美国各地相继成立了各种形式的研究机构，致力于孔子思想与东方哲学的挖掘。

2010年，山东省博物馆（2010年11月更名为山东博物馆）赴美国华美协进社组织了"孔子文化大展"赴美展览，展品包括孔子像、彩绘绢本圣迹图册、木刻圣迹图雕版、清代画珐琅五供等38件（套）。通过这个展览，加强了美国民众对中国的认识,增进了中美的相互理解。

2.黄河文化与泰山文化对日本影响巨大

黄河和泰山都是中国的重要自然和文化地标,对日本的影响主要体现在文化交流和认知上。

黄河作为中国的母亲河,其流域的丰富文化和历史对日本有一定的影响。特别是在古代,黄河文明的发展对中国整个文化体系的形成起到了重要作用,这些文化成果后来通过各种途径传播到日本,对日本的文化和艺术产生了巨大影响。例如,中国的书法、绘画、陶瓷等艺术形式通过丝绸之路等贸易路线传播到日本,对日本的艺术风格产生了影响。

泰山作为中国的五岳之首,具有丰富的文化内涵和象征意义。泰山的自然风光和人文景观也是中国文化的重要组成部分。在古代,泰山被尊为"天下第一山",是皇帝举行封禅大典的地方,具有极高的宗教和文化地位。这些文化和宗教观念通过文化交流等途径传播到日本,对日本的文化和宗教观念产生影响。

2013年,山东博物馆组织"泰山与黄河展"赴日本山口县立萩美术馆·浦上纪念馆、和歌山县立博物馆进行巡回展览。展品来自山东博物馆、山东省文物考古研究所、山东大学博物馆、青州市博物馆等省内8家单位的重点文物共计73件(套),此次展览向日本民众展示山东境内历史悠久的黄河、泰山文明及对日本历史产生重要影响的文物作品。

为做好该展览在日本的展览展示工作,中日双方策展人赴泰山、曲阜、章丘城子崖、青州等地进行展览视频拍摄,为日本民众构筑立体化、现代化的泰山与黄河形象。展览开幕式期间,山东博物馆杨波副馆长就"黄河文明与泰山世界遗产的魅力"这一主题进行了专题讲座,系统介绍了山东境内的历史文化遗产及近年的考古新成果,受到了日本民众的一致好评。

3.明清服饰对韩国影响重大

服饰是人类衣食住行不可缺少的一部分,是构成人类生活的重要因素,同时又是人类物质文化的重要组成部分。中国服饰历史悠久,而中国服饰的庞杂、浩繁也是世界其他民族难以比拟的。其中,明清服饰对韩国的影响重大,主要体现在其对韩国传统服饰的塑造上。韩国传统服饰在吸收中国明清服饰元素的基础上,结合本土文化进行了创新和发展。这种影响体现了中韩两国在文化交流中的深厚历史渊源和相互学习的精神。

2016年,山东博物馆组织"中华服饰艺术"赴韩国国立春川博物馆进行展览,此次展览展出了我馆收藏的明清服装、鞋子、绣品及饰品等共54件(套)文物展品。同时,韩国国内博物馆收藏的中国文物也同期展出,如明清代肖像画(中国美术研究所)、清代祖先的画像(国立中央博物馆)、补子(韩国刺绣博物馆)、清代家具(首尔历史博物馆)及清代女子的旗袍(京畿道博物馆)等,让韩国民众对中国明清服饰有了更加全面、系统的了解。

4.欧风古韵的珍宝传递欧洲的风土人情

吉尔伯特夫妇是20世纪最全面的欧洲装饰艺术私人藏家,2008年,夫妇二人将其毕生收藏入藏英国维多利亚与艾尔伯特博物馆。2023年4月,山东博物馆精选吉尔伯特夫妇的90件珍藏，包括金银器、珐琅彩肖像画、微型马赛克等欧洲顶级装饰艺术单品，展览同时精选山东博物馆16件鼻烟壶，通过欧风古韵、奢华盛宴、微观之作、美美与共四个部分，带领观众在欣赏这些珍宝的同时，感受欧洲从文艺复兴到维多利亚时代的历史文化气息，无须走出国门便领略到欧洲的风土人情。这场展览为济南乃至中国的观众带来了一场关于欧洲历史、文化和艺术的视觉盛宴。

不论是远赴美国的"孔子文化大展"，近赴日本的"黄河与泰山展"，还是赴韩国的"中华服饰艺术"展，抑或来自异域的"珍宝：从文艺复兴到维多利亚——英国V&A博物馆藏吉尔伯特精品展"，都是中外策展人根据目的地国家受众的特征、爱好、信息需求，策划的具有针对性的展览，结合在地性研究，是做好文物外展的境内外展示工作的基础。

（二）线上／线下多渠道宣传，创新文物传播方式

1.线下推介有条不紊

（1）2019好客山东文化旅游日韩推广系列活动

日本和韩国是我省重要的国际旅游客源地，为进一步加大我省文化旅游产品对日韩市场的推广力度，提升"好客山东"的品牌影响力，扩大入境旅游规模，山东省文化和旅游厅于2019年3月24～30日先后在日本的大阪、东京和韩国首尔两国三地举办了4场文化旅游推广活动，此次文化旅游推广活动由省文化和旅游厅王磊厅长任团长，龚正省长出席了在大阪举办的"2019好客山东文化旅游推介会"和在首尔举办的"海丝新篇——2019韩国·中国山东文化年开幕式"活动。

本次日韩推介活动以山东省文化遗产和博物馆产品为主题，专设了博物馆展演区，以点带面，以博物馆为切入点，向与会者展示博大精深的齐鲁文化、儒家文化、黄河文明等。本次活动共有山东博物馆、孔子博物馆、青岛市博物馆、青州博物馆、齐文化博物院、莒县博物馆、济南宏济堂博物馆、中国阿胶博物馆、青岛啤酒博物馆、张裕酒文化博物馆等省内10家博物馆参加，倾力推出和打造"山东博物馆之旅"等文化旅游产品，给日本、韩国与会代表以耳目一新的感觉。

山东博物馆精心筹备赴日本韩国开展的"2019好客山东文化旅游系列推广活动"，通过文物复仿制品展示、文创产品展示、书写竹简体验、鲁绣鉴赏体验、"数字鲁博"馆藏精品文物与展览数字化展示、视频展示、国际交流展图录展示等全方位、立体化、多角度向日本、韩国与会代表展示我馆特有旅游文化资源，提升我馆在日韩的知名度和影响力。

（2）赴马德里举办"万世师表——孔子文化主题展"

2023年6月27日至7月28日，由山东省文化和旅游厅、中外文化交流中心、马德里中国文化中心主办，山东博物馆承办的"万世师表——孔子文化主题展"在马德里中国文化中心举办。展览以"孔子家乡 好客山东"为主题，共展出29件与孔子相关的文物复仿制品、大量幅图版，以及一系列文化创意产

品，以期让西班牙民众感受到中国的悠久历史和传统文化的现代魅力。在展览期间，山东博物馆还推出互动体验项目展演、孔子文化专题讲座等活动，进一步扩大了齐鲁文化影响力，展示了山东悠久的历史文化。

此次展览设计了线上展厅，与山东博物馆数字展厅互通互动。山东博物馆通过线上线下渠道向观众积极推介齐鲁文化和山东博物馆经典藏品，并介绍山东博物馆展览基本情况。为了帮助西班牙民众更好地理解儒家思想，展览中特别将《论语》中的经典语录西语版制成短片在展厅中滚动播放，受到观众好评。

2. 线上推介精彩纷呈

2019年起，由于新冠肺炎疫情，传统形式的文物交流外展受影响很大，但是山东博物馆创新宣传方式，利用山东省文化和旅游厅在日本Facebook网站，对山东博物馆、山东博物馆馆藏精品等进行了专栏介绍，扩大了疫情期间我馆在日本的宣传与影响力。

2021年，山东博物馆通过中国驻旧金山总领馆网络平台，举办《衣冠大成》《石上史诗》线上图片展。

2021年，山东博物馆通过卢森堡中国文化中心网络平台，举办《石上史诗——山东汉代画像石精品拓片展》《崖壁梵音——山东北朝摩崖刻经》《衣冠大成——明代服饰文化展》线上图片展。

（三）山东博物馆新馆开馆以来的人员赴国外交流情况

国际化人才是搭建文物走向世界的桥梁。它们不仅对于文化交流和传播具有重要意义，而且对于推动国家发展和提升国际影响力也起着关键作用。

山东博物馆注重国际化人才的培养，2010年为迎接博物馆新馆的对外开放，博物馆专门招聘了英、日、韩等外语人才，为博物馆的国际交流奠定了基础。新馆对外开放以来，山东博物馆向国外派遣出访团组达113个，出访人员达203人次，国外出访地包括意大利、哈萨克斯坦、墨西哥、美国、日本、韩国、塞尔维亚、西班牙等。其中，5名职工被派驻日本、韩国、英国、加拿大等国家的文博部门研修、学习时间超过半年。山东博物馆对外人员与学术交流与合作不断走深走实。

以参加日本岩手大学平泉文化研究中心国际学术交流活动为例，平泉文化研究中心是隶属于日本国立大学岩手大学的文化遗产研究机构，致力于从历史学、考古学以及理化学分析等角度阐释平泉世界文化遗产，与日本国内外多所大学、文化遗产研究机构均有合作研究，学术研究工作一直走在日本的前列。

为贯彻山东博物馆学术立馆理念，加强国际研究与合作，提升我馆学术研究国际影响力，推动齐鲁文化更好走向世界，展示山东博物馆丰硕的对外交流与合作成果，开展海上丝绸之路、东北亚文明交流互鉴等方面学术交流、阐释、展示，提升中华传统文化国际传播与影响力。受平泉文化研究中心平原英俊主任邀请，2024年3月13日，山东博物馆副馆长王勇军代表山东博物馆赴平泉文化研究中心与平原英俊主任就《中华人民共和国山东博物馆与日本国岩手大学平泉文化研究中心学术交流协议书》签署学术交流协议，约定就今后的研究学者互访、学术资料、书籍刊物互换、合作研究以及共同举办国际学术会议等方面建立常态化合作机制。

博物馆新馆开馆以来，通过积极参与国外交流展览和选派人员赴国外交流，为国外民众进一步了解齐鲁文化提供了重要平台，也为讲好中国故事、山东文物故事，让世界全面了解中国，了解山东，增强齐鲁文化国际影响力作出了巨大贡献。

三　工作开展中发现的问题与建议

山东博物馆新馆开馆以来，在展览交流、人员出访、科研合作等方面持续稳步推进，取得了一定的成绩。但在实际工作中一些问题不容忽视。

第一，对外交流资金受限。

不管是引进或输出展览、人员出访、科研合作交流，新馆开馆以来的对外交流经费有限。新馆开馆以来，山东博物馆向国外派遣出访团组达113个，其中27个出访团组费用由山东博物馆承担，仅占出访团组的23.8％。由于交流资金受限导致博物馆对外交流缺乏主动性。

第二，配合政府对外活动的交流居多。

赴日本的"黄河与泰山展"是为纪念山东省与山口县缔结友好关系30周年纪念展览，博物馆的对外交流活动，配合政府对外交流的居多数，因此筹备时间短，影响国际交流效果。

今年适逢山东博物馆建馆70周年，经过70周年的发展，山东博物馆在展馆建设、藏品研究、公众教育、国际交流等方面取得了瞩目的成就，带动了山东省乃至全国文博事业的发展。今后山东博物馆将继续秉持学术立馆理念，加强在地性研究，通过线上线下推介方式以及依托政府与民间交流平台策略，继续推动山东文物走向世界。今后可以从以下三个方面发力，更好地保障博物馆对外交流与合作事业的发展。

第一，加大对外交流资金投入。

文物展览交流需要高昂的借展费、保险费、运输费，人员出访需要出访经费，引进或输出高品质的展览需要加大对外交流资金投入。博物馆可以根据交流国家或地区的实际情况，提前谋划，做好展览、人员交流计划，申请足额财政预算资金，以保证文物顺利走向世界。

第二，依托政府外事平台，提升博物馆对外交流与合作水平。

政府外事部门有丰富的对外交流渠道，但缺乏对外交流的载体，希望国家与地方外事部门可以分享给博物馆更多的交流渠道，将博物馆更多优质的展览推向国外，进一步擦亮齐鲁文化的名片。

第三，强化人才培养，为文物走向世界提供人才保障。

如前所述，国际化人才是搭建文物走向世界的桥梁。它们不仅对于文化交流和传播具有重要意义，而且对于推动国家发展和提升国际影响力也起着关键作用。博物馆应设立专门的对外文化工作的组织机构，培养一批既懂专业又懂外语，还兼具丰富外事活动经验的工作人员，确保对外交流工作走得更深更远。

附表1　山东博物馆出境展览汇总表（2010～2024年）

序号	时间	去往国家/地区	展出场馆	展览名称
1	2010	美国	美国华美协进社中国美术馆	孔子展
2	2012	日本	美秀美术馆	开馆15周年纪念展览春季特别展——献给母亲（蝉冠菩萨像参展）
3	2013	日本	山口县立萩美术馆和歌山县立博物馆	黄河与泰山展
4	2014	法国	布列塔尼孔子学院	多彩生活——山东民间年画展
5	2014	澳大利亚	阿德莱德艺术节中心	孔子智慧图片展
6	2014	法国	吉美博物馆	汉风——中国汉代文物展（部分文物参展）
7	2014	英国	大英博物馆	明：皇朝盛世五十年（部分文物参展）
8	2015	法国	布列塔尼孔子学院	素手纤纤——山东鲁绣精品展
9	2015	立陶宛	维尔纽斯市政厅	孔子的智慧图片展
10	2015	韩国	国立中央博物馆	古代佛教艺术展（金铜三尊像参展）
11	2015	波兰	国家民俗博物馆	中国山东木版年画展
12	2015	罗马尼亚	国家艺术博物馆	中国山东汉代画像石拓片展
13	2015	日本	山口县立萩美术馆	中华服饰艺术展
14	2016	德国	弗莱堡市纽伦堡市	多彩生活——山东杨家埠木版年画展
15	2016	韩国	汉城百济博物馆	孔子和他的故乡：山东
16	2016	韩国	国立春川博物馆	中华服饰艺术展
17	2016	泰国	曼谷中国文化中心	山东鲁绣展
18	2017	日本	美秀美术馆	美秀馆20周年展（蝉冠菩萨像参展）
19	2017	美国	纽约大都会艺术博物馆	秦汉文明展（7件文物参展）
20	2018	日本	山口县立萩美术馆·浦上纪念馆	山东古代陶瓷文化展
21	2018	韩国	汉城百济博物馆	丝路东延：中韩文化的互动
22	2018	韩国	国立韩古尔博物馆	山东博物馆藏清人临书展
23	2019	韩国	首尔中国文化中心	迎春接福——中国山东杨家埠木版年画贺年展
24	2020	意大利	佛罗伦萨第六届意大利国际考古及文化旅游大会	"黄河与泰山——中华文明之源展""汉画像石拓片展""木版年画展""鲁绣展""孔子展"等5个体现山东地区文化特色的品牌展览
25	2021	韩国	韩国汉城百济博物馆	"黄河与泰山——齐鲁文化展（图片展）"
26	2021	旧金山	中国驻旧金山总领馆网络平台	"衣冠大成""石上史诗"线上图片展
27	2021	卢森堡	卢森堡中国文化中心网络平台	"石上史诗——山东汉代画像石精品拓片展""崖壁梵音——山东北朝摩崖刻经""衣冠大成——明代服饰文化展"线上图片展
28	2023	塞尔维亚	中国文化中心	"孔子家乡 好客山东"文创产品展
29	2023	西班牙	马德里中国文化中心	万世师表——孔子文化主题展
30	2023	墨西哥	卡兰萨博物馆	万世师表——孔子文物图片展

附表 2　山东博物馆入境展览汇总表（2010～2024 年）

序号	时间	来自国家 / 地区	展出场馆	展览名称
1	2011	韩国	山东博物馆	第六届中韩美术国际交流展
2	2012	日本	山东博物馆	山东省·山口县友好 30 周年纪念展览 萩烧——山口县陶艺展
3	2012	日本	山东博物馆	山东省·山口县友好 30 周年纪念展览 日本山口县观光物产展
4	2012	日本	山东博物馆	山东省与山口县结好 30 周年回顾展
5	2012	日本	山东博物馆	日本燕京书道交流协会山东书法展
6	2012	西班牙	山东博物馆	西班牙当代艺术大师胡安·里波列斯雕塑、绘画展
7	2013	欧洲	山东博物馆	欧洲经典美术大展
8	2014	日本	山东博物馆	和歌山风光图片展
9	2016	意大利	山东博物馆	永恒之城——古罗马的辉煌
10	2017	日本	山东博物馆	乡愁——日本近代浮世绘名品展
11	2019	意大利	山东博物馆	不朽之旅——古埃及人的生命观
12	2021	韩国	山东博物馆	"百济汉城时期的王城与王陵展（图片展）"
13	2023	英国	山东博物馆	珍宝：从文艺复兴到维多利亚——英国 V&A 博物馆藏吉尔伯特精品展

与时代同行
——以山东博物馆为例探索藏品管理发展新路径

内容提要

博物馆藏品管理工作是一个在实践中不断总结、不断完善的过程，它随着博物馆事业的发展而发生变化。本文以山东博物馆的藏品管理发展脉络为例，以点带面，简要阐述我国博物馆藏品管理的一般发展进程，以及在新的历史形势下，博物馆藏品管理工作应顺应时代，守正创新，开拓新的发展路径。

关键词

博物馆藏品管理　山东博物馆　发展路径

一　"博物馆藏品管理"概念界定

1.博物馆藏品

藏品，在广义上指的是"收藏的物品"，而"博物馆藏品"因为冠以"博物馆"而具有了鲜明的特征。但是并非博物馆收藏的物品就称之为"藏品"。在国家文物局1993年出版的《博物馆藏品保管工作手册》中，对藏品涵义的论述是："藏品系博物馆专业术语，是博物馆学的基本概念之一。博物馆是'文物和标本的主要收藏机构、宣传教育机构和科学研究机构'。按照这个概念，藏品即指'文物和标本'。"[1]《中国大百科全书》所定义的"藏品"概念，又有不同："藏品一词内容非常广泛，博物馆藏品系博物馆收藏品的总称，它具有特殊的含义，不是任何实物都能成为博物馆藏品的，而只有那种能够反映人类和人类环境的具有历史、艺术、科学价值的实物才能成为博物馆物品。"[2]《博物馆藏品管理学》中为博物馆藏品下的定义是："博物馆的藏品，就是博物馆根据本馆的性质、特点、任务，按一定标准，履行一定手续有计划入藏的具有历史价值、艺术价值和科学价值的有关文物、自然标本和科技成果/实物资料等，它是国家和民族宝贵的科学文化财产，是博物馆业务活动的重要物质基础。"[3]而实际上在中国博物馆事业发展的历程中，对于"博物馆藏品"这一概念的认识，也是一个不断发展的过程。根据宋向光先生的研究，这一概念大致经历了三个阶段。

第一阶段：20世纪80年代初以前，我国博物馆界多认为博物馆藏品是"文物、标本"的代名词。

第二阶段：20世纪80年代中期，博物馆藏品是"供研究和社会教育之用的有价值的历史文化遗产、自然标本和科技成果及有关一切资料"，是"自然界和人类社会物质文明、精神文明发展的见证物"，要通过博物馆相应的藏品管理工作程序，才能得以确认藏品的身份。

第三阶段：20世纪90年代中期以来，提出博物馆藏品是"能够反映人类和人类环境的具有历史、艺术、科学价值的实物"[4]。

现代博物馆学研究者又为博物馆藏品赋予新的概念："博物馆藏品是全面反映人类和人类生存环境的现状及发展的实物证据，与以前对博物馆藏品的认识相比较，藏品的内涵更为深化，外延更为扩展。主要表现为：一、博物馆藏品不再仅仅是自身存在的反映，还是实物所蕴涵、表现、传达和映射的丰富的信息载体；二、它不再仅仅是实物现状的表现，还是其存在过程中质地、结构、重量和外观等要素变化的记录；三、博物馆藏品不仅包括实物，也包括反映和记录客观真实存在和发生的现象与过程的非实物记录；四、当代博物馆藏品与其说是静止不变的物，不如说是以实物为外在表现和检索标志的信息组。博物馆藏品是博物馆工作的重要信息资源。与博物馆专业者的学术研究结合才能充分发挥其科研、教育和流传后世的社会作用。博物馆藏品的价值主要体现在客观、真实、典型及其携带的信息含量上。"[5]2022年11月8日，国家文物局发布的《博物馆运行评估标准》中关于"藏品"的概念是："以收藏、研究、展示、教育、传播为目的，由博物馆永久收藏的，具有历史、艺术、科学等价值的文物、标本、资料、模型等的总称。"这一概念以"物"为核心，更容易为现在的博物馆藏品工作者所理解和接受。

从以上不同时期博物馆研究者对"博物馆藏品"不同的概念界定可以看出，随着博物馆事业社会化进程的不断发展，其概念、范围也随之发生变化。总体的发展趋势是，藏品概念在不断延伸、扩大，其具体内容则是包含"文物、标本、资料、模型等"。

2.博物馆藏品管理

博物馆藏品是博物馆的物质基础，是其存在的基本保障，所有关于博物馆的政策法规都规定"博物馆对藏品负有科学管理、科学保护、整理研究、公开展出和提供使用的责任"。因此，藏品管理是一个博物馆工作中重要的基础工作，其内容包括对藏品的"收藏、保管、保护、整理以及研究工作"。藏品管理的"管"是指"博物馆对藏品所进行的保管和保护，以便长期保存、保藏"。"理"指的则是博物馆对藏品所进行的整理和研究，以便提供利用和发挥作用[6]。

藏品管理工作与博物馆的发展有着密切的联系，两者可谓息息相通。虽然关于博物馆藏品管理的工作范畴，内容大体相同，但是在不同的历史发展时期，其侧重点也不同，而是有一个渐进式的发展过程。

二 我国博物馆藏品管理发展历程——以山东博物馆为例

（一）我国博物馆藏品管理发展历程

博物馆的藏品管理工作有一个从狭义范畴到广义范畴的转变过程。狭义范畴的藏品管理，指的是围绕藏品本身的管理工作，包括藏品的接收、鉴定、登账、编目、建档、注销等，其中当然也包括对藏品所在库房的管理工作。广义范畴的藏品管理则包括对藏品的基本管理工作以及围绕藏品所开展的各种研究、利用工作。博物馆藏品管理工作从狭义范畴到广义范畴的转变，与博物馆事业的发展紧密联系。

我国博物馆的建立和发展大致分为四个阶段：第一个阶段为 1949 年中华人民共和国成立以前；第二个阶段是 1949～1966 年的初步发展期；第三个阶段为 1966 年"文化大革命"结束后至 20 世纪 80 年代末的全面恢复和发展时期；第四阶段为 90 年代至今的全面繁荣期[7]。

1905 年，实业家张謇创建了中国近代史上第一个博物馆——南通博物苑。博物苑创建之初，张謇就提出了关于博物馆藏品管理工作的理论观点。在当时的历史条件背景下，张謇提出的理论观点具体内容：

藏品征集方面，有两个来源：一为"国家尽出其历代内府所藏，以公于国人"。二则倡导"收藏故家出其所珍，与众共守"；并主张扩大征集范围"纵之千载，远之国外"。

藏品的收藏环境："室中益多窗，通光而远湿。庋阁之架，毋过高，勿过隘，取便陈列，且宜拂扫"。

藏品的保存方法：按照藏品的性质分为历史、自然、美术三个部分，三个部分"分别布局，不相杂厕"，对每件藏品要做到"条举件系，立标编号"。

藏品库房管理方面："严管钥，禁非常及其他种种之有妨碍者，均当专定章程期限遵守"。藏品管理人员要专人专职"专掌图表册籍报告之事，其管理章程当别事"。[8]

张謇提出的博物馆藏品管理理念，包括藏品的征集来源、藏品的保存环境、保存方法、库房的管理办法等，其重点是对藏品本身具体的"管理""保存"方法的规定和建议。这是中国近代藏品管理工作的首次论述，为此后博物馆藏品管理工作的基本方法奠定了理论基础。

中华人民共和国成立以后，在不同的历史时期，国家颁布了一系列与博物馆工作相关的条例、法规，其中包括对藏品管理工作的规定。这些条例和规定既体现了国家对文博事业的重视，同时对博物馆的藏品管理工作起到了指导作用。

1962 年，文化部文物局制定了《关于博物馆和文物工作的几点意见（草稿）》（也被称为《十一条》），意见指出"藏品是博物馆一切业务活动的基础，要大力加强保管工作"。

1963 年 11 月，文化部文物局召开了全国博物馆保管干部读书会。并于 1964 年拟定《博物馆藏品保管暂行办法》（草案），"草案"首次提出博物馆藏品管理的范畴，不仅要确保藏品安全，对藏品进行科学管理，还要向全社会提供使用，充分发挥藏品的作用。

1977 年 10 月，在苏州召开了博物馆保管工作座谈会，制定了《博物馆藏品保管试行办法》和《博物馆一级藏品鉴选标准》，并于 1978 年 1 月颁布实施。其中对藏品管理做了进一步的阐述，强调对藏品要进行科学的保护，要积极开展藏品保护的科学技术研究，延缓和防止藏品的自然老化和自然界对藏品的危害；要确保藏品的安全；对藏品进行研究并要提供使用。

1982 年 11 月 19 日，国务院颁发了《中华人民共和国文物保护法》，强调各级博物馆对所收藏的文物藏品"必须区分文物登记，设置藏品档案，建立严格的管理制度"。

1985 年 11 月 14 日，文化部文物局在福州召开了全国博物馆藏品保管工作座谈会，会上讨论拟定了《博物馆藏品保管条例》。

1986 年 6 月 19 日，文化部颁发了《博物馆藏品管理办法》，对博物馆的藏品管理进行了细致全面的指导。《管理办法》首先把藏品管理的范畴进行了扩展，提出"博物馆对藏品负有科学管理、科学保护、整理研究、公开展出和提供使用的责任"。并对保管工作提出具体要求："制度健全、账目清楚、鉴定确切、编目详明、保管妥善、查用方便。"同时，《管理办法》中对库房管理工作做了具体的规定，从而形成一整套藏品管理体系。

1993 年 1 月，国家文物局（保管专业委员会）主编的《博物馆藏品保管工作手册》正式出版，标志着我国博物馆藏品管理的理论研究更加深入[9]。

从以上国家针对博物馆藏品管理工作内容不断做出调整也可以看出，随着国家博物馆事业的发展，藏品管理的工作重心也发生了变化。从最初的以"收藏、保管"为主，转化为"对藏品进行科学管理、科学保护、整理研究、公开展出和提供使用"，这一变化适应了社会需求，将博物馆藏品的功能不断扩大。

（二）山东博物馆藏品管理发展历程介绍

山东博物馆作为省级博物馆，在中国博物馆事业的发展中具有典型性，从它在藏品管理工作方面的发展脉络可以总结出，藏品管理的水平和理念是伴随着博物馆事业的发展不断发生变化的渐进式过程。

山东博物馆的前身是设立于1909年的山东金石保存所，1954年组建为山东省博物馆，是中华人民共和国成立后建成的第一座综合性地志博物馆。其馆址从最早的广智院旧址，历经世界红卍字会济南母院旧址、千佛山旧址，一直到如今的经十路新馆，历经岁月洗礼，随着时代进步，博物馆事业也在不断向前推进。

山东博物馆的藏品非常丰富，分为历史文物藏品和自然标本藏品两个部分。其来源包括山东古代文物管理委员会（成立于1948年7月，简称省古管会），省古管会不仅陆续接收了省内如黄县、胶东、北海古管分会、地方政府、机关、部队收集的大批文物、古籍，还对齐鲁大学的藏品、收藏家流于市场的藏品以及王献唐、王贡忱等社会名流捐赠的文物藏品进行了接收。1953年2月，山东省古代文物管理委员会改称山东省人民政府文物管理委员会（简称省文管会）。1954年山东省博物馆筹备处成立后，省文管会将其保存的文物藏品一并拨交山东省博物馆[10]。

山东博物馆从建馆以来直到20世纪90年代，馆舍一直分为两个部分，即文物部分大部分保存于世界红卍字会济南母院旧址，自然标本则存放于位于济南文化西路的广智院。这一时期的文物藏品库房位于红卍字会旧址院内，这是一个中国传统的中式院落，前后共有四进院落，沿中轴线依次为影壁、正门、前厅、正殿、文光阁等主要建筑，两侧是位于石砌台基上的厢房。此时博物馆的库房位于院落西北角的一个独立院落，院内有二层楼为藏品库房。当时山东博物馆藏品总量约为3万件（套），管理部门称为"文物保管部"，由于客观条件的限制，这些藏品没有严格的分类库房，二层楼的楼上是一间面积较大的房间，藏品采用仓储式管理，将多种质地的藏品存放在一起，如陶器、瓷器、玉器、铜器等器物类各占一个区域，采用的是货架存放的方式。一楼保存服饰杂项类、近现代类以及甲骨等藏品，碑刻类则安放在院子里的几间平房内。其余竹简、古籍类藏品单独存放于广智院。未整理的藏品存于院子北面的楼阁式建筑文光阁上。藏品的管理办法采用传统的手写账本和编目卡片的管理方式。虽然当时的藏品保存环境相对简陋，但是管理制度和管理方式非常严格，每个部分有专门的保管人员，进入库房必须有两名保管人员陪同。对于博物馆的安全保卫工作，则是本单位保卫人员。当时的博物馆工作没有太多的展览，展品基本上有一百余件用于常规展览。博物馆整个管理模式比较简单，藏品保管部的主要职责是保证藏品的基本安全。

20世纪80～90年代，随着国家经济发展，文化事业日益受到重视，中国的博物馆事业也进入新的发展阶段。为满足人民群众日益增长的文化需求，山东省政府顺应时代要求，批准筹建博物馆新馆，选址于济南市的著名景点千佛山北麓。彼时山东博物馆的各项工作迎来了新气象，藏品库房有了独立的空间，按照器物性质分为陶器、瓷器、铜器、玉器、古籍、书画、甲骨、竹简以及近现代等库房，但是藏品的管理模式仍然沿用前一时期的方式。这一时期，开始重视藏品的保护、修复工作，保管部增加了文物保护的工作内容，并引入专业人才。此时的藏品库房比搬迁前，环境有了一定的改善，但是对于硬件设施仍然存在很多问题，如库房面积不足，无法做到库房温湿度的调控，缺乏专业的管理人才等问题。

21世纪以来山东经济繁荣发展，人民的物质生活水平不断提高，随之对文化生活提出了更高的要求。2006年，山东省委省政府提出了建设山东文化强省的战略目标，山东博物馆作为中华优秀传统文化的重要传播平台，新馆建设又一次被提上日程。2007年12月，位于经十东路的新馆奠基，并于2010年11月16日对公众开放，山东博物馆的各项工作又上了一个新台阶，与此同时，山东博物馆的藏品管理工作也步入了新的轨道。

新馆的库房设施比之前有了很大提升，库房面积达到5000平方米，42个标准库房，藏品环境极大改善，安防、消防都按照专业水平进行设计。并且以搬迁新馆为契机，对藏品进行重新整理。近年来，根据上级部门的要求，将山东省文物总店、山东省石刻艺术博物馆并入山东博物馆，加上每年的藏品征集工作，如今山东博物馆藏品总量达到40余万件。按照国家规定的标准，这些藏品按照质地分类保管，藏品分类达到33类，每类藏品有独立的库房，每个库房有一个责任保管员和一个辅助保管员，并且制定了严格的库房管理制度，藏品管理工作日渐完善。

在新的历史时期，国家提出大力弘扬中华优秀传统文化，增强文化自信，而博物馆作为传播优秀传统文化的平台，发挥着越来越重要的作用。随着博物馆事业的发展，山东博物馆各部门的职能分工越来越细致，与藏品管理相关的部门包括藏品部、文物保护部。其中藏品部按照藏品质地和属性，分为典藏部、书画部、革命文物部、石刻研究部和自然部。在工作职能上，藏品部首先要保证完成与藏品相关的各项基本工作，包括接收、定级、编目、入库、保管、提用、注销、统计、建档、保护以及库房管理等。此外，工作重点转移到以展览为中心，博物馆致力于"让收藏在博物馆里的文物、陈列在广阔大地上的遗产、书写在古籍里的文字都活起来，丰富全社会历史文化滋养"。而让"文物活起来"最直接的表现方式是展览，因此，藏品部又肩负起与本部门藏品相关的展陈大纲编写工作，同时更加重视对藏品的研究和保护工作。

山东博物馆建馆七十年以来，藏品管理工作从最初的以"保管"为主，逐渐转变为"保护、管理、研究、展示"为主的多学科融合发展之路。这一工作重点的转变契合了博物馆在不同历史时期的管理要求，也与国家所规定的条例、法规相一致。

三 博物馆藏品管理的新路径

随着国家经济的发展和国家对文博事业扶持力度的持续加大，国内博物馆的基础设施日渐完善，大部分博物馆解决了藏品管理中最基本的物质要求，如各级博物馆在建设之初，对藏品库房便按照要求进行设计施工，解决了藏品的保存环境等问题。加之经过几十年的工作实践和摸索，各级博物馆在藏品管理的"管"的工作方面，包括藏品的接收、鉴选、入馆、入藏、提用等各个环节，以及对库房的管理已经形成一套完整的工作流程并以制度的形式纳入工作日常，因此在这些基础工作方面已经能够做到规范化管理。但是在完成这些基础工作之余，对博物馆藏品管理者提出了更高的要求，需要我们进行深层次的思考，探索博物馆藏品管理的新路径。为此，山东博物馆主要从以下几个方面进行了探索。

（一）加强学科建设

博物馆的藏品管理工作，多年来具体工作以"管"为主，多以"经验"为工作指导方针，在工作中则处于被动地位，而没有形成完整的学科体系。山东博物馆在新时期提出以"学术立馆"理念，对藏品管理工作也提出了新的要求。首先要打破以往简单的惯性思维，将藏品管理工作"体系化"，包括提出明确的工作目标、制定短期计划和长远规划。其次，强化藏品管理的研究工作。第三，加强人才队伍建设，包括对原有工作人员进行相关培训、招收引进专业毕业生和研究者，为这项工作注入新活力、新动能。以实现藏品管理工作的全面发展。

加强学科建设，使藏品管理工作不再是对藏品进行单一的"物"的管理工作，而是一个融合基本管理、预防性保护、深入研究、研究成果转化的多方位、多层次的系统工程。

（二）藏品管理者的角色转变

在我国大多数博物馆几十年的藏品管理工作中，藏品管理人员充当的是"管家"的职责，把安全作为唯一要务，只要藏品安全，便是工作的全部。同时，在日复一日对藏品的关注中，管理者很容易在内心将其"私有化"，除了正常的工作，对于藏品的信息，其他人很难接近。形成即便是我不研究，你也很难接近它们的局面。在新的历史时期，这一现象已经阻碍了博物馆事业的发展。对此，山东博物馆守正创新，开拓思路，制定出新的制度，即实行对内部员工的"库房开放制度"，每周定期对内部员工开放藏品库房，为有兴趣、有能力的员工进行藏品研究工作提供了便利条件。这一举措打破了原有的管理模式，改变了藏品藏于"深宫"，秘不示人的局面，极大地提升了职工的工作积极性，这是一次突破性的有益尝试，也取得了良好的效果。

因此在新的形势下，藏品管理人员首先要完成自身角色的转变，转变固有观念，应该致力于深入挖掘馆藏资源，多方位开展藏品"开放共享"工作，吸引更多研究者，大家共同探讨，对藏品进行深层次研究，从而提高藏品的利用率。在这个过程中，自己也可以从"管家"转变为"管家+研究者"。只有研究阐释好这些藏品，才能为博物馆的展览展示、宣传教育、文创开发等提供理论支撑，只有对藏品进行足够的研究阐释，才能实现优秀传统文化的创造性转变和创新性发展。

对于藏品管理者而言，开拓视野，加强交流非常重要，在实际的工作中推进学术研究也是一项有效的路径。除了以项目和课题引领藏品研究，更重要的是做一个实际工作中的"有心人"，无论是在库房的藏品整理、维护过程中，还是在某个展览的藏品交接中，要做一个善于思考的管理者，在工作中发现问题、提出问题、解决问题，长期的积累就能形成一个完整的理论，以理论为基石，完成从"管"到"管+理"的华丽转身。

（三）进一步加强藏品保护工作

藏品保护始终是博物馆藏品管理工作中的重要内容，传统意义上博物馆的藏品保护工作主要包括：藏品的日常维护和修复工作，而在新时代，这两项工作只是藏品保护工作中的基础工作，现在我们更加注重的是藏品的预防性保护工作。

随着文博事业的发展，加之经过多年的工作实践，藏品的日常维护和修复工作已经成为博物馆的常态化工作，包括日常工作中对藏品在库房内或者展厅中所处环境（包括环境的洁净度、温度、湿度、光照度以及有害气体及灰尘等）、藏品的本体现状等方面进行监测，同样对藏品的本体修复也是博物馆藏品部门和文物保护部门的日常工作。

在新的历史时期，国家高度重视文化遗产的预防性保护工作，从"十一五"至"十四五"期间不断提出明确的要求，为文博事业的预防性保护工作提供了指导方向，因此，预防性保护理念已成为文化遗产保护的共识。2015年，国家文物局批准"山东博物馆可移动文物预防性保护项目"，此后，山东博物馆陆续实施了三期文物预防性保护项目，基本形成了一套适合本馆实际的工作模式，建成"环境监测""病害评估""温度控制""湿度控制""空气净化""照明控制""保存储藏"七套应用系统，为库房和展厅内的藏品安全提供有力保障[11]。

（四）藏品管理的数字化、信息化和标准化

用现代化手段对藏品进行数字化、信息化和标准化管理是建设智慧博物馆的重要内容，也是博物馆藏品管理发展的必然趋势。

对藏品开展数字化、信息化和标准化管理，不仅可以使藏品管理者更加高效便捷地开展工作，提高藏品的安全系数，同时也是进行藏品保护的重要方式。博物馆中的藏品，特别是一些历经几千年岁月侵蚀的文物藏品，面临着不可避免的毁损风险。数字化保护可以将这些文物信息留存下来，既可以减少展览和研究中的损伤，也可以便捷高效地为展览和研究提供多方位的帮助，并能够实现藏品的永续留存。

藏品管理的数字化工作所带来的另一个效能，便是通过对藏品信息的全面采集，将成果应用于展览展示、宣传教育、文创产品开发等方面，真正实现让文物"活起来"，让文化跨地域、跨时空进行更广域的传播，从而发挥更强大的力量。在藏品的数字化建设方面，山东博物馆一直在进行探索和尝试，并分阶段对馆藏藏品进行数据采集工作。2017年开发上线的《山东博物馆藏品管理系统》提升了馆内藏品的日常管理及业务工作流程，极大地提高了工作效率。在2019年举办的"衣冠大成——明代服饰文化展"中，将服饰中纹饰进行高分辨率的数字采集，将成果应用于展览中，实现了藏品的"活化利用"，取得了良好的效果。同样，在提升改造的通史陈列"海岱日新——山东历史文化陈列"中，采用了大量多媒体、高科技技术，实现了观众与展览的近距离接触，极大地满足了观众的观展体验。这些技术的应用，都是以藏品的数字化为基础才能实现。目前山东博物馆又将与高校合作，共同开展"齐鲁文化基因解码工程"项目，通过对馆藏藏品进行数字化精密解析，进一步实现对"齐鲁文化"的深层次研究。

（五）藏品管理的人才建设

任何一个博物馆的发展都与人才息息相关，而人才建设，一方面靠个人加强自身的学习，一方面还要依靠国家、单位的培养和支持。随着博物馆事业的快速发展，建设一支专业过硬、结构合理的人才队伍是许多博物馆亟须解决的问题。对此国家也出台相应措施，加大扶持力度。

博物馆的藏品管理部门，也需要专业化人才，因为系统的专业知识可以让管理者对藏品进行科学管理，同时进行更深入的研究，但同时藏品管理工作作

为一个特殊的岗位，除却专业，还需要工作经验与工作实践。比如，我们很难让一个刚刚毕业的学生去库房点交文物，因为他们首先要熟悉工作流程、工作方式等，因此在引进更多年轻、专业的人才的同时，需要有经验的藏品管理人员做好"传帮带"工作，这应该是一个长期持续不断地工作。

博物馆的藏品管理工作，始终是一个不断实践、不断总结、不断探索和完善的工作过程。站在新的历史起点，国家对文博事业赋予前所未有的重任。新时代的博物馆已经从早期传统意义上的"文物和标本收藏、展示的文化教育机构"，发展转变为一个"文旅融合视域下集藏品收藏管理、展览展示、研学教育、文创开发等于一体的多功能综合性文化场所"，担负着弘扬中华优秀传统文化，满足人民群众日益增长的文化需求的责任。因此在博物馆藏品管理工作上，也要开拓创新，与时代同行，围绕国家提出的"保护第一，加强管理，挖掘价值，有效利用，让文物活起来"的工作方针做好博物馆藏品管理的各项工作，既为博物馆各项工作的顺利开展提供物质基础和理论支撑，也为博物馆的高质量发展提供不断的源泉。

注　释

[1] 国家文物局：《博物馆藏品保管工作手册》，群众出版社，1993年，第1页。

[2] 中国大百科全书总编辑委员会《文物·博物馆》编辑委员会、中国大百科全书出版社编辑部编：《中国大百科全书·文物·博物馆》，中国大百科全书出版社，1993年，第21页。

[3] 吕军：《博物馆藏品管理学》，科学出版社，2023年，第2页。

[4] 宋向光：《博物馆藏品概念的思考》，《中国博物馆》1996年第2期。

[5] 甄朔南、沈永华主编：《现代博物馆学基础知识问答》，中国自然科学博物馆协会，2000年，第26、27页。

[6] 吕军：《博物馆藏品管理学》，科学出版社，2023年，第23页。

[7] 周高亮、吕军：《20世纪博物馆藏品管理的理论实践》，《中原文物》2006年第2期，第88页。

[8] 吕军：《博物馆藏品管理学》，科学出版社，2023年，第33页。

[9] 吕军：《博物馆藏品管理学》，科学出版社，2023年，第35～42页。

[10] 滕卫：《探究山东省内国有博物馆藏品档案保护与数字化建设的必要性——以山东博物馆为例》，《文物鉴定与鉴赏（上）》，文物出版社，2022年，第65页。

[11] 山东博物馆：《守正创新：一场明代服饰的盛宴——"衣冠大成——明代服饰文化展"》，《中国文物报》2020年9月25日。

为渠文物有经纶

——革命文物保护利用新质发展体系化建设（三）

文／李婧　山东博物馆

内容提要

革命文物承载的革命文化在新时期成为赋能文化事业高质量发展、服务经济文化社会发展大局的先进文化生产力质态。2024年"新质生产力"的提出，为塑造发展新优势、在新征程上推动山东文物事业高质量发展提供了科学指引。山东博物馆是全省可移动革命文物的征集收藏、修复保护、研究展示和教育传播中心，要在新时代立足全省域文物资源实现高质量发展目标，需要构建系统保护、内涵研究、实践应用、跨界协同等多维一体、守正创新的体系建设，更需从格局与运作、优先与结合、先声与"后浪"三个方面，利用新质生产力中机制赋能、科技赋能和人才赋能三种要素，探寻实现革命文物保护利用高质量发展的方法路径，以新发展理念推动革命文物保护利用与时代共进、与人民共享。

关键词

革命文物　新质生产力　机制赋能　科技赋能　人才赋能

"文载于物，族髓附间。运脉牵连，兴者襄见"。文化自信是中华民族发展中最深沉最持久的精神力量，以革命文物为重要载体的革命文化是弘扬中华民族精神、培育社会主义核心价值观的深厚滋养，更在新时代成为赋能文化事业高质量发展、服务经济文化社会发展大局的先进文化生产力质态。十八大以来，党和国家加快部署构建新发展格局，作为推动高质量发展的战略基点。2024年全国两会期间，习近平总书记再次强调高质量发展的首要任务，提出以加快发展新质生产力推动高质量发展的现实意义、方法路径和重要举措，也必然为在新征程上推动山东文物事业高质量发展提供科学指引。

新时期以来，向"新"而行的革命文物工作更以文化赋能新质生产力为目标，以机制赋能、科技赋能（数字赋能）、人才赋能等路径迭代提升，重点针对革命文物保护利用行业领域的短板弱项，着力促进革命文物系统保护、内涵研究、实践应用、跨界协同等多维一体、守正创新的体系化建设，在传承齐鲁优秀传统文化中发展社会主义先进文化，弘扬革命文化，坚持推动革命文物保护利用与时代共进、与人民共享。

一　格局与运作：机制赋能省域可移动革命文物保护利用

十八大以来，党和国家高度珍视革命历史，空前高度重视革命文物。2020年习近平总书记站在历史宏阔纵深的战略高度，对革命文物做出系列重要指示批示，强调"加强革命文物保护利用，弘扬革命文化，传承红色基因，是全党全社会的共同责任。"[2]二十大报告再次提出坚持"以社会主义核心价值观为引领，发展社会主义先进文化，弘扬革命文化，传承中华优秀传统文化，提炼展示中华文明的精神标识和文化精髓"，更要求从巩固党的执政地位、筑牢意识形态阵地、坚定"四个自信"的战略高度，充分认识加强新时代革命文化和革命文物工作的重大意义。在国家层面空前的重视之下，革命文物保护利用的提档升级和高质量发展，最长远、有力、有效地保护传承首先应重视"机制赋能"。

构建自上而下顶层设计统筹谋划保护利用大格局。做好革命文物工作、提升革命文物保护利用是业务问题、文物问题，更是赓续历史文脉、增强文化自信的政治问题、大局问题。早在2014年习近平总书记在对山东工作批示中即提到，"要着力建设社会主义核心价值体系，用好齐鲁文化资源丰富的优势，加强对中华优秀传统文化的挖掘和阐发，为做好改革发展稳定各项工作提供强大精神力量"[3]。山东是著名的革命老区，革命文物、革命文化遗产资源大省。迄今为止"全省已备案的革命类博物馆、纪念馆达到72家，其中17家评定为一二三级博物馆，数量居全国第一位"[4]；国务院公布三批国家级抗战纪念设施、遗址数量和第二批革命文物保护利用片区分县数量等指标亦居全国第一。十八大以来，革命文物工作在党中央系列重要顶层设计和统筹规划下，以自上而下的机制赋能从省到市、区、县政府主导，各级重要职能部门和社会团体通力协作，已逐步形成以政府主导为引领，以文物征集保护协同研究为基础，以展示利用文化产出为核心，以跨界融合为引擎，以守正创新为动力的革命文物保护利用机制。该机制的形成以适应高质量发展、具有广泛适用性的特点，逐步构建出全新的发展格局。山东全省上下也同步形成重视关注、支持保障、奋力推进革命文物工作的社会共识和行动自觉，各项工作的突破性和创新力都走在了全国前列。

跨系统联合从政策、法规和体制支持上合力推进。2018年7月，中共中央办公厅、国务院办公厅联合印发《关于实施革命文物保护利用工程（2018～2022年）的意见》后，2019年中共山东省委宣传部、省发展改革

委、省财政厅、省文旅厅等"13个省厅级机关部门联合印发《山东省革命文物保护利用工程实施意见》，成为指导山东革命文物保护利用工作的行动指南"[5]。此后，山东省委、省政府陆续出台《山东省革命文物事业发展"十四五"规划》《山东革命文物保护利用片区专项规划》（2024年国家文物局批复）等，为革命文物保护利用工作提供了方向指引和政策规范。2020年年底，山东省第十三届人大常委会第二十四次会议表决通过《山东省红色文化保护传承条例》，是"全国首部全面规范红色文化遗产和革命精神的省级法规"[6]，并创新建立红色文化遗存大数据库，在法治保障方面有了大的改进和完善。2021年山东省红色文化保护传承工作协调机制成立，也是"全国建立的第一个高规格的红色文化保护的议事协调机构"[7]，意在实现对政策、资金、资源的整合，形成推动工作的强大机制合力，为全面做好革命文物工作提供了有力的政策、体制支持和法律保障。

2022年山东博物馆特设成立革命文物部，是当年全国范围内第一家在省级综合博物馆专设革命文物业务工作的部门。革命文物工作与全馆各部门和各系统紧密合作、跨界联合，在综合业务开展中不断加深与省委党史研究部门、省内外高校和科研院所、退伍军人事务系统、档案系统、图书馆系统等深度合作，在文旅融合基础之上广泛团结社会跨界力量；2023年又在全国首创引领集综合场馆、革命类博物馆和纪念馆为一体的革命文物类专业委员会，以"学术立会"有效带动全省备案数量居全国第一的革命类场馆工作高质量发展，推动打造具有创新性、示范性、引领性的革命文物保护利用研究基地、革命文化学术交流中心和红色资源共建共享智库，带动山东省域可移动革命文物保护利用机制日臻健全和完善（图一）。馆校融合赋能革命文物融合思政教育立德树人。革命文物保护利用工作几乎涵盖博物馆学和场馆业务实践工作的多数门类，如文物征集、典藏、保管、保护、研究、展览、研学、宣传教育、跨界合作等，共同构成革命文物保护利用机制的完整链接。

机制赋能反映在馆校合作方向突破尤多。2022年，山东率先建立全国首个革命场馆与高校融合发展联盟，推动26家革命场馆先后与140余家高校结对共建教育教学实践基地，推动革命文物场馆与高校共同开展思

图一　2024 年 1 月在国家文物局指导下，山东省博物馆学会革命类博物馆、纪念馆专委会参加承办"革命文物与学校思政教育融合发展研讨会"

政课程研发设计、重大课题研究、策划革命文物精品展览、重大历史题材文化传播工作、重要教育实践项目、本硕博联合培养和专业技术人员培训、决策咨询服务等，双向激活合作动力、释放工作效能，促进科学研究、学科建设、人才培养和社会服务的共同发展和协调推进。同年在国家文物局、教育部指导下，山东成功举办"全国首届革命文物与新时代高校思想政治工作融合发展论坛"[8]。山东博物馆、沂蒙革命纪念馆等 5 家文博场馆入选国家文物局、教育部首批大思政课实践教学基地。2024 年年初，山东大学与中国甲午战争博物院、临沂大学与华东野战军诞生地旧址暨新四军军部旧址纪念馆正式获批创建国家革命文物协同研究中心，将密切围绕革命文物的保护利用，深入开展系统研究、科学保护、价值挖掘、展示传播、社会教育、公共服务、人才培养、咨政建言工作，联合开展行业交流和重大学术活动，推动革命文物与大中小思教一体化建设融合发展，培育和运用重要理论研究和创新实践应用成果，助力新时代革命文物工作高质量发展。山东博物馆近年来先后获得教育部、国家文物局公布的首批 100 家中华优秀传统文化、革命文化和社会主义先进文化专题实践教学基地、山东省"三站一地"支援协作红色传统文化实践基地和新时代党的创新理论实践基地称号；文化普及和宣传教育工作也先后获得全国十佳文博社教案例、中国博物馆青少年教育示范案例等荣誉。2023 年至今，山东博物馆先后与省内 19 家拥有文物和博物馆学、文物修复等相关专业的高校达成战略合作，在博物馆界尚属首次，必将文化遗产保护、馆校合作、协同育人走向深入。

二　优先与结合：守正创新科技赋能推进革命文物保护利用

"十四五"是我国开启文化强国、文物保护利用强国的关键时期，新时代革命文物高质量发展工作面临前所未有的历史契机和利好政策。新时期革命文物工作坚持保护优先、保用结合，

图二 山东博物馆联合行业专家力量实施革命文物保护修复项目

尤其注重在科技跨学科思维下组建可移动革命文物系统性保护体系（包括抢救性征集保护、日常科学保管、预防性智慧化保护、本体修复保护和数字化保护等），在新质提升、多元跨界思维下组建系统性利用体系（即整理研究、展示传播、宣传教育和多元融合等方面），同时在实践层面充分重视革命文物保护利用的发展共性和实践个性。

（一）"大保护"：革命文物系统性保护体系

在"保护第一、加强管理、挖掘价值、有效利用、让文物活起来"的新文物工作方针中，首提"保护第一"也表明了文物保护的重要地位。2020年，全国"一普"山东省公布可移动革命文物9万余件（套），其中山东博物馆普查上报革命文物27447件（套），三级以上珍贵革命文物约占全省80％，居全省第一位；同时已纳入全省第一、二批革命文物名录的文物也全部录入山东革命文物大数据库。随着革命文物的征集大规模持续地开展，文物收藏日益增多。从现实技术层面上讲，博物馆的文物保护还存在弱项短板，无论是从保护设备、保护手段还是文物保护环境方面考虑减轻文物寿命的耗损，都是一种巨大挑战。

近年来山东博物馆强化"系统性保护"理念，增强科技赋能文物保护，着力求取革命文物最新科技保护技术，主要以预防性保护、本体保护修复和数字化保护为一体开展文保攻坚项目，同时注重做好珍贵革命文物和一般文物保护修复的年度计划和长远规划（图二）。如获得全国文保科技项目推广的"馆藏文物保存环境测控云平台"、已结项完成的"馆藏珍贵武器类保护修复项目"和"珍贵革命文物数字化保护及山东省革命文物数据库建设"项目、正在有序推进的"馆藏近现代纸质文献规模化脱酸装备试制及实证"项目和革命文献高标准智慧库房预防性保护项目等，不断构成和完善革命文物的高标准系统性保护体系，取得显著成效。

除了专业性技术保护，文物的日常保管保护是文物系统性保护中最为基础、持续、也是最需在新质发展方面值得重视和加强的。根据2021年中共中央办公厅、国务院办公厅《关于加强文物保护利用改革的若干意见》、国务院办公厅《"十四五"文物保护和科技创新规划》和2022年《革命文物保护利用"十四五"专项规划》[9]的规定和要求，针对可移动革命文物的典藏条件、保存现状和病害分析，可从强化工作人员安全意识、设备更新、数字赋能等方面提升新时期革命文物的"大保护"。

革命文物的数字化保护精度高、非接触的操作模式有利于保护脆弱文物，将文物的信息以数字化形式永久保存和永续利用，避免多次提取、频繁上展、外展造成的损害，并在数字层面实现数据查询备份、文物虚拟修复预览化、文物病害调查监测和数字展示传播；然另一方面，革命文物数据库建设、智慧化数据管理系统等受资金和条件限制，至今未有较完善的项目实施。今后需在全面提高革命文物保护利用智慧化水平上靶向发力，增进智慧化数字平台建设，重视大数据建设，重视利用大数据、云计算和人工智能技术，在全国平台基础上建设省、市级革命文物数据资源共享平台，可进一步实现革命文物保护利用的规范化和智能化。

（二）多元实现：基于研究转化的系统性利用体系

革命文物在山东省整体文物资源的构成中占有重要地位，从博物馆的基本业务角度看，开展对革命文物的理论性研究和增进研究转化，是秉承以"知识"为核心构建博物馆业务形态和体系，为准确判断革命文物保护与利用形势、科学制定保护利用方案规划提供借鉴依据；而对革命文物保护利用实践业务的研究则可从博物馆学方法论、科技应用交叉学科等角度提供行业新思考，更好地为融合研究、展示传播、产业融合等社会多元需求提供服务。

1.加强革命文物资源整理和系统性创新课题研究

发掘文物特有的复合价值，提炼解读革命文化的深厚内涵和精神特质，"整合文物、党史、军史、档案、地方志方面研究力量，加强'四史'相关实物、文献、档案、史料、口述史的抢救、征集与研究；围绕科学保护、价值挖掘、展示展览、社会教育、传播传承、科

技应用方面，支持文博机构与高等院校、科研机构合作开展革命文物领域课题研究，建设革命文物协同研究中心，加强基础研究、人才培养和跨学科合作"[10]。基于从博物馆学理性思考革命文物的保护利用实践，山东博物馆近年来立项各级各类创新性项目课题研究，如《山东省革命文物调查、整理和利用研究》《基于元数据标准分析模式的山东省珍贵革命文物数字化保护与文旅应用》《山东百年党史文物的保护利用与展示宣传研究》《馆藏红色文献整理专项》《文旅融合视域下省域馆藏革命文物和革命文化线路沉浸式整合展示研究》《山东省可移动革命文物保护利用理论体系研究和示范性实践》等系列省部级、厅级科研课题，研究编纂省委省政府"山东文脉"工程之《齐鲁文库·红色文献编》（图三）《立心铸魂——山东革命文物红色基因解读》《山东省革命文物图文大系》（十卷）等系列学术性和普及性兼备的革命文物研究成果，形成以研究促业务、以业务促发展的综合体系，多元呈现、集中服务于博物馆核心文化产出。

2.提质打造山东博物馆革命文物主题陈列品牌

向全社会公众推出好又精的群众喜爱的文化精品展览，是博物馆作为文旅融合发展重要阵地的核心工作。自1954年建馆70年来，山东博物馆虽区别于专题性革命场馆，然一直秉持省级综合馆的初心和担当，重视革命文物优势馆藏资源的挖掘利用和展示传播。2015年以来，为积极响应党中央在抗战70周年纪念、庆祝建党95周年、建军90周年和70周年国庆、建党百年华诞等重大时间节点开展纪念、庆祝活动的号召，山东博物馆作为全省文化地标，应中共山东省委、省政府的统一部署，相继承办《纪念中国人民抗日战争胜利暨世界反法西斯胜利70周年山东抗日战争主题展》《光辉的历史伟大的成就——庆祝中国共产党建党95周年山东主题展》《庆祝中国人民解放军建军90周年山东主题展》《奋进的山东——庆祝中华人民共和国成立70周年成就展》《让党旗永远飘扬——山东省庆祝中国共产党成立100周年主题展》《大道之行——山东近现代历史文化》（图四）《铭记历史——甲午战争130周年暨甲午沉舰水下考古展》等系列革命文物主题展览、流动巡展和线上数字展览等（图五）。多项展览先后获评全国博物馆十大精品陈列优胜奖、中宣部和

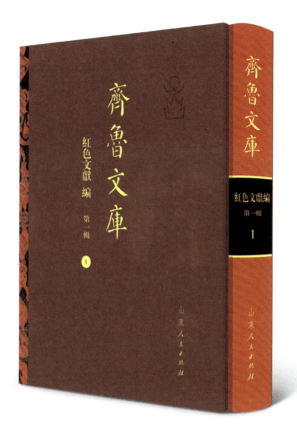

图三　山东博物馆参编"山东文脉"工程《齐鲁文库·红色文献编》

国家文物局建党百年精品陈列联合推介、国家文物局"弘扬中华优秀传统文化、培育社会主义核心价值观"展览重点推介等十余项国家级、省级荣誉，已蔚然形成山东博物馆革命文物主题陈列品牌。

革命文物主题陈列展览的策划初心贵在坚持以人民为中心，表达人民心声，展示家族、村镇、军区、地域等红色文化传承，推出接地气、传得开、留得下的优秀展览精品。从文化的社会功能来看，革命文化具有不可替代的思想引领、价值认同和教化凝聚作用，表现在主旨方面，以揭示中国道路的生成背景、历史必然和强化"四个自信"为主线，严格落实意识形态责任制，坚持历史唯物主义，坚持正确党史观和大历史观，准确把握革命、建设、改革各个历史时期和中国共产党历史发展的主题主线、主流本质；在策划方面，立足史料挖掘、文物研究和展陈策划，结合时代需求注重把宏大叙事、微观表达和"历史在场"等有机融合，以致广大而尽精微的历史描画拓展延伸革命文物研究成果，着力创新革命文物传播和影响的载体。通过展览的丰富内涵和多样化形式设计，借助数字技术、AI技术赋予文化内涵、主题设计、场景呈现、互动体验等，为观看者打造深度沉浸深度体验的感知；在宣传方面，除了常用的线上直播、视频推广和巡展联展外，增强科技赋能"全媒体"融合发展，创新"流动博物馆"和AI虚拟展览、云传播的方式，立体式、延伸式、矩阵式传播红色文化，将文化展示传播迅速推向全社会，以AI为主的新质生产力必将重塑文化宣传教育工作的方方面面，而且已经是进行时，未来已来。

图四　山东博物馆革命文物常设展览《大道之行——山东近现代历史文化》

图五　山东博物馆面向省内外推出"大道之行"革命文物主题巡展

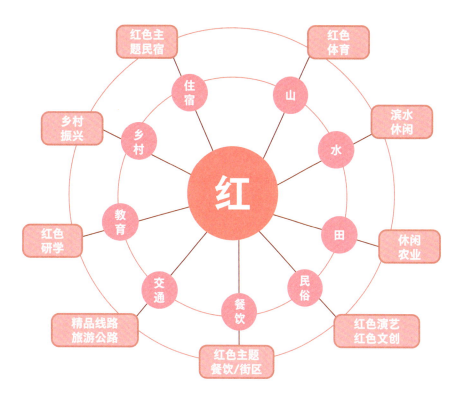

图六　红色文化赋能多业态新质产业链

3.多业态新质产业链提升革命文物经济发展贡献度

革命文物资源利用目前仍存在碎片化、封闭化倾向，文物资源全域整合、文旅深度融合度不高，加上红色文化产业长期受文博公益性强、经济性差的现实影响，文化资源优势至今仍在很大程度上未能充分转换成产业发展优势，革命文物保护利用与脱贫攻坚、乡村振兴的结合，与生产生活、产业集群多元发展融合更需借助新质生产力提升增效。革命文物工作者更需特别重视在挖掘文物内涵基础上，以有效推动"革命文物+新科技""革命文物+大数据""革命文物+新产业"等等方式，在推动红色文化赋能多业态新质产业链上精准施策（图六），大力促进资源全域整合、文旅融合提质，与乡村振兴、老区发展、公共服务密切结合，与新时代的行进频率共鸣，服务国家战略和经济社会大局。这既是市场经济环境下宣传红色文化的高效途径、拉动相关产业经济的着力点，更是新时代传承红色基因、让红色文化永葆鲜活和强劲生命力的立足点。

三　先声与"后浪"：人才赋能革命文物事业高质量发展

人是生产力中的关键因素。党的二十大报告指出，教育、科技、人才是全面建设社会主义现代化国家的基础性、战略性支撑。新时代我们常有缺乏人才之痛，革命文物保护利用工作要探索使用前沿技术、推动文化和产业链接集群发展，都不能离开理论功底扎实、专业技术卓越且富有创新意识的高精尖复合型人才。革命文物工作特别是文物数字化保护、展览传播、文化产业融合等方面，都需要及时把握新质生产力的先声，需要拥有和用好大批高素质、高技能人才的"后浪",才能在新的挑战机遇面前持续发力。

1.以革命文物人才培养赋能新质生产力竞争优势

目前行业内针对革命文物专门的文物鉴定、文物征集、文物管理保护、展示传播等的培训开展不足,革命文物业务较少受到高校、党校等科研机构专家指导,革命文物从业人员身兼保管、保护、研究、策展、宣传等数职,业务工作分身乏术,不能在精细专业化方面深耕细作。培养新质生产力发展所需要的人才培养要突破各类现实性障碍,特别是围绕科技应用难点和产业链布局,强化高层次人才在文物保护技术、展示技术和传播技术等引领性技术领域的终身学习和综合协调能力,实现"多层次、跨区域、立体化的新质生产力人才培养体系建设"[11],为革命文物高质量发展提供高级别人力资源支撑。

2.围绕筑牢高素质创新力底座实现人才培养的内涵式发展

革命文物保护利用工作涉及历史学、博物馆学、文物学、信息学、传播学、教育学等交叉学科,基层专业人员往往受专业所限,综合知识素养和终身学习能力亟待提高,业务实践也往往满足于程式化、创新力不足。生产力中"劳动者"的综合素质不足严重掣肘高质量发展的实现力,以内涵式发展强化革命文物从业人员的综合素质势在必行。可实现的层面一方面可依托高校科研和企业科研资源,合力培养一批智能型人才和创新团队,深化新技术领域的"人才链"培育;另一方面在重视专业人员招聘和人才引进、人才储备和梯队建设方面,下好新时代高素质人才培育的先手棋,把现有人才培养成新时代的"先遣队""尖刀连""主力军",为文物工作全面进入新时代做好人力资源储备,建设一支政治立场坚定、业务水平精湛、富有创新头脑的革命文物工作队伍。

3.为集聚人才资源实现智能型人才价值链管理

新质生产力内涵界定既要尊重客观经济现实,又要注重智能型劳动者的个性发展和职业晋升。一方面找准新科技赋能的可行性路径,通过与各类文化创新传播平台等合作实现革命文化的传播力提升,提高思想引领力、精神凝聚力、文化感召力;另一方面围绕创意策划、技术赋能、思政教育、产业融合等现实需求对人才进行精准培训,通过对接高校、科研院所、企业等合作跨学科课题组、流动进修岗位、访问学者等,凝聚、带动、培养一批从事革命文物工作的潜在人才群体,引进专业化运作人才团队;促使人才在革命文物保护、管理、展示、教育、产业融合等各链条环节发挥积极作用,为革命文物事业创新发展提供智力支撑。

习近平新时代中国特色社会主义思想中,深刻指出文化创新的重要性:"文化也是最需要创新的领域。在人类发展的每一个重大历史关头,文化都能成为时代变迁、社会变革的先导。"[12]红色新质生产力赋能文化建设工作提质增效未来可期,只待深切提高思想认知、行动自觉,在文物系统性保护、展示传播和业态融合等方面加大引入新技术新手段,构建起始终掌握先导渠道、传播主流价值、优化文化服务的发展格局,才能在人工智能时代更好发展壮大主流价值、主流舆论、主流文化,更好担负起新时代新的文化使命,在推进中国特色社会主义文化建设、建设中华民族现代文明方面做出积极响应和努力。

注　释

[1] 本文为2023年度山东省青年文博人才培养项目《山东省可移动革命文物保护利用体系理论研究与示范性实践》阶段性成果。

[2] 《革命文物保护利用"十四五"专项规划》，《中国文物报》2022年1月4日。

[3] 王磊：《关于全省文化遗产保护传承工作情况的报告——2019年11月26日在山东省第十三届人民代表大会常务委员会第十五次会议上》，《山东省人民代表大会常务委员会公报》2019年12月9日。

[4] 山东省文物局：《山东:创新实施"革命文物+"蓄深流长结硕果》，《中国文物报》2023年9月1日。

[5] 《山东省人民政府办公厅关于鲁人办发〔2019〕59号文件办理情况的函》，《山东省人民代表大会常务委员会公报》2020年4月20日。

[6] 《山东省人民政府办公厅关于鲁人办发〔2019〕59号文件办理情况的函》，《山东省人民代表大会常务委员会公报》2020年4月20日。

[7] 本报驻山东记者苏锐：《山东：革命文物保护利用"进行时"》，《中国文化报》2023年2月21日。

[8] 本报驻山东记者苏锐：《山东：革命文物保护利用"进行时"》，《中国文化报》2023年2月21日。

[9] 《革命文物保护利用"十四五"专项规划》，《中国文物报》2022年1月4日。

[10] 《革命文物保护利用"十四五"专项规划》，《中国文物报》2022年1月4日。

[11] 王世泰：《厚植智能型人才助力新质生产力培育》，《河南经济报》2024年2月3日。

[12] 中共中央宣传部：《"推动社会主义文化繁荣兴盛"——习近平新时代中国特色社会主义思想学习纲要（12）——关于新时代中国特色社会主义文化建设》，学习出版社、人民出版社，2019年，第139、140页。

博物馆学术研究的现状、优势和趋势

文 / 于芹　山东博物馆

内容提要

学术研究是衡量博物馆综合竞争力的主要指标之一。博物馆学术研究主要包括藏品研究和博物馆学研究，二者的研究对象和内容不同。目前，博物馆学术研究存在人才匮乏、研究滞后等问题，但相比于高校和科研机构，博物馆在博物馆学术研究中又存在明显的先天优势。随着博物馆事业的发展，博物馆学术研究呈现出研究内容不断刷新、研究与调查关系紧密、跨学科理论应用广泛、研究成果转化及时等新趋势。山东博物馆采取了开设齐鲁文博讲堂、成立名家工作室、坚守馆刊阵地、加强科研队伍建设等举措，戮力打造博物馆学科研究新高地。

关键词

博物馆研究　学术　博物馆学

对于博物馆是研究型、应用型、参与型还是实践型，学界有不同的认识，但深化学术研究是博物馆发展永恒的主题。科学研究是衡量博物馆综合竞争力的主要指标之一，博物馆学术水平的高低、研究成果的多少、学术影响的大小以及学术人才的成就，直接关系到一个博物馆的地位和影响。

这些年来国际博协对博物馆概念的讨论和修改越来越频繁，在博物馆定义中"研究"始终占有一席之地。2022年8月24日，ICOM特别大会通过了新的博物馆定义，"博物馆是为社会服务的非营利性常设机构，它研究、收藏、保护、阐释和展示物质与非物质遗产"。该定义历时18个月吸收了来自世界各地126个国家委员会的数百名博物馆专业人士的意见，"研究"被列在"收藏、保护、阐释和展示"之前，位于博物馆职能之首。其实，研究贯穿于收藏、保护、阐释和展示的全过程。

全国博物馆评估工作所依据的博物馆定级评估《评分细则计分表》（2019年12月）是从组织的角度对博物馆提出相应的学术研究要求和评价指标。在1000总分中，科学研究占150分。国际博物馆协会发布的2024年国际博物馆日主题为：博物馆、教育和研究（Museums, Education and Research），可见学术研究在博物馆以及博物馆在学术研究中的重要性。

一　博物馆学术研究的对象和内容

依据北京大学考古文博学院教授宋向光的定义："博物馆研究是博物馆专业人员为深化和丰富对博物馆现象、博物馆收藏及相关活动的知识，运用人类已有知识和手段进行的系统性创造工作"。

研究工作是文博人的使命担当。习近平总书记在给中国国家博物馆老专家的回信中，对博物馆深化学术研究，守护好、传承好、展示好中华文明优秀成果寄予厚望。作为具有研究职能的行业组织，博物馆的科学研究对象与内容主要包括藏品研究与博物馆学研究两个部分。

（一）藏品的研究

类别丰富、材质多样、真实可靠的博物馆藏品，是中华文明的代表性物证，通过学术研究，可以构建中华文化物化表达体系，达到以物证史、以物说史、以史明理的目的。

藏品研究的任务，首先是鉴和定，鉴别藏品的真实性以及确定藏品产生的时代；在真实性的基础上，对藏品进行分型、分类，并对其出处、作者、来源、质地、形制、工艺、流传、价值等状态进行基础性研究；对藏品更深一步的研究同时也是研究的最终目的，在于揭示藏品所蕴含的历史文化内涵，实证中华文明五个方面的突出特性，即突出的连续性、创新性、统一性、包容性和平性。

藏品研究分为个案研究和藏品体系研究，研究中会涉及历史、考古、民族、人类、艺术等多学科知识。出土文物常用的研究方法是在考古发掘报告的基础上，结合传世文献进行对照研究，确定其历史坐标；传世文物则按照其形制特点，将其放入该文物谱系中，根据形态演变规律判断其时代和历史价值。

（二）博物馆学的研究

博物馆学研究所包括的内容比较丰富，它对博物馆本质、特性、构成要件、社会作用和博物馆发展方向进行探讨，亦对博物馆的业务目的、内容、规范、技术的经验总结和创新等方面进行思考。

传统博物馆学研究常基于博物馆内部的基本业务功能而进行，比如，博物馆陈列研究、博物馆宣传教育研究、博物馆文创研究。现代博物馆学的研究更关注博物馆自身的管理以及与外部社会的勾连关系，比如博物馆管理机制和治理结构、博物馆与社区、城市关系研究、博物馆与公众及特殊人群研究以及馆校结合研究等。

（三）藏品研究、博物馆研究以及博物馆学研究之间的关系

藏品研究包括对藏品真伪的辨析，对藏品所蕴含的社会、政治、历史、经济、文化、艺术等信息内容的考证研究，是博物馆发挥收藏、保护、阐释和展示教育等功能的基础，是博物馆作为主体而进行的研究。博物馆学研究，则是将博物馆以及围绕博物馆所发生的业务活动，作为客体即研究对象来进行研究。博物馆研究不同于博物馆学研究，从某种意义上说，博物馆研究本身属于博物馆学研究的组成部分。

二 博物馆学术研究的现状

目前，博物馆虽然具有科学研究的职能，但绝大多数国内博物馆的性质都不是研究机构，而是公共文化服务机构。博物馆学术研究的现状不容乐观。究其原因有几下几点： ·

（一）博物馆研究人才匮乏

由于博物馆的藏品门类特别复杂，博物馆藏品保管保护、陈列展示、宣传教育、数字信息、安全保卫等各部门的运转又各有规律，所以，博物馆从业人员的知识结构比较复杂，基础弱，每一类别的人员难以形成集团优势。博物馆的薪酬待遇不尽如人意，又由于许多博物馆成为接纳人员安置的机构，所以博物馆尤其是中小博物馆普遍存在着人才匮乏的现象。

（二）博物馆的迅猛发展致使研究滞后

中华人民共和国成立之初，博物馆主要承担着收藏、研究历史文物，宣传党和政府政策，展现社会主义建设成就的任务。改革开放以后，我国博物馆事业迅猛发展，尤其是2008年博物馆免费开放以来，博物馆的服务条件和服务能力显著提高，观众数量明显增多，现在，参观博物馆已经成为越来越多的人的生活方式。博物馆热必然带来博物馆工作人员的忙碌，从而致使研究时间和精力严重不足。同时，大多数博物馆从业人员以博物馆学为研究对象，博物馆的迅猛发展，致使博物馆学研究严重滞后。同时，博物馆发展中呈现出的多样性和不确定性，为研究带来机遇，亦增加了研究的难度。

三 博物馆在学术研究方面的优势

虽然目前博物馆界整体研究水平较高校和科研机构弱，但是博物馆的学术研究存在着明显的先天优势。

（一）藏品研究方面的优势

博物馆的藏品是人类社会发展史上留下来的结晶，通常具有历史、艺术和科学三方面的价值，是最真实最可靠的一手材料，对于大量的文物藏品，博物馆从业人员最有密切接触的机会。珍贵的研究对象，为博物馆藏品的研究填补空白提供了无限可能。

（二）博物馆学研究方面的优势

首先，博物馆事业的飞速发展，为博物馆学研究增加了难度，实践出真知，博物馆的发展亦为博物馆学的研究提供了难得的机遇和标本。博物馆人善于总结和思考，在博物馆学科建设方面，会取得令人瞩目的成绩。

其次，博物馆事业的发展，也为博物馆研究成果提供了快速检验的机会和成果迅速转化的机会。比如，对藏品的研究，可以及时地运用于展览策划之中；对陈列设计的研究，可以很方便地在陈列施工中使用；对宣传教育的研究成果，可以直接运用于公众服务的社会实践之中。

四 博物馆学术研究的新趋势

（一）博物馆学术研究的内容随着博物馆事业的迅猛发展被刷新

藏品是博物馆的物质基础，藏品研究是博物馆的基础研究，而且，藏品研究水平的高低，决定陈列展览内容的好坏，决定宣传教育内容的正确与否，从而在一定程度上决定博物馆发展的水平。随着博物馆事业的迅猛发展，越来越多的博物馆将原有的藏品保管部改为藏品研究部，凸显博物馆作为研究主体对研究工作的重视。

同时，博物馆将自身的研究范围从比较单一的藏品研究逐渐向博物馆其他业务的研究拓展，在藏品研究以外，文物保护、宣传教育以及文物信息化等也成为研究的方向。

比如，中华人民共和国成立之初的博物馆基本没有设置单独的文物保护部，文物保护的职能附加在技术部或文物保管部；改革开放以来，文物保护成为一个跨学科的研究对象，各博物馆也相应地设置了独立的文物保护部。又如，博物馆负责观众讲解工作的部门，在中华人民共和国成立之初学习苏联模式大多叫作"群工部"，即群众工作部；随着博物馆事业的迅猛发展，单纯的讲解早已不能满足观众的需要，博物馆被赋予了更多的教育职能，各种形式的研学活动和教育活动，使博物馆成为学生的第二课堂，宣传教育部替代群工部成为与观众联系的桥梁。再如，近十年来，基于文物数字化的博物馆信息化的发展更是突飞猛进，博物馆信息部应时而生并日益发挥着更重要的作用，从藏品数据库的建设。到展厅三维数字化，再到智慧博物馆，引领并带领着学术研究的潮流。

（二）博物馆学术研究与调查的关系越来越紧密

调查研究是马克思主义世界观和方法论的集中体现，调查与研究是紧密结合的，在博物馆学术研究与调查的联系尤为密切，并且随着博物馆的发展联系越来越紧密。馆藏文物普查，为藏品研究提供科学的数据；馆藏文物保存状况调查，引导文物预防性保护研究的方向；文物修复状况调查，为文物实体保护研究提供案例；展览前期的可行性和展览效果调查为展览策划研究提供未来的导向；博物馆观众满意度调查使博物馆公众服务研究有的放矢；博物馆网站浏览量、3D文物浏览量等的调查，一方面基于博物馆数字化的程度，另一方面又为博物馆数字化的研究提供数据支撑。

（三）越来越多的学科理论在博物馆进行应用研究

博物馆的学术研究，多是将其他学科理论应用于博物馆领域，并逐步形成可以指导博物馆运行的又一个理论。除了传统的藏品研究方面大量应用历史学、人类学、考古学、类型学、逻辑学等理论外，越来越多的学科理论在博物馆进行实践应用研究，比如：将美学、艺术学等原理普遍应用在博物馆展览研究中；教育学、心理学、行为学、广告学理论广泛应用在博物馆公众服务研究领域；市场学、经济学、统计学等理论重点应用在博物馆文创研究中；将几何、化学、物理等学科理论应用于文物保护研究中等等。

（四）博物馆学术研究成果能及时得到应用、检验并反哺研究

博物馆是一门实践性很强的学科，"实践是检验真理的唯一标准"，博物馆的学术研究成果，在博物馆能够及时得到应用和检验。例如，展览是将学术研究内容可视化，实现对学术研究成果的转化；对藏品的研究能及时在展览中呈现，研究的对错与否会及时得到反馈；对陈列设计的研究以及新材料的应用研究，也会及时在展览中看到效果，得到验证。又如，学界对于文物预防性保护研究的成果，在博物馆界也得到了广泛应用。这些研究成果的及时应用，反过来又会促进博物馆学术研究的进步。

（五）博物馆学术研究在博物馆学向独立学科发展的过程中贡献斐然

近年来，随着研究对象、原理、方法、目标等方面独立性和独特性的日益凸显，博物馆学开始向一门独立的学科发展。高校对博物馆学的发展贡献巨大，在高校设立博物馆学科后，博物馆学的研究获得快速发展。与此同时，博物馆的学术研究在博物馆学向独立学科发展的过程中也功不可没。

五 山东博物馆在科学研究方面的探索

藏品的征集、保管与研究，以及展览策划、科技保护、公共教育、对外交流等博物馆各项业务都需要学术的护航，因此，山东博物馆确立了"学术立馆"的办馆方针，努力打造区域性文物博物馆学科研究新高地。

（一）请进来

开设齐鲁文博讲堂，邀请专家举办讲座，搭建学术交流平台，举办石刻论坛等学术报告。结合"衣冠大成——明代服饰文化展"举办"守正创新：传统服饰展览的保护与展示"学术研讨会，结合"晚期铜器展""金石全形拓展"等展览，举办晚期铜器与金石学学术讨论会，这些与展览配套或与展览相关的学术研讨会，不仅深化了展览的主题和内涵，而且延伸了由展览所带来的学术思考和学术研究。先后聘请了李零、朱凤瀚、孙敬明、陈同乐为山东博物馆首席专家。

（二）传帮带

发挥名家名师在博物馆研究中的骨干带头作用，聘请国内外有影响力的文博大家担任首席专家，依托馆内在相关领域具有一定成绩的专家成立名家工作室，充分发挥学术"传帮带"的作用。

（三）守阵地

馆刊和藏品研究专著、展览图录是学术积累和学术交流的一项重要工作，也是博物馆学术研究成果发表的重要阵地。如《衣冠大成——明代服饰文化展》图录，除服饰文物照片和说明外，绘制了39幅文物线图和彩绘稿，增加了明代服饰综述、丝绸面料、服装款式、纹样等方面的研究文章，书后并附《明代年表》《明代衍圣公及夫人世系表》《明代墓葬出土服饰相关文物汇总表》以及《大明会典》《大明集礼》《明史·舆服志》中有关明代服饰的文献资料，整本图录的文字达到 10 余万字，具有非常高的学术性。

（四）明主业

展览是博物馆最主要的文化产品，是实现公共文化服务功能最主要的形式。在藏品征集、保管、研究、展览、社教、文创各项工作主线中，科研工作发挥着重要的纽带和桥梁的作用，要紧紧围绕展览展示这一主责主业开展学术研究，研以致用，为展览、展示、传播和弘扬社会主义核心价值观、增强文化自信提供扎实有力的学术支撑。

（五）预则立

鼓励年轻同志以个人兴趣为出发点，依托本人学术背景，结合博物馆藏品研究或博物馆业务工作，独立开展深入、细致的研究，尽早形成个人研究的方向和学术专长，在学科专业领域方向上做深做细、做优做强，成为专家。也可在学术委员会的引领下，博物馆各部门开展合作，形成青铜器、陶瓷器、书画、玉器、杂项、古文字等若干个开放包容、充满活力的研究团队，力争打造一支在国内外具有影响力和话语权的科研队伍。

（六）锲不舍

尽管博物馆大量工作都与研究密切相关，但博物馆毕竟不是专门的研究机构，许多研究工作是在大量繁杂的工作之余进行的，因此，研究的进步来之不易，但是不积跬步，无以至千里，博物馆藏品多达几十万件，只有锲而不舍地一件件研究、一步步前进，日积月累，才有可能达到学术的高峰。

进一步加强博物馆科学研究，推动学术研究高质量体系化、可持续性发展，打造博物馆学术品牌，为文博事业的发展、为更好担负起记录展示中华民族现代文明的时代重任做出新的贡献，未来可期。

山东博物馆陈列展览体系构建的思考与展望

文／徐文辰　山东博物馆

内容提要

在新时代博物馆事业高速发展的背景下，博物馆展览内涵日益丰富、观众诉求更加多样、释展手段更迭层出、交流融合渐成常态，催动着博物馆展览体系的更新发展。本文基于博物馆陈列展览体系的特性的分析阐述，在创建中国特色世界一流博物馆，构建中华文明展览展示体系的目标框架下，探讨山东博物馆陈列展览体系的构建与前景，以期为当下博物馆的展览策划提供借鉴。

关键词

博物馆　展览体系　构建　展望

博物馆作为公共文化服务机构，是文化传播的媒介，文化传承阵地，同时承载着文化教育、文化交流等多重社会功能。陈列展览是博物馆的文化服务系统的核心，在博物馆运营过程中将陈列展览统筹规划，在特定的空间范围和确定的时间区段内，由符合博物馆使命及定位的不同类别、层级的陈列和展览构成的有序整体，即为博物馆展览体系。

一　博物馆陈列展览体系的特性

科学严谨的博物馆展览体系的构建，体现了对博物馆定位和宗旨的精准解读与全面阐释，体现了博物馆各展览之间以及展览与博物馆之间的逻辑关系，体现了博物馆自身特色。

1.体系结构的稳定性

博物馆的定位决定了展览体系构建的方向。决定陈列展览体系构建的博物馆自身藏品、科研、人才、地域特点等要素在一定时间内具有一致性和连贯性，博物馆通过陈列展览与观众建立特定的联系，以实现博物馆知识构建与传播的目的的宗旨始终如一，因此博物馆展览体系的规划和执行具有相当的稳定性。以山东博物馆为例，山东博物馆是中华人民共和国成立后建立的第一座省级综合性地志博物馆，承担着展示山东地域特色文化、历史脉络、自然地理、研究成果等多种职能。山东博物馆陈列展览体系经历了初创、发展、完善的完整阶段。1953年10月19日，山东省博物馆筹备处成立，时任国家文物局副局长王冶秋来山东考察时提出："各省、市博物馆，应是地方性和综合的，即以当地的自然资源、历史发展、民主建设三部分为陈列内容，使之与地方密切结合。"明确了山东博物馆作为地志博物馆的性质、任务和发展方向。1954年8月15日，文化部文物局在山东省博物馆筹备处启动了全国省级博物馆地志陈列试点工作，1956年2月13日，"山东地志陈列"正式对外开放，展览内容包括：自然之部、历史之部、社会主义建设之部三大部分，展览全面展示了山东的自然、历史、社会面貌。这是中华人民共和国成立后举办的第一个大型的地志陈列。山东博物馆展览体系初步建立，这一体系结构对山东乃至全国的地志博物馆展览体系构建都影响深远。山东省博物馆的陈列展览成为全国博物馆系统的样板，山东通史陈列的模式迅速推广，推动了中国博物馆建设事业的发展。此后历经1992年山东省博物馆千佛山新馆开放、2010年11月山东博物馆新馆开放等博物馆事业发展高峰，山东博物馆逐渐发展成为新型省级综合博物馆。进入新时代，山东博物馆更是向着国家级博物馆的目标努力迈进，但是以山东历史文化、山东自然生态、山东近现代文化为支撑的展览体系基本框架没有发生本质的变化，依然是山东博物馆规划展厅、策划展览的主要依据。

2.体系内涵的成长性

博物馆陈展体系是一个具有成长性的开放系统。社会的变迁赋予博物馆多种职能属性，不同时期、不同层级、不同主题的博物馆呈现不同的陈列表现模式，展览体系处于动态的自我完善成长状态。时代的需求作用于博物馆展览体系的发展，服务于社会的博物馆陈列展览体系在时间维度上存在着的短期与中长期的规划，社会经济状况、意识形态导向、观众审美需求等因素的变化促使博物馆展览在内容上和形式上调整。随着博物馆在社会文化生态中发挥的作用日益凸显，博物馆物理空间不断升级，藏品体系完善丰富，国内国际交流空前活跃，这些变化无疑影响着陈列展览体系的发展。建筑空间、展陈空间和美学空间的关系越来越成为陈列展览体系构建需要细致考虑的问题。展品数量和品类的增加，使博物馆展览策划主题的外延不断扩展，展览体系构建日趋精细化。频繁的境内外展览壮大了以文化交流和文明互鉴为主题的展览体系。在当今创建中国特色世界一流博物馆大潮背景下，大众品位的提高、新发现新成果的涌现、新理论新技术的更迭，督促着各大博物馆对各自展览进行变革，完成了一系列展览升级和创新，陈列展览体系日臻完备。陈列展览体系的成长性促使博物馆在合理的展览更新周期内不断更新、补充、完善，进行及时的展览升级。山东博物馆基本陈列的发展历程也证明了这一点：自1956年"山东地志陈列"开放，历经近70年探索与创新，至2023年全新的"海岱日新——山东历史文化陈列"面世，山东博物馆基本陈列实现了从"地志史"到"文化史"的跨越。

3.体系层级的多元性

博物馆陈展体系是复杂系统，内部层级之间的关系和秩序体现出多元性的特点。博物馆陈列展览体系的构建，无论在展陈空间上，还是展览时间排布上，都要基于各个博物馆藏品信息的多元性，即使在传统不断被突破的当下，藏品依然是博物馆展览的基础，以学术研究为引领，围绕最新的藏品特点和学科成果展开。博物馆观众的需求同样是多元的，展览体系的构建要考虑观众群体的知识层次、审美偏好、学习习惯等因素，最大限度兼容这些需求，以分层分众的方式将本馆的展览梳理整合为有序的体系。依然以山东博物馆为例：山东博物馆藏品以富有地方特色的历史文物、自然标本、艺术品等为主。尤以陶瓷器、青铜器、甲骨文、简牍、汉画像石等最具特色。山东博物馆拥有展陈面积2.5万平方米，以体系完整、门类丰富的藏品为基础，形成了以基本陈列为核心，专题展览为支撑，原创性临时展览为补充的展览体系。"海岱日新——山东历史文化陈列"是山东博物馆基本陈列。展览分为"史前时期""商周时期""秦汉隋唐""宋元明清""近现代"五大部分，全面展示山东地区六十余万年人类史、一万年文化史、五千多年文明史，实证中华文明的突出的连续性、创新性、统一性、包容性、和平性。专题展览是山东博物馆展览体系的重要组成部分，体现了馆藏文物的特点，也突出了山东地域文化特色和最新考古成果。目前山东博物馆开设"佛教造像艺术展""汉代画像艺术展""山东龙——穿越白垩纪""晶·彩——探寻神奇的矿物世界"等7个常设专题展览。展览内容涵盖历史文物、红色文化、自然生态等，全方位、立体化呈现山东的地域文化特色。为了满足观众欣赏水平的不断提高和多样化的文化需求，山东博物馆充分挖掘馆藏文物，策划推出了各种题材丰富多彩的临时展览，展览主题涵盖自然标本、汉画像石、革命文物、甲骨文、孙子孙膑兵法竹简、古籍文献、晚期铜器、全形拓等馆藏特色。

4.体系元素的独特性

陈列展览是构成博物馆陈展体系的基本元素，博物馆陈列展览具有鲜明的特性。展览的特性体现在独立展览鲜明的主题、个性的陈列语言、独特的文化表达中，这些独特性呈现出展览体系的特色，影响着观众对博物馆陈展体系使命的感知。山东博物馆陈列展览体系即具有鲜明的独特性，从其展览可感知独特的地域文化特征。山东博物馆深入挖掘中华优秀传统文化的精神内涵，在长期的展览实践中，形成了"历史传承""文明互鉴""文化共享""红色传承""自然生态"五大特色展览体系，尤其突出了东夷文化、齐鲁文化、莒文化、儒家文化、泰山文化、黄河文化、大运河文化、齐长城文化、革命文化、社会主义先进文化、海上丝绸之路、东北亚文明等特色区域文化展示，与陈列展览体系同步完成了地域文化标识展示体系的构建。

二 构建更加完善的博物馆展览体系

今年两会，习近平总书记强调，"要把博物馆事业搞好。博物馆建设要更完善、更成体系，同时发挥好博物馆的教育功能"。如前所述，山东博物馆在近70年的发展实践中形成了以基本陈列为核心，专题展览为支撑，原创性临时展览为补充的展览体系，在结构性、逻辑性、规则性、目的性多维度实现着博物馆的使命。新时代背景下，如何更完善、更成体系地做好博物馆陈列展览体系建设，是未来的机遇和挑战。

1.夯实"海岱+"常设展览体系

处理好陈列展览体系稳定性与成长性的关系。不断提升体现博物馆性质，反映地域历史与文化的基本陈列，辅以馆藏特色专题陈列，挖掘阐释海岱地区地域文明，讲好地方故事。具体来说，就是应以全新打造的"海岱日新——山东历史文化陈列"为根基和灵魂，不断更新和完善诠释海岱地区历史文化脉络、生态文明特点的"汉代画像艺术展""山东佛教造像艺术展""明代鲁王展""山东龙——穿越白垩纪""山东自然生态陈列"等专题陈列，构建具有山东地域特色的常设展览体系。

2.共构"原创+"临时展览体系

发挥好陈列展览体系多元性与独特性的优势。秉持"学术立馆"理念，以学术研究为基础，以博物馆联盟、博物馆学会为纽带，以陈列展览委员会为依托，加强展览策划力度，擦亮特色展览品牌，着力打造山东博物馆原创展览资源库，形成博物馆馆藏资源共享机制。在全球化视野下，展览是博物馆与世界连通、对话、构建人类命运共同体的重要窗口。践行"立足地域、辐射全国、面向世界"的高质量发展理念的展览策划路径，保护、研究、收藏、阐释和展示人类文化遗产与自然遗产。积极联络推进国内外馆际展览交流和跨界合作，秉持"开放合作，互利共赢"的工作理念，与国内外文博、文化、考古、科研单位合作，深入挖掘优秀传统文化的思想内涵，策划出一系列具有鲜明教育作用、彰显社会主义核心价值观的主题展览，围绕中心服务大局，主动担当积极作为讲好中国故事。以展促交流，以交流促创新，提升博物馆临时展览活力，使"原创+"成为山东博物馆临时展览的特色和品牌。

3.探索"数字+"未来展览体系

在"互联网+"的时代背景下，山东博物馆围绕地域文明特点，探索陈列展览融合发展新路径，以具有代入感、沉浸感，同时兼具数智化、人性化的展陈呈现，打造"传统文化+科技"的沉浸式文化体验空间，有效扩展了公共文化服务场馆的文化传播方式及文化传播载体。面对信息时代可预见的大数据+人工智能的发展趋势，博物馆的物理边界、服务方式，甚至传统使命或将不断被突破和解构，这也成为博物馆未来发展的重要突破点。博物馆陈列展览体系作为一个具有成长性的开放体系，应积极准备应对未来的多种可能性。创新理念引领展览体系升级，接纳和充分利用新兴技术，融合艺术与科技打造智能展示空间，发展以"数字展"为代表的云展览体系，探索"元宇宙"概念下的新展览模式，创造性地将虚拟现实、融合媒体、大数据算法、人工智能等数字时代新媒体、新技术融入展示形式，以完成博物馆展陈体系的新成长，提升博物馆全方位服务能力。

三 结 语

博物馆陈列展览体系是一个具有结构稳定、持续成长、层级多元特性的复杂、开放的系统。在不断变化的社会、文化、自然环境中，通过展览实践推动和促进体系的成长和更新，使得体系内部更加联通，外部更加联结、整体更加完善。在文化事业蓬勃发展的新时代背景下，充分认识博物馆陈列展览体系特点，深入挖掘博物馆特色资源，多重视角、全方位地架构以传承为根基，以创新为动能，以为时代为引领的展览体系，助力博物馆以更加开放、活跃、高效的状态运行，提高博物馆的组织效能和公共价值，从而推动其高质量发展。

参考文献

1. 宋向光：《博物馆陈展体系的特点及规划策略》，《中国文物报》2022年3月22日、4月5日第6版。

2. 田甜：《中国大运河博物馆多重视角下的展览体系架构》，《东南文化》2021年第3期。

3. 王勇军：《传承·创新——山东博物馆陈列展览探索之路》，"传承·创新——山东博物馆陈列展览2010－2020》，山东美术出版社，2020年。

组织外传播学视角下博物馆短视频传播机制的分析

文\何天明　张玥　姜惠梅　山东博物馆

内容提要

博物馆作为一个具有现代化性质的组织，其宣传可以分为组织内宣传和组织外宣传两个部分。博物馆想要提高社会影响力，提高组织外宣传的效率是题中应有之义。因此，本文基于组织传播学理论，对2023年-2024年期间山东博物馆推出的短视频的传播环境、传播内容、传播途径和传播特点进行分析，并总结了山东博物馆开展组织外传播的相关经验。

关键词

博物馆宣传　组织外传播　宣传

一　理论概述

组织传播学理论是传播学的分支，根据传播对象的不同，组织内部各个系统之间开展的信息交流、共享、传递活动为组织内传播，组织和外部环境发生的信息交流、共享、传递活动为组织外传播。[1]因此，组织外传播理论是组织传播学理论的一部分。

组织外传播过程分为两个方面：由外向内开展的信息输入活动，即组织为实现特定的目标从组织外部收集信息、整理信息的活动；由内向外开展的信息输出活动，即组织通过各种大众媒介开展的对外宣传活动[2]。

在陈力丹的《组织的内外传播》中将组织外传播内容进行了划分[3]：

（1）组织间的传播，组织和社会环境之间进行的传播活动。

（2）组织形象传播，组织使用统一的象征符号系统塑造企业形象的传播活动，比如组织形象标志、价值理念等。

（3）组织危机传播，出现特殊情况时，由组织作为传播主体开展的维护、修复组织形象的传播活动。

由此可见，组织外传播具有双向性、目的性和计划性的特点。

根据《事业单位登记管理暂行规定》，事业单位是"社会服务组织"。博物馆作为事业单位型社会组织，必然会与外部环境发生交流，进而产生传播行为。谢玲玲在其论文《基于组织传播学理论下博物馆组织外传播研究——以云南省博物馆为例》中指出：博物馆组织外传播指的是博物馆作为传播主体，利用传播媒介和外界环境发生信息交流的过程[4]。

博物馆组织外传播的基本特征为和外部环境发生信息交流的过程中，博物馆是传播行为的主体，即以博物馆的名义开展传播的活动[5]。比如：博物馆官方账号在社交平台上有计划、有目的地发布的展览信息、活动信息等；以博物馆为主体对公众发布期刊、书籍等都属于博物馆组织外传播的范畴。然而，在这里需要指出的是并非所有的传播活动都属于博物馆组织外传播的范畴，没有经过博物馆的同意开展的传播活动不属于博物馆组织外传播范畴。

二　山东博物馆宣传短视频组织外传播机制分析

1.宣传短视频创作主体

山东博物馆依托在2023、2024年期间新开设的展览，邀请展览策划专家、陈列设计专家、文物修复师、文博专家对展览进行深度解读发布在山东广播电视台视频号、抖音号、微博号等平台上的系列短视频。本文从组织外传播理论的角度出发，对山东博物馆创作的宣传短视频进行分析。

针对2023～2024年期间的临时展览，山东博物馆作为传播主体和山东广播电视台联合开展的展览宣传活动。山东博物馆宣教部负责宣传创作，山东广播电视台沟通协调发布视频的渠道和时间；其他业务部门负责出镜拍摄、讲解、审核短视频内容

2.外部传播环境

从社会环境的角度来看，近些年以来，"博物馆热"成为一个新的社会现象和新的文化风尚，越来越多的年轻人开始走进博物馆、认识博物馆、了解博物馆，热门场馆甚至出现"一票难求"的景象[5]。

从文化环境的角度来看，山东有丰富的文物藏品，史前、商周、秦汉隋唐、宋元明清皆留存有大量的物质文化遗产与非物质文化遗产。山东有丰盛的文化大餐，拥有800余家博物馆，博物馆数量占全国第一。深厚的文化底蕴与大量的文化藏品，为山东博物馆传播文化知识、历史知识奠定了受众基础。

从科技环境的角度来看，互联网的快速发展，新媒体技术、数字化技术等媒介技术的发展让受众有了更多的知情权和发言权，多样化的传播方式彻底打破了大众传播的垄断局面，形成了大众传播、组织传播、人际传播相互交叉、相互融合的传播局面[6]。

无论是社会环境、文化环境，还是科技环境，都为展览介绍类短视频的传播提供了良好的空间，让展览介绍类短视频能吸引更多人的关注，传播的范围更加广泛，传播效率也随之提高。

3.传播内容

宣传短视频以山东博物馆2023年——2024年主办的展览为基础，短视频的基本设定为时长五分钟以内。内容包括以下几个方面：

第一，介绍展览基本信息。对"山左邦彦明清画像里的家国情怀""器以载道——山东晚期铜器的古意与新义""古董·今董——山左金石全形拓文物艺术展""沿着运河看年画"等四个展览的时间、内容、主题进行阐释。以"器以载道——山东晚期铜器的古意与新义"为例，该视频由典藏部策划展览的工作人员详细介绍了山东晚期铜器的制作工艺、产生的历史背景，晚期铜器在古代社会生活中的作用、选择文物的标准等内容。该视频通过策展人的叙述，引导受众从策展人的角度认识山东晚期铜器，了解策划展览的专业性和严谨性，使传递的信息更具有代表性和说服力。

第二，展示展览文化内涵。宣传短视频邀请策展人、文物修复师、文物专家将与展览相关的历史事件、文物事件、现实事件联系起来，深入解读讲述展览和文物背后的故事，增强受众在情感上对山东文化、中华文化的认同。

第三，深挖展览艺术魅力。博物馆不仅是学习知识和文化的地方，更是获得审美享受和审美体验的殿堂。以展览为主要内容，拍摄了以"策展人说"为主题的系列宣传短视频，从形式和内容两个方面、多个角度展示展览设计思路、展览的看点，受众可以从最美的角度来欣赏展览，品味展览的细节，感受展览的艺术魅力。

在山东博物馆与山东广播电视台两个组织合作宣传的过程中，传播对象不仅是普通受众，而且包括山东广播电视台及山东广播电视台的受众群体，扩大了山东博物馆的传播范围。从个人受众的角度来看，"策展人说"系列短视频使受众避免将时间浪费在同质化的信息中，官方通过另一个官方渠道传递信息，且双方都具有权威性，树立了山东博物馆的良好形象。

4.传播途径

短视频传播渠道为山东博物馆官方账号和山东音乐广播官方账号，根据展览的受众群体、展览的时间

选择相应的传播渠道。比如"山左邦彦明清画像里的家国情怀"展览的内容为明清时期山东地区人物的肖像画，其受众群体为年轻人、绘画爱好者、艺术爱好者、历史和文化研究者等，因此该视频传播途径为年轻受众基数较多、可采用"图文＋视频"形式发布短视频的微博平台。"器以载道山东晚期铜器的古意与新义"展览内容为山东宋元明清时期的铜器，"古董·今董——山左金石全形拓文物艺术展"展览内容为山东博物馆的全形拓藏品，晚期铜器展览和全形拓展览的受众群体为历史爱好者、文化爱好者、金石学爱好者、艺术鉴赏家，这部分受众群体较为小众，故投放在数据维度关联性强、具有私域流量特征的微信视频号中。"沿着运河看年画"展览的内容为北京、天津、山东、河南、江苏等地区的年画，集合多个地区的年画作品，受众群体广泛，故选择了在抖音、微博、微信视频号、闪电新闻APP等平台上发布，扩大"策展人说"系列短视频的影响力（图一~三）。

5.传播特点

第一，传播对象的针对性。短视频的内容为介绍山东博物馆的临时展览，内容为介绍山东地区的历史和文化，具有较强的地域性，这也导致这些短视频受众群体并非随机的，而是明确的、有限的。

第二，传播行为的复杂性。短视频涉及对象较多，创作视频和发布视频的主体不仅为山东博物馆组织内部的工作人员，还包括组织外部的山东广播电视台。此外，短视频传播渠道多，比如"两微一抖"、闪电新闻等新媒体平台。涉及对象和传播渠道决定了宣传行为具有复杂性。

第三，传播内容的权威性。"策展人说"系列短视频的传播主体是山东博物馆，传播活动是以山东博物馆的名义开展和进行的，视频出镜人为策划展览者、文物修复师、文博专家等视频的内容比大众传播准确性更高、权威性更强。

三　基于组织外传播理论的启示与思考

1.构建全媒体宣传体系，做到"人人都是传播者"

随着现代信息技术的发展，社会传播关系变化飞速，媒体深度融合发展已然成为时代主流，构建全员媒体、全程媒体和全效媒体刻不容缓。构建全媒体宣传体系，必然需要组织外宣传的助力。比如，2024年3月21日，"礼运东方——山东古代文明精粹展"在山东博物馆正式开幕之后，吸引了大批自媒体博主前来山东博物馆拍摄与展览相关的视频，比如，拥有360万粉丝的自媒体博主"泰山娟姐"以"52家博物馆的镇馆之宝都在这里了，快来看吧"为题拍摄短视频，并在抖音等自媒体上播放，点赞量高达2.6万人次。拥有2055万粉丝的"普陀山小帅"的自媒体博主以"跟着小帅在山东博物馆一次性看到52家博物馆的镇馆之宝，每一件都是我国古人的伟大发明"为题拍摄宣传短视频，点赞量达9.4万人次。这些自媒体博主拍摄的短视频，即为自己获得了流量，也增加了山东博物馆的曝光度。可见，博物馆应打开向外宣传的思路，加强与其他组织、机构、个人之间的合作，扩大展览宣传的范围，真正做到"人

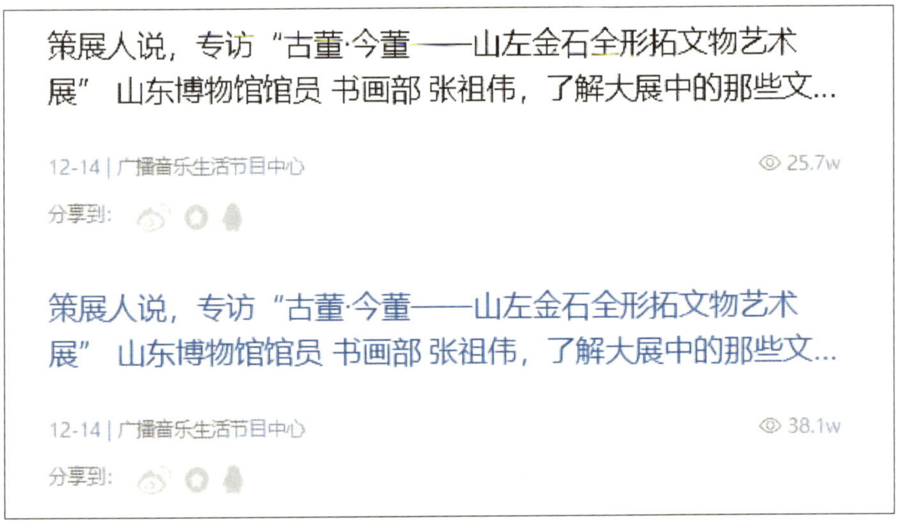

策展人说，专访“古董·今董——山左金石全形拓文物艺术展” 山东博物馆馆员 书画部 张祖伟，了解大展中的那些文...
12-14 | 广播音乐生活节目中心
25.7w
分享到：
策展人说，专访“古董·今董——山左金石全形拓文物艺术展” 山东博物馆馆员 书画部 张祖伟，了解大展中的那些文...
12-14 | 广播音乐生活节目中心
38.1w
分享到：

图一　策展人说“古董 · 今董——山左金石全形拓文物艺术展”视频闪电新闻 APP 浏览数据

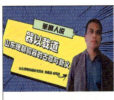

策展人说
器以载道
山东晚期铜器的古意与新义
策展人说，专访“器以载道——山东晚期铜器的古意与新义”：山东博物馆副研究馆员 典藏部 布明虎，了解大展中...
12-11 | 广播音乐生活节目中心
16.4w
分享到：
策展人说
器以载道
山东晚期铜器的古意与新义
策展人说，专访“器以载道——山东晚期铜器的古意与新义”：山东博物馆副研究馆员 典藏部 布明虎，了解大展中...
12-11 | 广播音乐生活节目中心
12.4w
分享到：

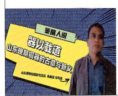

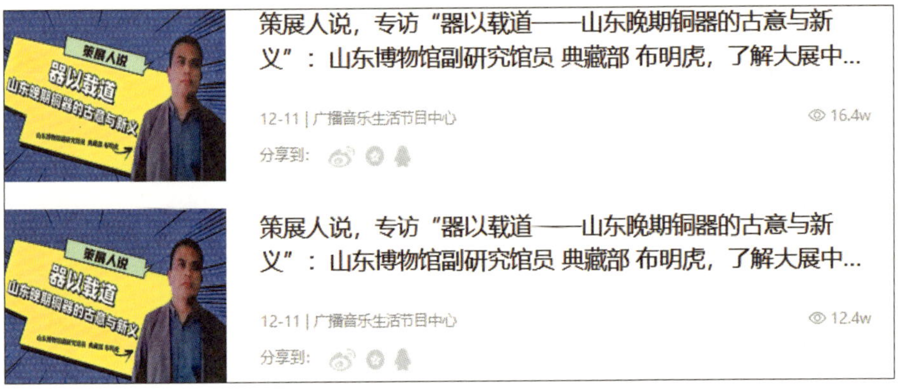

图二　策展人说“器以载道——山东晚期铜器的古意与新义”视频闪电新闻 APP 浏览数据

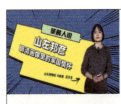

策展人说
山左邦彦
明清画像里的家国情怀
策展人说——山东博物馆书画部范菲菲
12-08 | 广播音乐生活节目中心
9.7w
分享到：
策展人说
山左邦彦
明清画像里的家国情怀
策展人说——山东博物馆书画部范菲菲
12-08 | 广播音乐生活节目中心
29.7w
分享到：

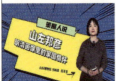

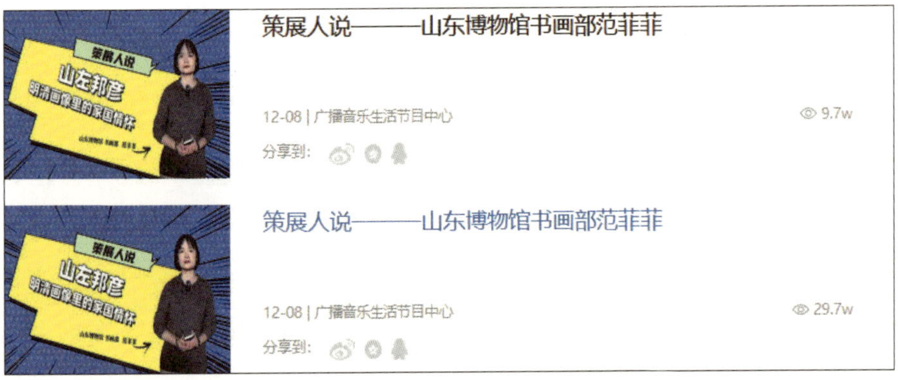

图三　策展人说“山左邦彦——明清画像里的家国情怀”视频闪电新闻 APP 浏览数据

人都是传播者”，形成宣传合力。

2.深挖文物故事，丰富传播内容

拉斯韦尔指出，宣传的中介物是“重要的符号”，故事、报道等符号[7]。在博物馆组织外宣传中，讲文物故事是关键。一个好的故事能够让受众产生

情共鸣，视频中有镜头、有语言，是讲述故事的最佳式之一。组织外传播的受众群体为普通大众，博物馆应学会换位思考，挖掘文物的深度，精选文物故事角度，用镜头语言创作出有价值、吸引人、打动人的文物故事，提高传播内容对受众的吸引力。

3. 优化投放渠道，实现精准触达

在融媒体时代，各类媒体平台都有其固定的受众群体，"大数据+算法"的推送方式使受众倾向于接触与自己价值观相符合的信息[8]。在这种传播方式下，选择好短视频的投放渠道至关重要。博物馆的投放渠道是有限的，跨界是增加受众群体的传播方式。博物馆应根据展览的内容、受众群体，充分利用好其他组织、机构或个人投放渠道，使信息能够精准触达受众。

4. 加强双向互动，重视潜在受众

传播学理论认为宣传是社会信息的传递，具有双向性和互动性。同时，按照接触新闻媒介的确定性可以将博物馆的受众分为：已经通过媒体接触、了解、关注并对山东博物馆产生兴趣，能直接接受博物馆信息的现实受众；尚未接触过山东博物馆的信息，但是可能会对博物馆活动和信息产生兴趣的潜在受众，比如"爱好观看文博类视频的观众"。博物馆可通过联名发布、共同创作等方式，和其他组织合作开展传播活动，是充分挖掘潜在受众、转化潜在受众的一种方式，比如邀请受众点赞、转发，回复受众的评论，以此来提高文物类短视频对潜在受众的吸引力。

四 结 语

在全媒体时代，技术催生了短视频，也改变了传统的传播方式，开展组织外传播是文物类短视频"出圈"的途径之一。因此，博物馆应该通过和其他媒体合作等方式积极拓展对外宣传的方式和路径，让文化和艺术抵达至更多的受众。

注 释

[1] 谢静：《组织传播学》，复旦大学出版社，2014年。

[2] 胡河宁：《组织传播学结构与关系的象征性互动》，北京大学出版社，2010年。

[3] 陈力丹：《组织的内外传播》，《东南传播》2016年第3期. DOI: 10.13556/j.cnki.dncb.cn35-1274/j.2016.03.009.

[4] 谢玲玲：《基于组织传播学理论下的博物馆组织外传播研究》，云南大学，2022.DOI:10.27456/d.cnki.gyndu.2022.002393.

[5] 孙加裕：《博物馆数字化转型及其文化传播延伸》，人文天下，2023，（08）:82-86.DOI:10.16737/j.cnki.rwtx81281190.2023.08.009.

[6] 帖伟芝：《人工智能背景下博物馆文化传播的路径与变革——以河南省博物馆系统为例》，新闻爱好者，2024，（02）:55-57.DOI:10.16017/j.cnki.xwahz.2024.02.022.

[7] 郭庆光：《传播学教程》，中国人民大学出版社，2011年。

[8] 崔维新：《多维视角下我国博物馆文化传播的理论与实践》，中国文史出版社，2022年。

附件 部分短视频浏览数据

视频名称	发布平台	总浏览量（截至2023年3月15日）
策展人说——山左邦彦——明清画像里的家国情怀	闪电新闻、微博、微信视频号、抖音	44.2万人次
策展人说——器以载道——山东晚期铜器的古意与新义	闪电新闻、微博、微信视频号、抖音	30.7万人次
策展人说——古董·今董——山左金石全形拓文物艺术展	闪电新闻、微博、微信视频号、抖音	66.4万人次
策展人说——沿着运河看年画	微博、微信视频号	15.2万人次

组织外传播学视角下博物馆短视频传播机制的分析

数智化时代山东博物馆文物保护利用与文化服务探索研究

文／李小涛　山东博物馆

内容提要

在国家关于加强文物保护与利用工作的一系列政策指导下，山东博物馆统筹做好文物数字化保护与有效利用，在文物数字化信息采集、文物数据管理平台建设、数字化展示传播、智慧化服务等方面做了大量卓有成效的探索实践，形成了以馆藏数字资源库为基础，以数字资源管理平台为依托，以虚拟展厅、新媒体宣传、数字展项呈现、文创开发、智慧导览等为载体的数智化工作框架，有效实现了文物价值的阐释传播，提升了博物馆的公共文化服务水平，有力推动了中华优秀传统文化创造性转化和创新性发展。

关键词

数智化　博物馆　文物　保护利用　文化服务

文物承载灿烂文明，传承历史文化，维系民族精神，是弘扬中华优秀传统文化的珍贵财富，是促进经济社会发展的优势资源，是培育社会主义核心价值观、凝聚共筑中国梦磅礴力量的深厚滋养。党的十八大以来，中央和国家有关部门认真贯彻落实习近平总书记关于文物和博物馆工作的重要指示批示精神，出台一系列加强文物保护利用的政策，其中对文物数字化保护越来越重视。2018年4月，国家文物局办公室印发了《关于加强可移动文物预防性保护和数字化保护利用工作的通知》，提出要推动实现文物和信息资源的科学管理、传播和利用，更好地促进文物"活"起来，明确了可移动文物数字化保护利用的主要工作内容。2018年10月，中共中央办公厅、国务院办公厅印发《关于加强文物保护利用改革的若干意见》，提出充分运用互联网、大数据、云计算、人工智能等信息技术，推动文物展示利用方式融合创新，推进"互联网+中华文明"行动计划。2021年10月，国务院办公厅印发《"十四五"文物保护和科技创新规划》，提出"加强文物数字化保护，以世界文化遗产、全国重点文物保护单位、馆藏一级文物等为重点，推进相关文物信息高清数据采集和展示利用"。

山东博物馆一直重视数字化的建设和发展，特别是自新馆启用以来的10余年，先后在文物数字化信息采集、文物数据管理平台建设、数字化展示传播、智慧化服务等方面做了大量卓有成效的工作。目前形成了以馆藏数字资源库为基础，以数字资源管理平台为依托，以虚拟展厅、新媒体宣传、数字展项呈现、文创开发、智慧导览等为载体的数智化工作框架。

一　有序推进文物数字化保护，为文物价值利用打下坚实基础

文物数字化的基础是运用二维、三维影像等手段，对文物进行真实、完整、高清数字化的信息采集，形成数据库。山东博物馆自新馆投入伊始就注重文物数据库的建设，2014年由原山东省文物局牵头启动山东数字化博物馆项目，选取山东博物馆等全省文博单位的珍贵文物，进行拍照、3D数据扫描等数字化采集处理，此次项目山东博物馆共采集1900件珍贵文物。2020年完成"馆藏珍贵文物数字化保护利用"项目，采集珍贵文物400余件，其中对明代服饰、自然标本的采集获得行业高度肯定和认可。2021年，"山东博物馆藏珍贵革命文物数字化保护及山东省革命文物数据库建设"项目顺利结项，完成了200件珍贵革命文物的数字化信息采集工作，建立了山东革命文物资源总目录和数据资源库，并以山东省革命文物特点为基础，探索出珍贵革命文物元数据（Metadata）标准，实现了全省革命文物资源的数字化整合以及动态管理。2022年完成"山东省珍贵佛造像文物数字化保护利用项目"，数字化采集各类佛教造像100余件，建成"山东佛教造像数字资源管理系统"。同年，实施并完成"山东省考古成果数字化保护利用项目"，共采集330件文物的三维信息，并建成"孔子的时代""山东史前文化序列"两个知识图谱。2023年，开展"山东省石刻艺术博物馆馆藏文物数字化保护与利用项目"，完成101件石刻文物的三维数据采集、351件石刻文物及拓片的二维数据采集与制作、20件石刻文物电子拓片制作、汉画像石主题元素库（200个单元素）的提取工作以及2部视频动画制作，虚拟还原长清大街村汉画像石墓。有序实施的文物数字化保护项目，形成了丰富的数据资源库，不仅实现了对文物的保护，也为在此基础上进行的数据开发利用奠定了坚实基础。

二　充分利用数字化成果，赋能研究与展览展示

山东博物馆将文物数字化成果充分应用到展览展示工作中，成效显著。其中，"衣冠大成——明代服饰文化展"成为文物数字化保护与展览融合创新的典范。在展览中，克服服饰类文物质地柔软、采集难度大的难题，实现了服饰三维图像的采集和呈现，观众可全方位多角度观察精美的服饰文物，更加直观地了解古代服饰的穿着场景和穿戴顺序。在展览图录中，高清照片完美呈现了服饰颜色、款式、纹样之美，受到广大古代服饰爱好者的追捧，读者通过用手机扫描图录中专门为服饰文物创建的二维码，还可在线观看文物的三维图像和信息，大大丰富了传统图书的展示内容。在数字化保护与利用的助力下，"衣冠大成"展荣获了第十八届全国博物馆十大陈列展览精品奖，创新成果荣获了第五届山东省文化创新奖。

为进一步提升山东地区革命文物的保护管理能力和展示传播水平，山东博物馆开展"馆藏珍贵革命文物数字化保护及山东省革命文物数据库建设"项目。该项目集革命文物保护、研究、展示、传播利用、综合管理，对馆藏珍贵革命

文物在科学保护前提下活化利用，创新性地提出了"前置保护修复"，将项目中的200件革命文物的本体保护与数字化保护进行融合，并开创推出"革命文物元数据标准"等重要研究成果。"馆藏珍贵革命文物数字化保护项目"成果深度应用于2021年山东博物馆"让党旗永远飘扬——山东省庆祝中国共产党成立100周年主题展""初心——山东革命历史文物展"两大革命历史展览之中，创新革命文物宣传推广方式，推出"让党旗永远飘扬——山东省庆祝中国共产党成立100周年主题展"云展览，利用网络新媒体，推出革命文物"云直播"，持续推进革命文物数字化展示传播，加强革命文物资源网络空间建设，取得了良好的效果。

在全新打造的"海岱日新——山东历史文化陈列"中，借助数字技术手段展示文物内涵，以更生动鲜活、更易接近的方式呈现文物背后的故事，让观众体验到数字时代博物馆的更多可能性。一方面，甄选300余件（套）珍贵文物开展了文物数字化保护工作，并将阶段数据成果进行有效利用。点云数据用于制作展具、展架。如在蛋壳黑陶杯等文物展具的制作中，利用点云数据打印文物3D模型，根据模型对展具进行加工调整，最大限度地避免了与文物的直接接触。三维模型数据用于展览数字化内容的创意。在"战国乐舞陶俑"的展示中，利用文物三维模型数据制作了展示动画，让每一个陶俑都"动"了起来，完整再现了当时的乐舞场景。另一方面是知识图谱数字化展让观众在互动体验中获取延伸知识，高效快速地掌握历史文化发展的脉络。"山东史前文化知识图谱"以史前文化序列为轴，依次展现了沂源猿人、沂水跋山、乌珠台人、山东地区细石器、临淄赵家徐姚、扁扁洞文化、后李文化、北辛文化、大汶口文化、龙山文化的交错演变。"孔子的时代知识图谱"以阐述孔子所处时代的社会形态为主题，以点带面，通过知识图谱中孔子相关信息的彼此联动，将原本信息量较大的山东地区儒家文化更加生动地展示给观众。

山东博物馆承担了山东省文化和旅游厅委托的"文物山东——山东省可移动文物数据库综合管理服务平台"的管理运维。该平台于2017年"5·18国际博物馆日"开始试运行，是目前国内功能最完善的文博平台之一，也是率先正式面向公众开放的省级可移动文物管理平台。目前平台整合了全省400余家博物馆的文物信息化资源，共包括藏品、博物馆、展览、文物百科、虚拟展厅、"我的策展"等9个功能板块，有效地连接起全省各博物馆，促进了文物资源的整合利用，提升了公共文化服务能力。山东博物馆逐步完善数字文化新场景的建设，参与了由山东省文化和旅游厅牵头建设的山东省数字化博物馆项目，负责山东省数字化博物馆四个分馆中的山东博物馆分馆、济南遥墙国际机场分馆的运行维护。这两个分馆分别于2016年和2019年启动运行，已累计上传展出各类文物500余件（套），观众通过数字魔墙可以浏览文物的二维和三维图像和详细文物介绍，增强了观众的互动体验，拓展了文物知识的外延，成为传统实体展览的有益补充，在各类活动宣传及弘扬历史文化等方面发挥着重要作用。

三　打造数字"云展览"与智慧导览，提升公共文化服务水平

山东博物馆也一直重视公共文化云建设，对常设展、重要专题展览以及文物展品进行了三维数字化扫描，通过虚拟现实、增强现实等技术将虚拟展厅、虚拟展览及数字展品放到博物馆官方网站上，打造永不落幕的"云上展览"，观众足不出户就可以在线游览博物馆，通过在线讲解更能直观了解陈列在博物馆里的精美展品及展厅布局。目前山东博物馆已建成"汉画像石艺术展""佛教造像艺术展""瓷·韵——馆藏明清官窑瓷器展""片刻千载——甲骨文化展""非洲野生动物大迁徙展"等30个数字展厅，极大地丰富了线上博物馆的展示内容。同时，探索借助其他平台进行展示，将"衣冠大成——明代服饰文化展"数字展厅在支付宝小程序"云上觅宝"中上线。该展览宣传海报总曝光量超1000万，"云上觅宝"小程序内的曝光量达315万。借助平台的流量优势，线上云展览吸引了更多潜在观众尤其是年轻群体关注优秀传统文化，使历史文化信息普及到更广泛的观众。

为满足新时代观众对博物馆参观游览的多元化需求，山东博物馆在展览数字化传播、内部智能化治理、公众智慧化服务应用三个方面做了大量的研发工作，贯穿"以人为本"的原则，关注游客的参观需求和心理

变化，运用二维、三维GIS地图引擎、高精度的室内定位技术，并结合智能移动终端小程序应用，建立了一套以二三维一体化电子地图为框架，以小于1.5米为精度标准，定位精准、内容丰富、先进易用的参观导览服务体系，即三维可视化参观导览系统。该系统支持3D多层地图查看、实时定位、路线规划、位置共享、AR实景导航等功能，优化了公共服务设施引导的功能，强化了展览内容信息，既满足了观众随时随地多角度自主探索文化空间、了解文化知识、传承文化精髓的多元化需求，也有效缓解了观众因查找展览耗时长产生的疲惫问题，为观众提供精度高、定位快、无延时的室内导航体验，精准推送展览及服务资源，同时解决了疫情期间无法开展人工讲解的紧迫问题，引导观众进行自主参观和主动学习，提升了参观体验。管理后台实时同步分析观众行为数据，优化线路服务，实现业务管理与观众数据高度融合，提高了场馆智慧化、分众化的管理和服务水平。该系统获得了第七届全国十佳文博技术产品及服务奖。

此外，山东博物馆打造的面向移动终端的"山东博物馆AR智慧导览"展厅全覆盖项目，对全部常设展览进行人工智能导览内容制作。该导览涵盖山东博物馆十余个展厅，累计完成288件展品的导览信息制作，编写展品解说词近7万字，拍摄展品高清照片2000余幅，在云端建构了多达一千件展品的数字化导览信息，构筑了较完备的博物馆智能化导览平台。AR智慧导览利用先进的科学技术，进一步提升了观展服务的数字化水平，加速了博物馆信息及历史文化的快速传播。

作为文物收藏和展示的公共文化场馆，山东博物馆不断提升安防管理科技水平，对建筑外围、展厅内、公共休息区、库房、办公区等所有相关区域均纳入了视频监控范围，全力确保文物安全和观众人身安全。在此基础上，山东博物馆将进一步提升安防技术手段，通过全景监控技术，构建全局态势感知的防控体系，并新增智能行为分析技术，提升场馆观众秩序以及安全管理水平。为有效监测和管控观众流量，自2020年3月起，山东博物馆采取网上实名预约、总量控制、分时分流等措施，做好参观人员的流量管控。开辟了网上预约系统，观众可以通过山东博物馆官方网站、微信服务号、微信小程序、支付宝等"多入口"进行参观预约，到馆后进行线下自助核销验证，全面实现"零接触"入馆参观，大大提升了观众参观的便利化、智慧化水平。

四 开拓数字化宣传渠道，持续扩大博物馆文化传播力和影响力

山东博物馆充分利用科技助力博物馆全媒体融合发展，形成了以官网、微信、微博、抖音为主媒体的宣传平台。特别是2020年新冠肺炎疫情发生后，山东博物馆借助各大直播平台，对博物馆各个展厅、展览及重大活动进行了网上直播，形成了云端看展的新常态。2020年至2021年国际博物馆日期间，山东博物馆成功承办了两届"文物山东"山东省博物馆直播联动活动。两届直播联动活动中省内参与博物馆超20家，平台观看人次超过1500万人次。2022年5月17日至18日，山东博物馆承办的第三届"文物山东·守正创新"山东省博物馆

"5·18国际博物馆日"直播联动活动再次成功举行，通过16个新媒体平台同步直播，本次活动总观看量达1464.44万人次。活动中，山东博物馆联合孔子博物馆、山东大学博物馆、青岛啤酒博物馆、乐道院潍县集中营博物馆等省内重点文博单位，以直播云游博物馆的形式，为广大民众奉献了一场山东文化旅游的饕餮大餐，并通过中、英、日等多种语言进行展览讲解，向国际社会展示了博大精深的中华文化。

山东博物馆还和媒体开展跨界合作，将文物数字化成果应用到媒体节目中，扩大文物故事的传播和影响范围。山东博物馆多次参加中央广播电视总台大型文博类探索节目《国家宝藏》。其中一期播出的战国时期的铜餐具，由耳杯、小碟、盘、碗、盒等组成，共计62件。整套餐具分三部分装在一个铜罍中，设计精巧，制作精良，部分餐具至今保持着青铜原本的金黄色。节目中，利用数字化展示手段，通过动画完美展现了62件餐具如何从一个铜罍中取出、依序摆放、并再次逐一有序放回到这个铜罍中的过程，生动的演示使观众直观地感受到铜餐具设计的精巧以及背后所传达的礼仪，取得了良好的效果。

2021年，山东博物馆克服新冠肺炎疫情带来的不利影响，利用已有数字化成果积极开展对外文化交流，策划了"黄河与泰山——齐鲁文化展""衣冠大成——明代服饰文化展""石上史诗——中国山东汉画像石精品展""崖壁梵音——山东北朝摩崖刻经展"等多个线上图片展，将文物数字图片和英文说明相结合，以线上展示的形式，参加了"中韩文化交流年——鲁韩交流周"、美国"跨越太平洋——中国艺术节"山东文旅周、"2021卢森堡·中国山东文化年"等多个山东省重要对外文化交流活动，进一步扩大了中华文化的国际影响力。

五　探索数字文创开发路径，助力文化产业发展

在互联网快速发展和科技赋能文化建设的强大助力下，山东博物馆深入探索文化创意产品数字化转型升级的有效途径，立足山东博物馆重点文物资源尝试了多种数字化文创开发新模式。

1.打造"鲁博手礼"文创智造云平台

平台基于互联网生态链机制，综合利用云计算、大数据技术，逐步完善形成五大信息技术支撑系统，包括文创产品智能定制系统、设计师云上管理系统、文创产品智能生产系统、智能化供应链系统、社会化分销系统。平台服务于设计者、生产商、消费者及文博场馆和文创企业，构建个性化定制生态体系，实现设计师创意变现、生产商在线接单、消费者个性定制，提供一种垂直化、个性化的定制服务。

2.文物数字化跨界合作

山东博物馆探索将文物资源与手机游戏跨界融合，以数字化形式再现历史场景和人物形象，让当代年轻人感悟认知传统文化。比如，与腾讯天美工作室群及微软战略合作，借助策略手机游戏"重返帝国"这个具备娱乐化、数字化功能的载体，与馆藏军事著作汉代竹简《孙子兵法》进行深度联动，让年轻人通过

互动体验来更加直观地感受《孙子兵法》所蕴含的智慧和魅力。与手机游戏"闪耀暖暖"合作，利用文物数字化保护的成果，将馆藏明代服饰文物"香色麻飞鱼贴里"进行复刻，制作成游戏中的服饰道具，与年轻人喜爱的国风文化联动，让古老的文物在青少年群体中活了起来。

3.探索开发数字藏品

山东博物馆作为齐鲁文化的宣传窗口，一直致力于探索传统文化的当代表达，在"文化+科技""文化+旅游""文化+创意"等领域不断进行跨界融合和探索尝试，与国内科技龙头企业合作，开发数字藏品。2022年虎年新春，山东博物馆率先借助蚂蚁链平台的区块链技术，发布与"虎"相关的3D形态的数字藏品，与24家博物馆携手首次使用数字技术共迎新春，在支付宝福气商店中上线"汉虎纽铜錞于"数字藏品，实现了博物馆文创的社会效益和经济效益双丰收。"亚丑钺""青玉如意"等两件数字藏品也在"5·18国际博物馆日"期间发售，并迅速售罄。

4.培育"鲁博手造"品牌

山东博物馆响应"山东老字号与博物馆融合发展行动"，探索文化遗产数字化与线下体验相结合，与山东省老字号企业协会联合打造了全国首家在博物馆内开设的"山东老字号暨非遗文化体验馆"，通过"老字号+博物馆"的形式，开展以文化展示、技艺传习、手工体验等为主要内容的"山东手造"新业态，进一步弘扬老字号精湛技艺和品牌文化，丰富博物馆文创内容及文物活化形式。

六 数字化发展制约因素分析

山东博物馆在文物数字化保护利用和智慧化服务方面取得了显著成绩，但在发展过程中仍存在一些制约因素。主要表现在以下几个方面。

1.经费不足

数字化建设是一项长期、系统的工程，需要稳定资金的持续投入。目前，缺少足够专用经费用于支持数字化建设，且缺乏相应的完善制度来保障项目的开展实施。

2.人才缺乏

从事数字化建设的专业人员匮乏，特别是具备文博专业知识和数字化技术的复合型人才稀缺，人才培养和梯队建设相对落后。一些高校虽已启动了相关学科的建设，但馆校之间未能形成良好的合作互动机制。

3.标准不清

目前文博行业对文物数字化普遍存在标准不清、规范不明、格式不统一等问题。另一方面，智慧博物馆建设还没有统一的建设标准，关于顶层设计、通用架构设计、数据共享机制、管理运营、实用技术评估等方面还需进一步制定规范、标准、导则等。这些问题如果得不到有效解决，将制约博物馆智慧化建设的长远发展。

4.基础设施建设滞后

随着山东博物馆文物数字化工作的开展，文物数据量增长迅速，现有存储设备已不能满足不断增加的数据信息；数据安全方面，文物数据属于国家重要数据信息，要确保文物数据存储环境安全。但目前文物数据存储设备与网络设备、电话设备共用同一机房，设备拥挤且存在安全隐患，因此有必要增设专门的文物信息中心机房，以满足文物数据管理的空间需求和安全需求。此外，博物馆安防系统也相对落后，亟须提升改造。

七 对未来博物馆数字化发展的思考

结合山东博物馆文物数字化保护利用和智慧化服务具体工作情况，本文对于今后博物馆数字化和智慧化发展有如下几点思考。

第一，开展技术创新应用，推动智慧博物馆建设，以博物馆需求为导向，将"人、物、空间"等要素全面数据化，涵盖图文、影音、三维模型、全景漫游等多种数据类型，实现博物馆智慧保护、智慧研究、智慧管理和智慧服务。可通过全省统一规划，省级层面引领、省市县三级协同联动、应用示范先行，打造一批智慧文博场馆标准化应用标杆项目，以点带面推动全域数字化落地实施。

第二，完善文物素材数据库和资源平台建设，以全国可移动文物普查数据为基础，不断完善和统一山东省文物数据的存储与管理标准、平台建设，推进博物馆资源共享，构建信息互联、智能融合的博物馆新形态。

第三，加强文物数字化保护，以馆藏珍贵文物为重点，进一步开展文物数字化保护利用工作。构建文物领域多层次标准体系，推进省级乃至全国文物数字化、智慧博物馆等重点领域标准的制定和应用。

第四，建立健全数字化成果知识产权保护机制，引导新业态、新模式持续健康地发展。确保数据安全，大力支持关键核心技术攻关和科技成果转化，落实关键基础设施保护制度和网络安全等级保护制度，强化数据的完整性和可靠性，为数字化成果的应用转化提供坚强保障。

第五，发展线上数字化文化消费新场景，大力发展线上线下一体化、在线在场相结合的数字化文化新体验，开设线上及海外旗舰店，开创"数字＋博物馆文创"的新时代。比如融入"好客山东好品山东"品牌推广，与"山东手造"联动进行一体化宣传、推介和营销，形成高效、便捷的数字营销体系。

第六，完善文化数字化人才培养、激励机制，建设数字化创新和高技能人才队伍，培养一批兼具文化内涵、技术水平和创新能力的复合型人才。鼓励高校、企业、博物馆创新合作模式，加大科研力度和实践水平，为文化数字化发展夯实人才基础。

中共中央办公厅、国务院办公厅印发的《关于推进实施国家文化数字化战略的意见》明确指出，到"十四五"时期末，基本建成文化数字化基础设施和服务平台，形成线上线下融合互动、立体覆盖的文化服务供给体系。到2035年，建成物理分布、逻辑关联、快速链接、高效搜索、全面共享、重点集成的国家文化大数据体系，中华文化全景呈现，中华文化数字化成果全民共享。山东博物馆将把文物工作融入经济社会发展整体部署和国家重大战略，坚持"保护第一、加强管理、挖掘价值、有效利用、让文物活起来"的新时代文物工作要求，持续推动博物馆智慧化和文物数字化保护利用向前迈进，为打造文化"两创"新标杆，持续推动文化繁荣、建设文化强国、建设中华民族现代文明贡献力量。

略谈滕州岗上遗址出土陶响器

内容提要

陶响器作为史前时期一类较为特殊的器物，在黄河、长江流域不同文化中常有发现。黄淮下游海岱地区有关陶响器的发现之前仅见于龙山文化个别遗址，出土数量少、类型较单一，源流问题也不甚清楚。近年滕州岗上遗址发掘出土了一批大汶口文化时期的陶响器，从器形及功能上看，与龙山文化陶响器之间存在较多的相似之处。结合出土背景对岗上遗址陶响器进行简单分析，有助于了解不同类型陶响器在特定情景下的使用功能，对于认识陶响器在海岱地区的源流发展也有所帮助。

关键词

岗上遗址　大汶口文化　陶响器

新石器考古发现中，将一些器内中空、内置小石子或陶丸等物品，摇晃能发出响声的器物称为"响器"或"摇响器"，其中又以陶质最为常见，故也称作"陶响器"。就目前考古资料来看，陶响器分布范围广，时间跨度大，在黄河流域的仰韶、马家窑、龙山、齐家，长江流域的大溪、薛家岗、屈家岭、石家河等文化均有发现。发现数量上，长江流域以湖北、安徽两地最多，四川、湖南、江苏等地有少量发现。黄河流域以上游的甘肃地区最多，中下游的陕西、河南、山东等地有少量出土[1]。

摇响器器形多样，有学者对其进行过简单分类，大致分为动物形（如龟甲形或蚌形）、规整几何形（如球形、半球形、椭圆形、圆柱形等）、仿生活器皿形（如棒槌形、瓶罐形、合扣碗形、圆壶形等）和不规则形几类[2]。陶响器按功能属性可归入乐器大类中的击奏类乐器，史前阶段常见的击奏类乐器包含磬、铃、钟、鼓、摇响器等几类[3]。

黄淮下游的山东地区之前陶响器发现较少，器形也不多，仅发现龟形（有些文章称之为蚌形）和器皿形两类，集中在龙山文化阶段。如日照东海峪遗址出土的泥质黑陶龟形器，形似龟甲，正面靠边沿处有两道对称内弧形镂孔，背面钻四个小圆孔，器内中空，装有7颗泥质黑陶丸[4]（图一，1）。此类龟形陶响器在章丘城子崖（图一，2）、胶南西寺村（图一，3）等遗址也有类似发现的报道。观察这类器形整体特征，除体量偏小外，与大汶口文化龟甲器非常形似，或称之为龟形器更为贴切。器皿形类中仅见杯形陶响器一种，东海峪遗址一例蛋壳黑陶高柄杯（图二）应属此类。该高柄杯为细泥黑陶质，通体磨光，中空镂孔的杯柄内有一粒可活动的陶丸，晃动会发出清脆响声[5]。近些年滕州岗上遗址大汶口文化中、晚期墓葬中也有以上两类陶响器的发现，其重要意义在于一方面填补了海岱地区龙山文化

文／朱超　张强　山东省文物考古研究院

1   2   3

图一　山东出土龙山文化龟形陶响器

1.日照东海峪遗址　2.章丘城子崖遗址　3.胶南西寺村遗址

之前无陶响器发现的空白，另一方面也为探讨海岱地区龙山文化陶响器的来源提供了新的材料，现结合岗上遗址陶响器出土背景就相关问题略作讨论。

一　岗上遗址出土陶响器

岗上遗址自2020年发掘以来，共发现陶响器25件，出土于两座墓葬中，可分两类，一类为龟形（仅1件），时代为大汶口文化中期，一类为杯形（1组共24件），时代为大汶口文化晚期。

1.龟形陶响器

岗上遗址北区一座成年男性墓葬NM 26出土一例彩陶龟形陶响器，其倒置平放于墓主左胯及左手腕部之上。该器为泥质红陶，形似龟甲。背甲近圆形，整体施白色陶衣，五条红、褐相间平行竖线将背甲分为左右两部分，又各绘两组平行相间的红、褐线纹，两组线条垂直相对。背甲一端钻有两排共计10个小圆孔。腹甲近圆角方形，整体施红褐陶衣，同样以五条白、褐相间的平行竖线将腹甲分为左右两部分，两侧绘白、褐线条和椭圆形图案。与背孔相对一端钻有一排4个小圆孔（图三）。该器长17.28、宽16.33、高8.54厘米，空腔内放置骨锥2枚，其中一枚较细，顶端残。一枚为动物肢骨磨制而成，顶端有不规则孔洞。

2.杯形摇响器

岗上遗址南区大汶口文化晚期四人男性合葬大墓SM 1中发现了一组杯形陶响器，共24件，均为筒形杯样式，形制统一、大小相近，绝大多数集中整齐码放于北侧墓主头端的二层台上，个别放置于边箱及北侧墓主头箱内。如其中的SM 1：278，位于东二层台北部，泥质青灰陶，方唇，浅盘，盘底内凹，微喇叭形柄，平底。柄中空密封，内含数枚小陶球，摇晃沙沙作响。口径6.6～6.7、底径6.8～7、高11.4厘米[6]（图四）。

图二　东海峪遗址出土蛋壳黑陶高柄杯

图三　滕州岗上遗址 NM26 出土彩陶龟甲器

图四　岗上遗址出土的成组杯形陶响器

二 岗上遗址出土陶响器功能分析

1.龟形陶响器

NM 26陶龟形器除制作材质为陶质外，其外形、钻孔方式、内置物品、出土位置均与同区、同期、相邻墓葬NM 25随葬的实体天然龟甲器存在高度的一致性。除了NM 25、NM 26两座墓葬，同区的多座大汶口文化中期墓葬中都有龟甲器的发现，放置于男性墓主腰部附近，内置物品可分为石子、骨签、骨锥三类，也有表面涂朱的情况。除了成人，也有儿童墓葬随葬龟甲器，龟甲大小差异很大，这似乎与墓主年龄有关。岗上天然龟甲器绝大多数有钻孔，无钻孔龟甲器仅发现1例，但其背甲一端被加工成锯齿状花边。无未经加工龟甲的情况。

龟甲器作为史前时期一类较为特殊的器物，最早发现于泰安大汶口遗址[7]，其后，海岱地区其他大汶口文化遗址墓葬中也常有发现，如章丘焦家[8]、邹县野店[9]、兖州王因[10]、茌平尚庄[111]、邳州刘林[12]、大墩子[13]等，涵盖大汶口文化早、中、晚各阶段。由于大汶口文化发现较早且相对普遍，发现初期一度被看作大汶口文化典型特征之一。随着考古资料的丰富，海岱区域以外龟甲器的发现逐渐增多且呈现出多样化特征，裴李岗文化、仰韶文化、大溪文化都有实体自然龟甲器的发现，分布于河南、河北、陕西、四川等地。浙江南河浜、湖北关庙山等遗址出土了陶龟甲器，辽宁牛河梁及胡头沟、安徽凌家滩、浙江反山等遗址中出土了玉龟甲器，陕西何家湾、北京上宅等遗址还有石龟甲器发现[14]。从年代上看，龟甲最早被作为随葬品见于裴李岗文化贾湖遗址墓葬中，其他遗迹中也有龟甲的发现[15]，因此，有学者对贾湖出土龟甲进行过区分，将其分为丧葬用龟和祭祀用龟，同时也认为龟甲还存在其他用途，如配饰和玩具等[16]。关于龟甲器的用途，早期发掘者通过其形制及出土位置的不同曾给出过一些解释，如根据龟甲内的骨针、骨锥将龟甲器判断为甲囊[17]、巫医行医的工具[18]、巫医占卜者身份的标志[19]，根据龟甲摆放的位置推测其可能作为护臂使用[20]。除此之外，还有占卜工具[21]、玄龟[22]、龟灵[23]、艺术神器[24]、装饰品、工艺品或殉葬品[25]、与狩猎活动相关的器物[26]、迷信的产物[27]等不同观点。一些学者借鉴北美现存的民族学材料认为龟甲器应该是作为一种响器来使用[28]。一些学者认同响器一说，并认为早期陶铃的壁穿孔是龟甲器上的穿孔的模仿，深化推测陶铃起源于龟甲器，是龟甲器形态的简化形式[29]。以上对于龟甲器用途的释读，其中一些观点是在材料不甚丰富时期基于个别遗址、个别现象做出的片面判断，缺乏说服力。一些观点仅是关注了某一类龟甲器做出的单一性功能判断，在一定范围内有其合理性，却无法涵盖龟甲器多用途的全貌。这些不同的观点也正说明了龟甲器使用范围可能很广，体量、材质、加工方式、使用场景不同的龟甲器应该具有不同用途。

岗上遗址的龟甲器除固定出土于男性墓葬中外，其大小、材质、有无钻孔、钻孔数量、内置物品种类不甚一致，很难归纳出它们的共有特征。造成这种差异的原因是器物形式还是功能的不同，仅据现有材料还很难做出判断。但我们通过对比NM25与NM26两座墓葬会发现，两墓同期、同区、同排且相邻，龟甲出土位置完全一致，龟甲体量相当，内置骨签或骨锥类型相似，最关键的是骨签或骨锥上有可穿绳的孔，这为我们提供了一个非常重要的信息，这些骨制品原本可能是一端系绳内置于龟甲器空腔内，可晃动撞击龟甲壁发出响声，这与摇响器的功能特征较为切合。

出土龟甲器的墓葬虽不是规模最大、等级最高的，但随葬品相对普通墓葬要丰富很多，使用这些龟甲器的男性在社会中掌握着一定数量的财富，拥有着一定的地位，扮演着特殊角色。使用龟甲响器的场景或仪式可能独为男性掌握，儿童随葬龟甲器是这种能力或职能交接过渡的反映。

2.杯形陶响器

四人合葬大墓SM1（图五）中大量各式陶杯的出土是其显著特征之一，这种情况在岗上其他大型墓葬和其他大汶口文化遗址的大型墓葬中也有发现[30]。刘莉等曾对王因、西夏侯遗址出土陶器残留物中的发酵糊化淀粉粒、植硅体、霉菌及酵母进行过鉴定与分析，证明了一些陶器可能与酒有关[31]，在基于陶器类型研究时往往将这类器物与上层权贵的宴饮活动相联系，这里关注更多的是陶杯本身作为酒器使用的功能。而

图五　岗上遗址四人合葬墓SM1正摄（上东）

图六　SM1东二层台提取器物后斜坡状堆积

杯形陶响器在杯柄空腔内放置陶球等物使其能够发出响声，在饮用功能的基础上为其增添了新的用途。

　　从该组陶响器在墓葬中的出土位置来看，大部分被集中放置于东侧二层台斜坡状填土（图六）之上，除了陶响器，东侧二层台上还堆置着大量其他类型陶器。通过对比二层台与头箱、边箱陶器可以发现两者存在明显不同。其一，二层台主要放置如鬶、豆、杯、陶响器，多倒卧横置，摆放较随意。头箱、边箱内主要放置觚形杯、小鼎、壶、尊等器物，多竖立正置。其二，头箱及边箱陶器放置于棺盖板封盖之前，完全封盖后开始沿墓壁向墓室推倒填土，填土在二层台位置形成斜坡状堆积，二层台器物放置于填土开始之后。由此推断，盖板下的器物可能是真正为墓主精心准备的随葬品，二层台上的器物是开始填土后举行仪式过程中参与葬礼的人员使用的，这些陶器的类型需要符合葬仪活动内容，仪式结束后放入墓葬中。从这点看，二层台放置的物品与葬仪存在着密切关系，而陶响器作为一种无固定音高"乐器"在其中发挥着特定的声音或"演奏"功能，这可能与原始宗教，特别是鼓、铃、钟等响器在北方萨满"巫乐"活动中被如此看重有着重要联系[32]。

三 结 语

岗上遗址出土的两类陶响器是海岱地区目前所见最早的陶响器实例，将海岱地区陶响器时代从龙山文化上溯至大汶口文化中期。并且龙山文化龟形陶响器及杯形陶响器与大汶口文化同类器物有着近似的形态与功能，二者应该是一脉相承的关系。

有关陶响器功能的研究，首先要基于对材料的全面了解，包括出土背景、历史年代、形态特征、制作材料等。其次通过分析其形态、尺寸、颜色、装饰、制作工艺等关键要素，有助于理解其功能和用途。再者将陶响器与共出遗物进行合理的比较研究，找出它们之间的共性和差异，有助于理解陶响器在当时社会活动与特定仪式中的作用。需要注意的是，在对陶响器的功能、用途、社会意义等进行推论和解释的时候，应该基于充分的证据和逻辑，避免主观臆断和过度解释。

注 释

[1] 申莹莹：《中国新石器时代出土乐器研究》，中央音乐学院 2012 年博士论文。

[2] 杨浩田：《黄河流域出土新石器时期摇响器研究》，《人文天下》2020 年第 8 期。

[3] 申莹莹：《中国新石器时代出土乐器研究》，中央音乐学院 2012 年博士论文。

[4] 程红、刘建忠、王娟：《以地层关系证实山东龙山文化渊源的史前遗迹 —— 东海峪遗址》，《文物鉴定与鉴赏》2022 年第 17 期。

[5] 程红、刘建忠、王娟：《以地层关系证实山东龙山文化渊源的史前遗迹 —— 东海峪遗址》，《文物鉴定与鉴赏》2022 年第 17 期。

[6] 山东省文物考古研究院、上海大学文学院历史系、滕州市文化和旅游局：《山东滕州市岗上遗址南区大汶口文化墓地》，《考古》2023 年第 5 期。

[7] 山东省文物管理处、济南市博物馆：《大汶口 —— 新石器时代墓葬发掘报告》，文物出版社，1974 年。

[8] 山东大学考古学与博物馆学系、济南市章丘区城子崖遗址博物馆：《济南市章丘区焦家遗址 2016 ～ 2017 年大型墓葬发掘简报》，《考古》2019 年第 12 期。

[9] 山东省博物馆等：《邹县野店》，文物出版社，1985 年。

[10] 中国社会科学院考古研究所山东工作队、济宁地区文化局：《山东兖州王因新石器时代遗址发掘简报》，《考古》1979 年第 1 期。

[11] 山东省文物考古研究所：《茌平尚庄新石器时代遗址》，《考古学报》1985 年第 4 期。

[12] 江苏省文物工作队：《江苏邳县刘林新石器时代遗址第一次发掘》，《考古学报》1962 年第 1 期。南京博物院：《江苏邳县刘林新石器时代遗址第二次发掘》，《考古学报》1965 年第 2 期。

[13] 南京博物院：《江苏邳县四户镇大墩遗址探掘报告》，《考古学报》1964 年第 2 期。南京博物院：《江苏邳县大墩子第二次发掘》，《考古学集刊·1》，中国社会科学出版社，1981 年。

[14] 郝艺乔、王小健：《龟甲器：中国文明起源研究中一个被忽略的文化要素》，《大连大学学报》2021 年第 2 期。

[15] 河南省文物研究所：《舞阳贾湖遗址的试掘》，《华夏考古》1988年第2期。《河南舞阳贾湖新石器时代遗址第二至六次发掘简报》，《文物》1989年第1期。

[16] 张琳：《贾湖遗址龟甲的功能区分》，《洛阳考古》2023年第2期。

[17] 南京博物院：《江苏邳县大墩子遗址第二次发掘》，《考古学集刊·1》，中国社会科学出版社，1981年。

[18] 栾丰实：《大汶口文化的骨牙雕筒、龟甲器和獐牙形器》，《海岱地区考古研究》，山东大学出版社，1997年。

[19] 逄振镐：《论东夷埋葬龟甲习俗》，《史前研究》1990~1991辑刊。

[20] 南京博物院：《江苏邳县四户镇大墩子遗址试掘报告》，《考古学报》1964年第2期。

[21] 河南省文物考古研究所：《舞阳贾湖》，科学出版社，1999年。

[22] 严文明：《大汶口居民的拔牙风俗和族属问题》，《大汶口文化讨论集》，齐鲁书社，1981年。

[23] 高广仁、邵望平：《中国史前时代的龟灵和犬牲》，《中国考古学研究——夏鼐先生考古五十年纪念论文集》，文物出版社，1986年。

[24] 贺刚：《中国史前艺术神器的初步考察——〈中国史前艺术神器〉纲要》，《长江中游史前文化暨第二届亚洲文明学术讨论会论文集》，岳麓书社，1996年。

[25] 叶祥奎：《我国首先发现的地平龟甲壳》，《大汶口——新石器时代墓葬发掘报告》，文物出版社，1974年。

[26] 河南省文物研究所、长江流域规划办公室考古队河南分队：《淅川下王岗》，文物出版社，1989年。

[27] 杨子范：《山东宁阳县堡头遗址清理简报》，《文物》1959年第10期。

[28] 陈星灿、李润权：《申论中国史前的龟甲响器》，《桃李成蹊集——庆祝安志敏先生八十寿辰》，香港中文大学中国考古艺术研究中心，2004年。汪宁生：《谈史前器物用途的研究》，《史前研究》1998年。

[29] 邓玲玲：《铃的起源初探》，《考古学集刊（第23集）》，社会科学文献出版社，2020年。

[30] 山东省文物考古研究院、上海大学文学院历史系、滕州市文化和旅游局：《山东滕州市岗上遗址南区大汶口文化墓地》，《考古》2023年第5期。山东省文物管理处、济南市博物馆：《大汶口——新石器时代墓葬发掘报告》，文物出版社，1974年。

[31] 刘莉、王佳静、陈星灿、梁中合：《山东大汶口文化酒器初探》，《华夏考古》2021年第1期。

[32] 萧梅：《响器制度下的"巫乐"研究》，《民族艺术》2013年第2期。

内容提要

1982年3月滕州市姜屯镇庄里西村墓葬出土一件滕侯鼎，制作精巧，造型精美，其身饰饕餮纹，对铭器，盖、器内分别铸铭文两行六字"滕侯乍宝尊彝"。这件器物的主人为第三任滕侯，其作用主要是礼仪与身份的象征，并带有某种宗教意义。滕侯鼎的工艺水平代表了西周初期鲁中南地区以庄里西"滕国"为中心的青铜器制作的最高水平，也是鲁中南地区经济水平的象征，为滕国及西周建储问题的研究提供了重要的资料。

关键词

庄里西墓葬　滕侯鼎　滕国

一　滕侯鼎的发现与探究

滕国故城位于滕州市姜屯镇东滕城村，历年来，在滕国故城附近的墓地中相继出土了大量的文物，其中包括青铜器、玉器、骨器等，这些文物不但品相精美而且具有极高的历史价值。1982年3月，在滕州姜屯镇庄里西村墓葬出土六件青铜器，其中包含滕侯鼎[1]。

滕侯鼎，平面呈圆角长方形，子母口带盖，对称两附耳，腹外鼓略下垂，圜底，四柱状实足（图一）。覆盘形盖，弧顶、置卷龙状四小组。盖沿及口沿均饰夔龙纹、凤鸟纹一周，盖沿又以云雷纹衬地。腹饰兽面纹四组，兽面纹边缘饰倒立夔纹。足饰蝉纹及卷云纹。底有交叉状加强筋。对铭器，盖、器内分别铸铭文两行六字（图二、三）："滕侯乍宝尊彝"。通高27、口径11.5×16、腹深15厘米。

滕侯鼎是滕国贵族随葬的礼器，其造型优美，纹饰华丽，古朴典雅，庄重大方。其身饕餮纹饰屈曲婉转，神秘而威严。饕餮之名源于《吕氏春秋·先识览》："周鼎著饕餮，有首无身，食人未咽，害及其身，以言报更也。"[2]它的基本特征是以鼻梁为中线，对称排列，角、目、眉为主纹，足、身、尾为副纹。饕餮纹始终处于青铜器的显著位置，与统治者的权力相辅相成，也更加突出了青铜器神秘的文化内涵。滕侯鼎腹部有四组浅浮雕饕餮纹，其角似牛角外卷，回环曲折。眉下两目突出，其凌厉、肃穆，使人不敢长久与之对视。两侧有尖爪，露出狰狞之态。此纹与整体造型浑然一体，彰显着器主人的身份尊贵和神圣不可侵犯，亦将饕餮纹的神秘、肃穆发挥得淋漓尽致。

文／张东峰　滕州市博物馆

图一　滕侯鼎

图二　滕侯鼎盖铭文

图三　滕侯鼎腹铭文

二　滕侯鼎与滕侯

　　"滕"作为"国"见于史籍，大约距今四千年前，我国进入奴隶制社会初期。《史记·陈杞世家》称："滕、薛、骓，夏、殷、周之间封也。"[3]另据索隐，殷之世，有滕伯名文者，为滕君。在殷商之世，"滕"已经成为一个方国。西周初年，武王克商之后，封其异母弟叔锈于滕，爵为"侯"立为滕国。滕国在周朝时期是赫赫有名的小国，据《左传》称，"它的疆域绝长补短方五十里"。因其是周王姬姓后裔，身份尊贵，尽管是小国，依旧会被邀请参与会盟、联合战争等。滕国虽小，却能在春秋战国时期的纷扰局面中得以相传"三十一世"，历时七百余年之久，直到周赧王二十九年（公元前286年）才被宋国所灭。滕国世系没有系统完整的记载，其中缺佚之处甚多。文献中关于滕国的记载也较少，仅在《左传》《竹书纪年》等文献中有寥寥数语。1982年滕州庄里西墓葬出土的6件青铜器，除了滕侯鼎外，还包括滕侯簋、扁足圆鼎、青铜鬲、青铜壶等。朱凤瀚先生指出，这组铜器"从器形与纹饰看，约属西周早期偏晚"[4]。其中三件有铭，两件铭文带有"滕侯"之称，滕侯鼎铭"滕侯作宝尊彝"，滕侯簋铭"滕侯作滕公宝尊彝"，这位"滕侯"应是西周早期偏晚时期的一位滕君。张志鹏在《滕国新考》中依据器物的年代以及滕国出土的其他带有"滕侯"青铜铭文的青铜器推断出：滕侯方鼎、滕侯簋中的"滕侯"为康王时期的三世滕君[5]。从滕侯鼎、滕侯簋的造型纹饰与制作工艺中我们可以看出，第三任滕国国君非常重视青铜礼器的制作，且有较高的审美要求，执政期间重视礼仪与祭祀，应是一位贤明的君主，同时也体现出滕国社会家国一体、政教合一的历史特征。

三　滕侯鼎的礼仪象征与宗教意义

鼎被后世认为是所有青铜器中最能代表至高无上权力的器物，古代最早一统天下的权力的观念就与鼎的诞生有直接关系。在原始社会鼎大多是用陶土烧制而成的普通炊具，它的主体部分是盆、罐一类的容器，然后在下方添加三个足，用来生火加温。到原始社会末期，鼎的性质发生变化，其中一部分作品制作加工讲究起来，体量也加大了，实用意义减弱，而逐渐成为权势的象征物。在先秦礼制中，鼎常被贵族作为代表统治权力和等级的工具。《公羊传·桓公二年》何休注："礼祭：天子九鼎，诸侯七，大夫五，元士三也。"[6]即天子用九鼎、诸侯用七鼎、大夫用五鼎、元士用三鼎，王室贵族的生享死葬都以此为标准，人们不能僭越这种规制，这种礼仪制度是周礼的重要组成部分。滕侯作为周王朝的姬姓贵族，严格遵守西周的礼仪制度，滕侯鼎在这种礼仪制度下应运而生，是滕国国君身份和等级的象征。

鼎在先秦时期除了具有礼仪象征外，还具有一定的宗教意义。祭祀本是一种宗教行为，但是经由王朝统治者推行的宗教，其本身也被政治化了。滕侯鼎在沟通上下、宣扬权威、巩固统治、昭示功绩等方面发挥了重要的作用。滕侯鼎的主人是主持祭祀的统治者，不仅是国家的政治首脑，而且也是早期的宗教领袖。他们通过铸造造型雄伟、纹饰华丽、做工精致的青铜鼎以示虔诚，若求得风调雨顺，便既是上天之恩德，也是君主之精诚；反之若未果，亦是上天注定，非人之祸，统治者无需为此担责。如此一来，"崇神信鬼"的观念经过祭祀行为的强化，也逐渐成为人们心中的一套思维定式，统治阶级就能以此控制人们的精神世界，来获取和维护政治权力，巩固其政治地位。

四　以滕侯鼎为代表的滕国青铜器的艺术特征

滕国建国后，姬滕王朝把庄里西遗址作为了姬滕公室贵族墓地使用，并一直沿用至滕国灭亡。形成罕见的一个诸侯国自建国至灭亡期间、长期历史时期里历代诸侯、公室贵族集中葬埋墓地。滕国出土的青铜器既有为统治阶级实现"礼治"的礼乐器，又有为实现实际生活生产需求而创制的实用器物，类型主要有青铜食器、酒器、兵器、车马器等。尽管滕国在历史文献中的记载较为缺乏，但因其是身份高贵的姬姓诸侯国，因此较为注重青铜礼器的制作。尤其是西周时期的滕国青铜器，基本每一任国君之名都会被铭在不同的青铜礼器上。除了上文介绍的滕侯鼎、滕侯簋外，出土的还有滕侯昊戈、滕侯豆等，传世的有滕侯苏盨等。这些青铜器虽然隶属的滕侯不同，但是都制作精美、纹饰别致、艺术感强，代表了滕国统治阶级极高的审美情趣以及滕国拥有高超的青铜器制作技术。

西周初期，周王朝对东方的控制以鲁中南、鲁南地区的滕州前掌大、庄里西"滕国"为中心[7]。滕国因其是姬姓贵族，政治地位较强，滕国国君有暇顾及物质和精神层面的追求，在青铜器的制造上大胆创新，在纹样和造型上呈现出繁缛富丽和多样化的装饰风格特点。这一时期的青铜器造型多样，有鼎、簋、爵、豆、盘等，纹饰上多采用饕餮纹、夔龙纹、涡纹，以云雷纹衬地，且青铜器上大多带有铭文。庄里西滕国墓地还曾出土过多件青铜面具，造型独特，风格写实，制作精美，表明西周时期滕国统治者们非常重视宗教祭祀活动，祈求得到神灵和祖先的保佑。至春秋时期，由于"礼崩乐坏"，周王室逐渐衰微，滕国政治地位也开始下降。滕国在这一时期开始与鲁国交好，依附在宋、晋等较为有实力的国家。随着滕国国力的日益衰败，统治者权力的下降，青铜器的造型与纹饰也趋于简单，由原来的繁缛华丽变为简洁朴素，这种变化也正符合滕国的国力由强到弱的嬗变过程。

国家文明诞生的前提，是无数普通劳动人民一代又一代进行社会实践及物质创造的结果。滕国出土的青铜器不仅体现了滕国统治者们的审美，也是滕国工匠智慧的结晶。滕国工匠是青铜器制造的具体执行者，从金属的调配比例，到器形的塑造，再到纹样的装饰，这些工匠参与了青铜器铸造的全部环节，决定了滕国青铜器制造的最终呈现方式。滕国拥有如此数量众多且制作精美的青铜器，既凝聚了制造工匠的智慧和情感，也体现了滕国工匠高超的制作水平。

五　结　语

在整个中华文明中，鼎文化源远流长，其作为礼乐制度中的重要礼器是中华民族极具象征意义的文化符号。滕侯鼎从作为沟通鬼神的祭祀礼器，到彰显世俗权威的政治工具，以其稳定的特质持续为君主彰显功绩，建构并维护了封建宗法礼制的等级制度。作为姬姓贵族的滕国，虽然国小，却相传"三十一世"，历时七百余年，以其高超的铸造技艺、齐全的器类品种、繁缛的装饰风格形成了自己独特的青铜时代文化特色。庄里西滕国贵族墓地出土的青铜器代表了滕州地区青铜时代经济与文化的繁荣，也为研究滕国的社会组织、文化活动、丧葬习俗等方面提供了重要的资料。

注　释

[1] 陈庆峰：《山东滕县发现滕侯铜器墓》，《考古》1984年第4期，第333页。

[2] 陆玖校注：《吕氏春秋》，中华书局，2017年。

[3]（西汉）司马迁：《史记卷三十六·陈杞世家第六》，中华书局，2010年，第2807页。

[4] 朱凤瀚：《中国青铜器综论》，上海古籍出版社，2009年，第1381页。

[5] 张志鹏：《滕国新考》，《河南大学学报（社会科学版）》2011年第7期，第79页。

[6]（战国）公羊高：《春秋公羊传》，中华书局，2016年。

[7] 李伯谦主编：《中国出土青铜器全集·山东卷上》，科学出版社，2018年，第4页。

临沂吴白庄汉画像石

文／赵文彬　临沂市博物馆

内容提要

临沂吴白庄汉墓于1972年清理发掘，墓葬结构复杂，特点鲜明，横前堂左右后室带回廊的布局在已知汉画像石墓中极为罕见。墓中画像石数量多，雕刻技法精湛，尤其是减地平面线刻、高浮雕、透雕等技法的成熟运用，使画像清晰饱满，极富美感，同时，部分建筑构建及雕刻技法等受到了外来文化影响。画像内容复杂，题材多样，有较为清晰的叙事逻辑顺序，反映了墓主享受祭祀和追求升仙的愿望。吴白庄汉墓规模大、形制复杂，通过与已知其他汉画像石墓类比，推测墓葬应建于东汉晚期，建造该墓耗费巨大，墓主生前应身份尊贵且拥有雄厚财力。

关键词

吴白庄汉墓　画像　雕刻技法

临沂吴白庄汉墓是已知全国规模最大、规格最高、形制最为复杂的一座汉代画像石墓，其雕刻技法精湛，画像精美，是汉画像发展至巅峰时期的翘楚之作。1958年，吴白庄汉画像石墓被公布为县级文物保护单位，2006年12月，被公布为山东省级文物保护单位。1999年，《山东临沂吴白庄汉画像石墓》发掘简报[1]发表，2018年，《临沂吴白庄汉画像石墓》发掘报告[2]出版，本文主要据此做介绍。

一　墓葬形制与规模

吴白庄汉墓位于临沂市罗庄区盛庄街道吴白庄村西北（北纬35° 04′、东经118° 18′），东距沂河3.9千米，西至蒙山高架路2.2千米，以南9.5千米处为庆云山（海拔200米），以北约0.93千米处有陷泥河（沂河支流）由西北向东南方向流过。因当地村民多年在此取土，导致封土逐年缩小。1972年年底，墓葬西南部封土消失，墓室暴露，部分画像石被村民移走。1972年11月，临沂地区文物组对墓葬进行抢救性清理发掘（图一）。

清理发掘工作前后持续一个月，自11月27日开始至12月26日结束。从墓中清理出画像石39块，在附近村里找回画像石5块，共44块。因该墓早年多次被盗，随葬品所剩无几，仅在墓室及盗洞中收集到虎形水晶坠饰1件、绿松石小兽3件和部分碎青瓷片（复原成罐2件，洗、簋各1件）以及汉五铢、新莽"大泉五十"等钱币300余枚。发掘清理结束后，44块画像石和其他文物运至临沂县文物收集组（临沂市博物馆前身）

图一　吴白庄汉墓发掘现场鸟瞰

保管，其他遗存在原地回填保护。

　　吴白庄汉墓坐北朝南，为大型砖石混筑回廊墓，半地下建筑，地面起封土，封土高于地面近10米。墓葬东西横宽15、南北纵长9、高约3.5米，由墓道、墓门（4组）、前室及东西双耳室、中室及西耳室、西后室、东双后室和回廊（1组）组成。墓葬前（南）部为横长前室，在前室东西向并排3根立柱，每根立柱上均有南北向过梁。前室后面（北）是墓室，分东、西两部分，由回廊相连。东后室分2间并排，与前室相连，西后室与前室之间有中室，中室也与回廊相连。在前室东、西两边有耳室1间，在中室西边也有耳室1间（图二）。

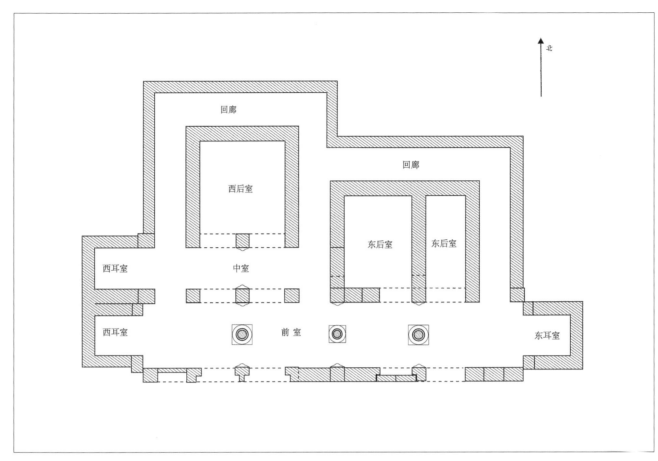

图二　吴白庄汉墓平面示意图

墓室由砖石砌筑而成。主体建筑用石材建造，砖主要用于地面和券顶，砖上不见纹饰和画像。建造时，先在竖坑底部用条石铺设门槛石，再搭建刻有精美画像的立柱、门扉、门楣等建筑构件，构成墓室主体框架。墓室地面，除东、西耳室用石板、石条铺地外，前室、中室和后室地面均用长方形青砖以"人"字形平铺。墓室墙壁用石板、长条石多层垒砌而成，墓室内侧石面均被凿平装饰。墓中各室均以扇形砖发券成墓顶，方向和高度不同，前室、中室墓顶发券为南北方向，东、西双后室发券为东西方向（图三）。

从整体布局来看，墓室有东、西两条中轴线，东中轴线直对东后室，西中轴线直对中室和西后室。可见，吴白庄汉墓为合葬墓，以西后室为核心，应为地位最高墓主的棺室，两间东后室为身份稍低另外两位墓主的椁室。吴白庄汉墓这种横前堂左右后室带回廊的布局，特点鲜明，极为罕见。

二　画像题材与叙事内容

吴白庄汉墓画像主要分布在墓门门楣和门扉、前室和中室门楣（横额）、过梁及立柱等处。因墓葬早年遭到破坏，画像已不完整，清理收集到的44块画像石中，共有59幅画面[3]。

吴白庄汉墓画像数量多，内容复杂，题材多样，主要分为三类：一是反映

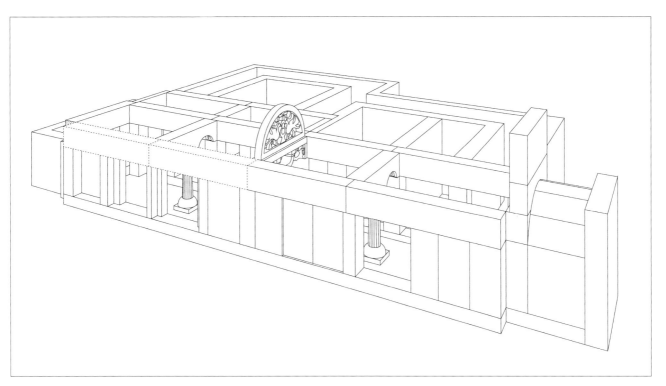

图三　吴白庄汉墓鸟瞰示意图

汉代社会生活并与祭祀有关的活动，如车骑出行、迎宾拜谒、乐舞百戏、庖厨宴饮等。二是历史人物和传说故事，如董永佣耕侍父、七女为父报仇、仓颉造字等。三是神仙与异兽，如西王母、东王公、伏羲、女娲、羽人、青鸟以及龙、虎等各类翼兽。以上均为山东地区汉画像常见题材。

　　吴白庄汉墓图像相对完整，有较为清晰的逻辑关系，表达了墓主接受祭祀和追求升仙的愿望。从总体上看，墓葬的前室、中室各处门楣（横额）上的画像主要刻画了两队相向而行的车马队伍。一队从前室前壁出发（前室南壁西二门楣，画像较大残损），自西向东，逆时针绕过前室东半部分后，折返再向西，前往前室与中室交接处跪拜墓主（前室北壁西二门楣画像中最高大且突出的人物，图四）。这些图像多分为上下两栏，下栏是车马出行队伍，上栏则是宴饮、乐舞、百戏等画面。图像中接受祭拜、享受美食、观看乐舞百戏等既是墓主死后的理想生活，也是祭祀活动的主要内容。另一队车马从西后室前壁（中室北壁西门楣）出发，该处车马分上下两栏，为墓中画像规模最大的一组，按照逆时针经中室西半部分行进，然后分两个方向前进：一个方向由前室后壁向东延伸，至前室（前室北壁西二门楣）墓主接受众人跪拜处；另一个方向指向中室，由胡、汉步卒护卫继续行进（中室南壁东门楣），经神话传说中人物"仓颉""沮诵"引导（中室东壁横额），直到西王母、东王公等神仙处（中室北壁东门楣，图五）。两条线路清晰表达了墓主接受祭拜和升仙的愿望[4]。

　　前室和中室的过梁（隔梁）、立柱上的画像是墓主享祭和成仙叙事的补充。前室东过梁画像中宴饮和乐舞百戏与前室南壁东二门楣、前室北壁东二门楣画像中宴饮、乐舞百戏相关联；前室西过梁、中室过梁靠近西后室，画像

图四　前室北壁西二门楣

图五　中室北壁东门楣

中东王公、西王母、羽人和神兽等与墓主升仙出行有关，也表达了墓主渴望升仙的愿望[5]。立柱上的画像如龙、虎、熊等神兽，除具有装饰功能外，也有辟邪、升仙的用意（图六）。辟邪与升仙是一体两面的观念。"升仙思想是这种迷信思想积极的一面，其消极的一面便是打鬼辟邪。可以说：升仙是目的，辟邪是手段。"[6]

三　雕刻技法与艺术特征

汉画像石雕刻技法主要有六种，分别是阴线刻、凹面线刻、减地平面线刻、浅浮雕、高浮雕、透雕。吴白庄汉墓画像雕刻技法丰富多样，除凹面线刻技法未见外，其余五种雕刻技法均有使用，其中，减地平面线刻技法使用次数最多。

1.阴线刻

在石面上直接用阴线刻画出图像。在吴白庄汉墓中，该技法主要用于前室东、中、西过梁和中室过梁以及过梁下立柱的栌斗、散斗、拱等部位的图像刻画。吴白庄汉墓阴线刻细腻流畅，摆脱了早期阴线刻粗犷风格，刻画的人物、动物等形象生动饱满（图七）。

2.减地平面线刻

也称剔地平面线刻，在物像轮廓外减地，使物像呈平面凸起，然后在物象轮廓平面上用阴线刻画细部图象。在吴白庄汉墓中，减地平面线刻技法主要用在墓门门楣、门扉以及前室、中室门楣和立柱的图像刻画上，使用次数最多且具有显著自身特点。吴白庄汉墓减地平面线刻剔地多在１厘米以上，为深剔地平面线刻，与其他汉画像石墓中出现的凿纹地平面线刻（嘉祥武氏祠）、铲地

图六　前室中过梁中立柱

图七　前室东过梁西面画像摹本

图八　前室北壁东一门楣

平面线刻（沂南北寨汉墓）相比，雕刻的图像清晰醒目，呈现不同层次，有明显前后叠压关系和立体感，类似浅浮雕艺术风格（图八）。

3.浅浮雕

在物像轮廓外减地，使物像呈弧面凸起，在物像上再刻出不同弧面，表现出层次分明的立体效果。吴白庄汉墓画像中使用浅浮雕雕刻技法不多，仅出现在前室东、西过梁的立柱柱础上。与深剔地平面线刻相比，以该技法刻画的图像更加圆润柔和（图九）。

4.高浮雕

物象轮廓外减地较深，物像弧面浮起较高，细部起伏明显，有较强立体感。高浮雕技法主要用在吴白庄汉墓前室东、中、西过梁和中室中过梁两端立柱以及中室过梁圆拱处，主要有羽人、胡人、虎、熊、猴和狮首等形象。吴白庄汉墓高浮雕具有强烈视觉效果，是汉画像石发展至最成熟时期的佳作（图一〇）。

5.透雕

在高浮雕基础上，把物象某些部分镂空，接近于圆雕的技法。吴白庄汉墓透雕技法用在前室中过梁处，过梁上半月门额中双凤同衔绶带和过梁下龙首斗拱都使用了该技法（图一一）。

吴白庄汉墓画像追求写实风格，细节刻画做到极致。图像中人物、动物、车辆、建筑、兵器等造型，极为写实，细节处理细腻。人物的面部表情、肢体动作和车马行进动态等刻画极其生动；人物服饰、马匹纹饰、车辆装饰等使用了不同线条组合表现，富有变化，甚至会刻意避免雷同。工匠技艺之高超，画像效果之精美，令人叹为观止。

吴白庄汉墓建筑构件及雕刻技法受到外来文化影响。前室东、西过梁下十六角立柱（2根）以及过梁下圆弧造型不是中国古代传统样式，为外来文化元素。"山东发现的汉代建筑构件中，多角石柱是典型的外来物，另外，临沂吴白庄和莒县沈刘庄画像石墓中的弧面过梁也是外来物。"[7]尤其是十六角立柱与西方古埃及至古罗马帝国时期地中海沿岸流行的多面圆柱非常相似，"也有可能是波斯艺术的东传"[8]。而高浮雕雕刻技法的成熟运用，使画像更加立体饱满，接近于古罗马和古印度的雕塑。就画像内容而言，中室过梁圆弧上倒刻的狮头（2个）也是外来文化元素，狮子大约在西汉时期传入中国，至东汉

图九　前室西过梁十六角中立柱柱础

图一〇　前室中过梁北立柱

图一一　前室中过梁、散斗、拱及过梁半月形门额

有了明确文献记载。汉章帝建初四年（79年），"月氏尝助汉击车师有功，是岁贡奉珍宝、符拔、师子，因求汉公主。"（《后汉书·班超传》）[9]。东汉晚期嘉祥武氏墓群则有"孙宗作师子"一对[10]（图一二）。

这些外来文化元素出现在临沂地区，或许与临沂的地理位置及汉代经济、文化对外交流有关。临沂地近黄海，近处的琅琊港是秦汉时期的重要港口，对外贸易和文化往来频繁。因此，十六角立柱和过梁下圆弧造型、高浮雕技法等外来文化元素，出现在临沂地区汉墓中绝非偶然，很有可能是海上丝绸之路带来的文化交流的结果。

图一二　前室西过梁十六角中立柱

四 墓葬年代及墓主身份

因吴白庄汉墓早年被盗，随葬品所剩无几，未发现与墓葬建造年代和墓主身份有关的确切实物和文字信息。只能通过墓葬规模与形制、随葬品和雕刻技法等，对墓葬年代和墓主身份做合理推断。

吴白庄汉墓营建于东汉晚期。在邻近地域中，吴白庄汉墓与沂南北寨汉墓、安丘董家庄汉墓在雕刻技法和结构布局上类似，而带回廊的布局，则与嘉祥武氏墓群中两座石室墓相似。雕刻技法上，吴白庄汉墓与沂南北寨汉墓、安丘董家庄汉墓均使用了减地平面线刻、浅浮雕、高浮雕、透雕等技法。吴白庄汉墓门扉、门楣处减地平面线刻技法与北寨汉墓门扉、门楣处技法类似，过梁下都使用了类似的透雕龙首斗拱构件；高浮雕等技法上，吴白庄汉墓比安丘董家庄汉墓更成熟。墓葬结构布局上，吴白庄汉墓与沂南北寨汉墓、安丘董家庄汉墓均为前室、中室和后室布局，吴白庄汉墓有回廊，后两者没有回廊，而带回廊的两座嘉祥武氏石室墓却没有画像。据武氏阙和武氏诸碑上记载，嘉祥武氏墓群营建于东汉冲帝至灵帝时期[111]。推测吴白庄汉墓年代应比此稍晚，应与沂南北寨汉墓、安丘董家庄汉墓年代相当，大致在东汉晚期桓灵时期[112]。

吴白庄汉墓墓主身份尊贵，家族财力雄厚。从全国范围看，带回廊汉画像石墓中有明确纪年和墓主信息的有河南唐河郁平大尹冯孺久墓[113]、江苏邳州彭城相缪宇墓[114]等。前者建于新莽天凤五年（18年），墓主为新莽时期郁平太守冯孺久，后者建于东汉元嘉元年（151年），墓主是东汉彭城国国相缪宇，两位墓主均是汉代二千石级别官员。当然，仅凭墓葬结构布局不能完全确定墓主身份，使用回廊墓也不是二千石级别官员丧葬礼制。但就墓葬规模和画像精美程度来看，吴白庄汉墓的建造费用绝非一般平民家庭所能承担。嘉祥武氏墓群仅造墓阙就花费十五万钱、雕石狮子花费四万钱。吴白庄汉墓工程量远超武氏家族墓，且墓中还残留有虎形水晶坠饰、绿松石小兽和青瓷器等精美随葬品。因此，吴白庄汉墓墓主身份应高于武氏家族成员（六百石级别官员），可能是二千石级别官员，甚至会更高，且墓主家族经济实力雄厚，起码不低于武氏家族[115]。可见，墓主应该生前身份尊贵，并拥有雄厚的财力，才能修建这样一座规模宏大、结构复杂、画像精美的画像石墓。

注 释

[1] 管恩洁、霍启明、尹世娟：《山东临沂吴白庄汉画像石墓》，《东南文化》1999年第6期，第45～55页。

[2] 临沂市博物馆编：《临沂吴白庄汉画像石墓》，齐鲁书社，2018年。

[3] 发掘简报统计画面为64幅，发掘报告为59幅，本文采用发掘报告数量。管恩洁、霍启明、尹世娟：《山东临沂吴白庄汉画像石墓》，《东南文化》1999年第6期，第47页。临沂市博物馆编：《临沂吴白庄汉画像石墓》，齐鲁书社，2018年，第39页。

[4] 王煜、皮艾琳：《临沂吴白庄汉画像石墓图像：祭祀是居，神明是处》，《艺术史研究》第24辑，中山大学出版社，2021年，第1～22页。

[5] 王煜、皮艾琳：《临沂吴白庄汉画像石墓图像：祭祀是居，神明是处》，《艺术史研究》第 24 辑，中山大学出版社，2021 年，第 1~22 页。

[6] 孙作云：《评沂南古画像石墓发掘报告——兼论汉人的主要迷信思想》，《考古通讯》1957 年第 6 期，第 78 页。

[7] 杨爱国：《山东汉代石刻中的外来因素分析》，《中原文物》2019 第 1 期，第 72 页。

[8] 杨爱国：《山东汉代石刻中的外来因素分析》，《中原文物》2019 第 1 期，第 75 页。

[9] （南朝）范晔：《后汉书》，中华书局，1965 年，第 1580 页。

[10] 蒋英炬、吴文祺：《汉代武氏墓群石刻研究（修订本）》，人民美术出版社，2014 年，第 10 页。

[11] 蒋英炬、吴文祺：《汉代武氏墓群石刻研究（修订本）》，人民美术出版社，2014 年，第 48~51 页。

[12] 临沂市博物馆编：《临沂吴白庄汉画像石墓》，齐鲁书社，2018 年，第 249 页。

[13] 南阳地区文物队、南阳博物馆：《唐河汉郁平大尹冯君孺人画象石墓》，《考古学报》1980 年第 2 期，第 239~262 页。

[14] 南京博物院、邳县文化馆：《东汉彭城相缪宇墓》，《文物》1984 年第 8 期，第 22~29 页。

[15] 临沂市博物馆编：《临沂吴白庄汉画像石墓》，齐鲁书社，2018 年，第 250 页。

东方维纳斯

——东魏贴金彩绘石雕菩萨立像

内容提要

在青州市博物馆龙兴寺展厅展示着一尊精美的石雕菩萨立像，她1996年出土于山东省青州市龙兴寺遗址窖藏，距今近1500年的历史。该菩萨像因形体高大、造型简洁，曲线优美，双臂缺失且给人一种东方女神内敛典雅的气质，被赞誉为"东方维纳斯"。

关键词

菩萨　东魏　龙兴寺　窖藏　艺术价值

这件东魏时期的贴金彩绘石雕菩萨立像是一件较为典型的"青州风格"圆雕作品，目前展陈于青州市博物馆四楼的"青州微笑——龙兴寺遗址出土佛教造像艺术展"陈列厅。菩萨为菩提萨埵之略称，梵语bodhi-sattva，意即求道求大觉之人、求道之大心人，具有"上求佛道，下化众生"的双重悲愿。

该菩萨像通高200厘米，圆雕立像，石灰石质。头戴宝冠，黑发顺肩部下垂。面相丰满圆润，柳眉高鼻，杏眼长目，小嘴上翘，呈微笑状，神态庄重宁静。颈佩轮状项圈，上身袒露，精美的璎珞垂于前身，在下腹部结于圆璧，下身着百褶长裙。菩萨跣足立于莲台上（图一）。

菩萨造型多头戴宝冠，身覆天衣，手持莲蕾、香囊，身饰璎珞并蕴藏高超的优美典雅之作风。头冠作为菩萨身份的象征，兼具宗教信仰的同时也起到非常重要的装饰作用。当我们走进展厅，停驻在这尊菩萨造像面前时，细细观察，会发现这尊菩萨头冠非常特殊，但在龙兴寺造像中较为常见。纵观同时期其他地区的菩萨像，这种冠饰非常少见，但在古青州地区却较为流行，显现出强烈的区域文化特色。其头冠的主要特征是：

（1）冠体为帽状，呈半圆体，冠面上有条状或线状饰物。

（2）冠前饰有扁平状圭形饰物，饰物尖部为锐角，宽度自上而下略收。

据相关研究，龙兴寺出现的这种菩萨冠饰的"梁"应该就是效仿现实生活中冠的样式，而前面的圭形饰物就是对"金铛""金博山"的模仿，是菩萨在北朝时期本土化的重要体现。

该菩萨像1996年出土于青州市龙兴寺遗址窖藏，其出土时并非完整，而是断为三块，分布于窖藏的三个位置。发掘时先发现的是其腹部以下半身，后在西北壁角见到头部，最后才拼上胸部的一块三角形残块。遗憾的是该菩萨的两臂已失，但其清秀的面容、迷人的微笑、高雅的气质、富丽堂皇的装饰仍征服了众多前来参观的游客。人们将其称为东方的维纳斯，它可比维纳斯要大得多了！出土后经过工作人员的多次拼对、修复、粘接、

文／杨华胜　青州市博物馆

图一　东魏贴金彩绘石雕菩萨立像

加固，其高超的艺术价值才得以呈现于我们眼前。龙兴寺窖藏一经出土，馆领导就非常重视造像贴金彩绘的保护工作。在国家文物局文物保护专家王丹华老师的亲临指导下，我们根据这批造像的实际情况，专门成立龙兴寺佛像保护小组，展开了对龙兴寺造像残块的拼对、照相、绘图、清理、封护、粘接、建立保护修复档案等一系列修复保护工作。

正是青州龙兴寺窖藏的发现，才使得我们有幸看到古青州地区佛教艺术的面貌，也就有了最早被山东大学刘凤君教授提出的"青州风格"[1]的诞生。但龙兴寺遗址地面上的建筑早已荡然无存了，只在青州地方志中可窥一斑。该遗址位于今青州城西驼山路以西，南阳河以南一带。据清光绪《益都县图志》载：龙兴寺，在（青州）府城西北隅。寺中有宋碑，金人刻其阴曰：宋元嘉二年（425年）但呼佛堂。……北齐武平四年（573年）赐额南阳寺。隋开皇元年（581年）改曰长乐，又曰道藏。则天天授二年（691年）改名大云。开元十八年（730年）始号龙兴。宋代以来，代为名刹。明洪武初，拓地建齐藩，而寺址遂淹[2]。据《新唐书》及青州出土唐景云二年"大唐龙兴观灯台颂并序"刻石看，唐神龙三年（707年）至景云二年（711年）间得名龙兴寺。

龙兴寺刘宋时期规模狭小，历南朝宋、北魏、东魏百余年的发展，到了北齐时期初具规模，成为"东方之甲寺"。随着寺院经济的膨胀，龙兴寺不断地建立别院，其范围向东、向南扩展。唐宋时期规模达到鼎盛，"威名海隅"。寺内主要建置有新罗院、九曜院、志公院、天宫院（老柏院）、百法院、卧佛院等，院落重重，总体上形成了一种比较自由的院落式格局。

除了这尊菩萨像该窖藏还出土400余尊佛教造像，时代跨度从北魏晚期至北宋。造像质地有陶、铁、泥、木、汉白玉、花岗岩和石灰石七种，且以青州所出石灰石为最多。其题材主要为佛、菩萨、也有少量的罗汉、供养人、天王等。时代跨度从北魏晚期至北宋，以北朝作品居多，有明确纪年的造像最早为北魏永安二年（529年）（图二），最晚为北宋天圣四年（1026年）（图三）。这些具有纪年的造像，不仅有着较高的美学艺术价值，更多的是为佛教造像断代提供了标准。400余尊造像全面展示了500年间"青州风格"佛教艺

图二　北魏永安二年韩小华造弥勒像

图三　北宋天圣四年罗汉像

术形成、发展和演变的整个过程。

这种鲜明的区域艺术特色体现在高浮雕背屏式造像和单体圆雕造像上，不同于同一时期国内任何一个地区的造像，显现出浓郁的地方特色和异域文物风貌。高浮雕背屏式造像以北魏晚期到东魏时期的造像最为典型，数量也最多。北魏时期造像是文人士大夫喜爱的"褒衣博带""秀骨清像"式的造像风格，以背屏式造像为主，造像形式为一佛二菩萨，单体造像较少，其中部分是背屏改造的单体造像。这一时期的造像面部表现细腻，神态刻画生动：佛像肉髻为细且高的形状，面目清瘦，多穿褒衣博带式袈裟，僧祇支、袈裟均显厚重，衣纹拙朴、单一；而菩萨像的服饰仅有帔帛和长裙，则显得简洁明快，菩萨的饰件较少，有的仅有项圈，后期才出现璎珞（图四）。

东魏时期的造像形式依旧为背屏式的一佛二菩萨的三尊像：这一时期，龙与莲花雕刻得玲珑剔透，成为青州地区造像最引人注目的标志性特征（图五）。龙

图四　北魏晚期贴金彩绘石雕背屏式佛菩萨三尊像

图五　东魏龙衔莲

通常为侧面观的倒立形象，尾巴上扬，身上雕刻出羽翼，四肢刻划地粗壮而有力度。从龙嘴里吐出莲茎、荷花、荷蕾等，构成了胁侍菩萨的台座，这一风格在外地造像中十分罕见。造像三尊的面部由北魏晚期的稚气较重到逐步成熟，体态从溜肩、身材矮短逐渐变得挺拔健美，而胁侍菩萨变得异常华丽，其中胁侍菩萨像的璎珞固定为穗状物、胜、珊瑚相联，在腰部圆壁之上，雕刻非常精美；造像顶部多为单层侧面舍利佛塔，覆钵上立三塔刹，周围有山花，芭蕉叶装饰，并由飞天环绕，构成一个独特的组合群体，烘托出一派祥和欢乐的氛围（图六）。

　　至北齐时期，背屏式的一铺三身像数量急剧减少，单体圆雕造像成为主体，其中突出表现为佛像造像装饰极为简洁明快，而菩萨像造型装饰极其繁缛。佛像头饰螺发，头顶肉髻平缓，面部丰满圆润，眼帘低垂，表情肃穆庄严，多着通肩式、袒右式及双领下垂式的轻薄袈裟，宽肩细腰，躯体丰满，衣纹简洁概括或通体没有衣纹，透体的薄裟显露出健美的肌体（图七）。菩萨立像比例合度，轮廓整体简洁，项饰华冠，精巧华丽。华绳璎珞和用连珠纹摩尼宝相花作装饰的坤

图六　东魏贴金彩绘石雕背屏式佛菩萨三尊像

带，雕刻繁复但丝毫不损造型的整体感，天衣帔帛、薄衣裙带的浅刻线条使菩萨修长挺拔的身姿得以突出，华美端庄成为北齐菩萨像的造型特点（图八）。

　　尤为珍贵的是，这批佛教造像保存一定的彩绘和贴金。彩绘的颜色有朱砂、宝蓝、赭石、孔雀绿、黑、白等天然矿物染料。造像的贴金主要为佛像皮肤裸露的部分。另外，菩萨像、供养人像、飞天、火焰纹、龙体、莲花也有部分贴金装饰。

　　龙兴寺窖藏佛教造像出土后，我馆就以一种开放的姿态面向大众，采取了"半开放"的展览模式，工作人员边整理、修复佛像，边对游客开放。游客在参观佛像的同时，也对博物馆人员的库房工作情况有了更直观的了解。在对外开放的同时，我们还加强宣传，于当年11月召开了青州龙兴寺窖藏佛教造像

图七　北齐贴金彩绘石雕佛立像　　　　　　　　　图八　北齐贴金彩绘石雕菩萨立像

新闻发布会，并以发掘简报的形式通过报纸及媒体向世人公布了这一重大的考古发现。在国家文物局及文化交流中心的协助下，龙兴寺造像曾应邀十几个国家和地区展出。

　　龙兴寺佛造像被誉为"改写东方艺术史及世界美术史的中国古代雕刻艺术的集大成者，中国二十世纪最重要的佛教考古发现"，所到之处，游客无不为一尊尊佛造像展露出动人的微笑、恬静而深沉内省的气质折服，同时也让世人更好地了解这些极具历史价值、艺术价值、科学价值的造像。由于龙兴寺造像展览国家多、展出时间长，被媒体称为"世界上飞得最远的佛像"。

注　释

[1] 刘凤君：《青州地区北朝晚期石佛像与"青州风格"》，《考古学报》2002年第1期。

[2] （清）段松苓等：《益都县图志》，清光绪九年（1883年）益都县重刊本。

北朝青釉莲花尊赏析
淄博陶瓷琉璃博物馆藏

文／侯本兵　淄博市博物总馆

内容提要

青釉莲花尊是南北朝时期陶瓷艺术的精品，其周身满布莲瓣纹，典雅端庄。目前考古发现的青瓷莲花尊仅十余件。本文以对淄博陶瓷琉璃博物馆收藏的淄博市淄川区龙泉镇和庄村出土的青釉莲花尊相关研究为切入点，系统梳理了这一类瓷器的生产、制作及传播情况，以期深入了解青釉莲花尊乃至北朝青瓷生产的主要特征。

关键词

北朝　青釉莲花尊　佛教

一　青釉莲花尊的形制

青釉莲花尊 1982 年出土于淄博市淄川区龙泉镇和庄村的一座北朝墓葬中[1]。器身高 59、口径 13.1、底径 16 厘米，胎厚 1.4 厘米；平唇，喇叭口，长颈，椭圆腹，圈足较高。口部和颈部装饰有八道阴线弦纹，肩部围绕着一周凸起绳纹，下有四弧形系，系之间饰四组模印宝相花纹，每组三朵，一大两小。腹上部饰堆塑一周二十一个覆莲瓣纹，莲瓣凸起，莲瓣头尖部向外微卷。腹中部贴饰两周忍冬花图案，上周二十一组，下周十组。腹下部饰一组双层仰莲瓣纹，每层各十一瓣合成一周。腹以下收缩为向外微侈的圈足，足外堆塑一周十一瓣覆莲。器身通体施釉均匀且薄，釉色青中泛黄，胎骨坚致，胎制较粗，为灰白胎。

青釉莲花尊庄重挺拔，造型浑厚，纹饰繁缛，是汇集划花、堆贴、印花等工艺为一体的艺术珍品。从烧制工艺来讲，此类大型器物成型较难，对窑炉温度和气氛要求比较严格，以免出现变形、开裂等情况。此件莲花尊无论从造型、釉色还是纹饰上都几乎毫无缺陷，代表了当时中国瓷器生产的最高成就。

在之前的研究中，学者均将这件莲花尊归入青瓷器的范畴。但近期有学者认为此件青釉莲花尊应该为铅釉器，其与曹村窑、邢窑、寨里窑等窑址出土的青黄色铅釉器类似，都可能为二次烧造，因铅釉中含有较少的呈色元素，故外观呈较浅的青黄色[2]。可备一说。

二　青釉莲花尊的发现

青釉莲花尊这一类型瓷器时代主要集中在南北朝到隋代。截至目前，全国各地出土的青釉莲花尊已有十多件。1948 年，河北景县封氏墓中出土的 4 件青釉莲花尊[3]，开启了对青釉莲花尊的发现和研究。此后，湖北武昌何家大湾刘觊墓[4]、山西太原斛律彻墓、南京东郊麒麟门外灵山南朝梁墓等具有出土。此外，国内各大博物馆中还有收藏类型一致的莲花尊，惜未有具体信息披露。

目前发现最早的具有明确纪年的莲花尊出土于湖北武昌何家大湾刘觊墓，墓志记载墓主卒于南齐永明二年（484 年）[5]。北朝具有明确纪年的青瓷莲花尊为北齐封氏墓地出土，乃北齐河清三年（564 年）。山西太原斛律彻墓时代已经到了隋代，为目前出土莲花尊时代最晚的墓葬。与淄博青釉莲花尊同出的青瓷碗等其他器物，有北朝晚期~隋代特征，该青釉莲花尊器身上贴塑的忍冬纹与北齐娄睿墓出土釉陶器装饰极为相似，时代应该为北朝晚期。

总的来看，莲花尊先在南朝出现，后再流传到北方。南北方各地出土的莲花尊总体风格虽然一致，但具体形制均有所差异，这体现出莲花尊在生产制作和流行传播过程中不断演进。根据纪年信息、器形和装饰纹饰等特征，各学者先后对莲花尊进行了分期研究，观点大体一致，可以将之分为三期。第一期为南北朝中期。这一时期的莲花尊还保留谷仓罐的一些特征，以刻、划为主要装饰手段，以阴刻莲瓣纹进行装饰，系纽为六纽，高度集中在 30~40 厘米。以武昌何家湾大墓出土莲花尊为代表。第二期时代为南北朝晚期，器形高度有所增高，集中在 55~70 厘米，装饰手法开始以模印贴塑为主，繁缛复杂，纹饰以双瓣莲瓣纹为主题，花纹繁而不乱，层次分明，出现由南方地区向北方传播的趋势，以南京灵山大墓和河北封氏墓出土莲花尊为代表。这也是莲花尊制作工艺最为鼎盛时期。第三期为南北朝末期到隋初。此时南方已不见有莲花尊，出土的莲花尊都位于北方，形体变小，堆塑纹饰在双体莲瓣纹之外又增加了宝相花、忍冬纹等纹饰，淄川寨里和山西太原出土的两件莲花尊形制和纹饰极为相似。

三　青釉莲花尊的窑口

发掘简报认为，淄博出土的这件莲花尊为淄川本地寨里窑生产[6]。《中国陶瓷史》也称莲花尊是寨里窑代表性的青瓷产品。这类观点的理由是，莲花尊出土地点与寨里窑直线距离不到 9 千米，与其同出的青釉碗，从造型、胎质和釉色看都与寨里窑所出器物完全一致，而且在寨里窑中也发现和莲花尊装饰相同的瓷片，故断定莲花尊即为北朝晚期寨里窑所烧。

寨里窑址位于淄博市淄川区寨里镇寨里村南、大张村以北两村地带接合处，西距淄川城区约 6 千米。遗址附近东部为丘陵，西部较平坦，地势东高西低，遗址北部有一断崖。窑址东西长约 810、南北宽约 400 米，总面积约 32 万平方米。该窑址是 1957 年当地文化部门在文物普查时发现的。1973 年在整修农田中发现窑炉遗址和大量瓷片、窑具。1976~1977 年，山东陶瓷史编写组、山东博物馆、淄博市博物馆等单位对顺道地和大张两处窑址进行了重点试掘[7]。1982 年 11 月，淄川区进行全区文物调查，对该遗址进行了记载。

寨里窑瓷器种类比较丰富，有碗、罐、盘、杯、钵、瓶等。器物一般胎体厚重，多呈灰色，胎质疏松，原料淘洗不净，含杂质较多，多可见气孔和黑色斑点。釉以青釉为主，釉色不纯，多呈青灰、青黄、青褐色，早期釉层稀薄，多流釉现象，挂釉不匀，常见露胎，晚期釉层较厚，釉面光洁。

对于淄博青釉莲花尊为淄川寨里窑产品这一观点，得到不少学者认同。刘毅先生在《青瓷莲花尊研究》中总结青釉莲花尊的基本特征，并运用考古类型学的方法进行分类，对时代和产地也进行了初步研究，认为河北景县封氏墓和南京灵山大墓的莲花尊有明显差异，应分别属于北方和南方青瓷系统，同时推测南京灵山大墓莲花尊与越窑有关，武昌地区发现的或为湘阴窑产品，淄川和庄村的青釉莲花尊可能出自寨里窑，也可能与安徽淮南窑有关[8]。蒋天颖梳理17件南北朝及隋初莲花尊，根据南北朝莲瓣纹青瓷器和釉陶器的生产情况，推测淄博和庄墓和斛律彻墓的莲花尊是北方青瓷或釉陶产品，其他莲花尊为南方所产，且很可能与岳州窑有关[9]。杨君谊先生认为淄博北朝晚期墓葬中出土的青釉莲花尊釉色上呈青黄釉色，同出的器物中有青釉瓷碗2件，胎质、釉色特征与莲花尊一致，与北朝晚期淄博寨里窑产品相比，在胎质、釉色、装烧工艺上具有一致性，说明淄博北朝晚期墓葬所出土的莲花尊为寨里窑所烧制[10]。

也有些学者持不同观点。李梅田先生在《论南北朝交接地区的墓葬——以陕南、豫南鄂北、山东地区为中心》中提到，青釉莲花尊作为南北方手工业交流的案例，以此反映南北方文化交流，认为青釉莲花尊的产地在南方[11]。刘未先生与之看法一致，也认为青釉莲花尊是南方所产，指出具有岳州窑的特点[12]。

目前，考古发现的青釉莲花尊均出土于墓葬，各大窑址均未发现有该类型器物，这为判断莲花尊的生产地区造成了一定困难。希望之后通过科技手段，能获得更多研究数据，也期待更多相关考古资料的发掘和整理。

四　青釉莲花尊的文化特征

在研究中，青釉莲花尊的用途一直是未解的"谜题"，基于现有的资料，结合南北朝时期政权分裂和佛教兴盛的背景，大部分研究者认为青釉莲花尊是一种明器，但也有一些其他的见解。胡朝辉根据近年来韩国新出资料，推测青瓷莲花尊除了作为达官显贵的随葬品外，还可能是佛前供奉之物[13]。这与李婷在《南北朝时期的青瓷莲花尊》中的观点相同，认为青釉莲花尊不同于魂瓶只是作为民俗信仰的明器，而是超脱成为世家大族礼佛用器[14]。蒋天颖注意到何家大湾M193出土的一件莲花尊出土于甬道前部一侧，如果莲花尊的位置没有发生很大变化，推测可能是代替了盘口壶在墓内祭祀空间中的作用[15]。总而言之，莲花尊作为一种带有佛教意义的随葬器的观点得到普遍认同。

莲花尊埋藏于北朝末年淄博地区的墓葬中，与其时其地佛教的流行有着密不可分的联系。北朝时期，除去魏太武帝和周武帝两度毁佛外，其他帝王均大力提倡佛教，可以说这是一个总体上崇尚佛教的时代。与政治中心毗邻的山东地区佛教事业也空前发展，尤其是青齐之地位于兵燹后方，社会稳定，经济繁荣，更有利于佛教的发展。刘凤君先生指出"从现有资料分析，北朝晚期的青州地区与洛阳和邺城地区一样，都是北朝佛事最昌盛的地区。"[16]淄川在北齐属青州，情况概莫能外。

本文针对淄博陶瓷琉璃博物馆馆藏青釉莲花尊的相关问题进行梳理。青釉莲花尊是在南北朝时期政权分裂、民族融合、佛教盛行的情况下产生的，不管是作为当时的明器还是佛教用具，都具有浓浓的时代烙印。其制作精美，气魄宏伟，代表了南北朝时期制瓷工艺的高超水平，为我们研究当时瓷器生产发展情况和南北瓷业交流及文化交流提供了重要的文物资料。

注　释

[1] 淄博市博物馆、淄川区文化局：《淄博和庄北朝墓葬出土青釉莲花尊》，《文物》1984年第12期。

[2] 孙华勇、马瑞文、徐波、王卫丹：《淄博市博物总馆藏青釉莲花尊化学成分初步分析》，《山东陶瓷》2022年第4期。

[3] 张季：《河北景县封氏墓群调查记》，《考古通讯》1957年第3期。

[4] 湖北省博物馆：《武汉地区四座南朝纪年墓》，《考古》1965年第4期。

[5] 湖北省文物工作队：《一九五六年一至八月古墓葬发掘概况》，《文物参考资料》1957第1期。

[6] 淄博市博物馆、淄川区文化局：《淄博和庄北朝墓葬出土青釉莲花尊》，《文物》1984年第12期。

[7] 山东淄博陶瓷史编写组、山东省博物馆：《山东淄博寨里北朝青瓷窑址调查纪要》，《中国古代窑址调查发掘报告集》，文物出版社，1984年，第352～359页。

[8] 刘毅：《青瓷莲花尊研究》，《中国古陶瓷研究》（第4辑），紫禁城出版社，1997年，第48～55页。

[9] 蒋天颖：《南北青瓷莲花尊研究》，南京大学2019年文物与博物馆硕士毕业论文。

[10] 杨君谊：《纪年墓出土青瓷莲花尊流布问题研究》，《中国陶瓷》2018年第11期。

[11] 李梅田：《南北朝交接地区的墓葬及南北文化的交流——以陕南、豫南鄂北、山东地区为中心》，《魏晋北朝墓葬的考古学研究》，商务印书馆，2009年，第199～217页。

[12] 李未：《北朝墓葬出土瓷器的编年》，《庆祝魏存成先生七十岁论文集》，科学出版社，2015年，第224～253页。

[13] 胡朝辉：《中国国家博物馆藏青瓷莲花尊研究》，《文物春秋》2023年第3期。

[14] 李婷：《南北朝时期的青瓷莲花尊》，《寻根》2015年第3期。

[15] 蒋天颖：《南北青瓷莲花尊研究》，南京大学2019年文物与博物馆硕士毕业论文。

[16] 刘凤君：《青州地区北朝晚期石佛像与"青州风格"》，《考古学报》2002年第1期。

文／邱玉胜 青岛市博物馆

青岛市博物馆藏高凤翰、黄钰《西亭诗思图》研究
——兼论高凤翰之交游

内容提要

青岛市博物馆收藏的《西亭诗思图》是高凤翰肖像画的代表作品之一，创作于高凤翰出任泰坝监掣期间，反映他在该时期的艺术风格和影响。作品中的题跋酬唱，也呈现出高凤翰广泛的交友圈，几位题跋者擅长书画、诗歌、篆刻等多个艺术领域，更体现了高凤翰诸艺兼擅的艺术成就；从一个侧面展示了清代齐鲁与扬州文人的交游行迹与交游信息。

关键词

高凤翰　西亭诗思图　交游

一　引　言

明清以降，肖像画的创作在作品数量及艺术表现形式等方面都有了极大发展，其笔墨娴熟且空间布局别具一格。明清两代多位书画家曾绘制肖像画，或为自绘，或与他人合作共绘，形式多样。据目前考证，清代画家高凤翰的肖像画有20余幅[1]，其中多有本人题跋，或经友人题赞，这些肖像画不但是其形象的直观表现，也是其交游、交友的有力证明，具有重要的艺术与史料价值。青岛市博物馆收藏的《西亭诗思图》便是高凤翰肖像画的代表作品之一。

二　《西亭诗思图》概述

《西亭诗思图》纸本设色，画芯纵136.2、横64.1厘米（图一）。1963年收购于青岛市文物商店，1972年经国家文物鉴定委员会刘九庵先生鉴定为国家一级文物。

图中高凤翰小照为江夏画家黄钰所作，后由高凤翰本人补"西亭"之景而成。画中高凤翰广额长髯，双目平视，体貌丰伟，头戴竹笠，身穿白袷，脚着红色高屐，右手拄竹杖，身体微侧立，有欲轻轻迈步向前之意，呈现出稳健、安详之态。高凤翰把自己旧居"西园"中的西亭补写于后，两巨型柱石分立身后，被二棵硕大的梧桐所盖顶，石之右侧为成片的修竹和丰茂的芭蕉，十分雅静。院内前景青青草地中有一奇石横卧，十分惹眼。

左上高凤翰自题"西亭诗思图，时五十有二岁甲寅。颇忆西亭路，寻诗踏雨回，断云犹在竹，湿草半垂苔。白袷山中适，清怀物外开，桐阴兼石气，吹绿上衣来。南村自题"。前景奇石上自题"石鳌，西亭野友之

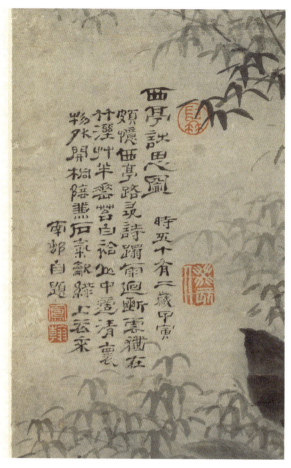

图二　高凤翰题跋

图一　清高凤翰、黄钰纸本设色《西亭诗思图》

一"。画心钤有白文"南村""石戏""磊落嵚崎""寂寞身后事""出踪迹山在心""澹然无俗好""癸亥人""拾得""凤""翰"、朱文"宜置丘壑中""远志小草"印章。画面右中题"雍正甲寅二月，江夏黄钰写照于泰州壩上"，钤"黄""钰"连珠印（图二）。

"西亭"位于高凤翰胶州三里河故居的"西园"一隅，从题跋可知，此画作于雍正甲寅（1734年）年，高凤翰时年52岁，此时他以歙县县丞身份出任泰坝监掣[2]，这一时期他游历丰富，艺术才能展现，创作出大量优秀作品，其中题诗画不在少数。题人物画诗不仅着眼于刻画人物形象，更为注重利用诗歌语言的特性，表现画中人物的思想感情和性格特征，通过细节特写表现人物的内心世界，让画中的人物形象更加丰满和立体[3]。《西亭诗思图》题画诗，诗画合一，以追忆手法，通过"白祫山中适，清怀物外开"等细节来刻画人物形象以及超脱世俗的清高情怀，"断云犹在竹，湿草半垂苔"表现雨后场景，也从侧面体现画家此时的心境，"颇忆西亭路，寻诗踏雨回"则为高凤

217

翰在异地为官，回忆曾在家乡西亭踏雨寻诗归来的昔日光阴，流露出浓浓的思乡之情。

高凤翰不仅精于书法绘画，在诗文创作、刻印与制砚等方面也取得非凡成就，著有《南阜山人诗集》；其篆刻艺术师法秦汉，刀工粗犷豪放，颇有古意。此幅画作集诗、书、画、印于一体，对研究高凤翰的艺术成就具有重要的意义。画作为黄钰与高凤翰合作而成，既有他人对高凤翰形象的真实写照，又有源于高凤翰自身记忆且经艺术加工所创作出的"西亭"衬景，不但拓展了画面时空，还增添了些许浪漫色彩。更为重要的是，裱绫四周附有多位与高凤翰同时期的名家题记，是研究高凤翰与文人雅士间交游、交友的珍贵资料。

三 从《西亭诗思图》题跋看高凤翰之交游

《西亭诗思图》中除了高凤翰、黄钰两位作者的题跋外，还有张纯、李葂、靳树椿、田云鹤及陈璐等的题跋，这些人是高凤翰在徽州、扬州等地区经常来往的亲友。通过对题跋人、题跋内容进行考证，不仅可以为高凤翰的交游研究提供重要的资料和实证，而且使高凤翰及诸位文人的形象更加丰满立体。

题跋人中与高凤翰相识较早的是张纯。张纯（？～1738年）为安徽桐城人，据《桐城耆旧传》卷九记载：字吾未，能诗，工大小篆，自号苦竹山人。刻竹、篆印为时绝技。偶即竹根为篆印，方圆修短，刻之类古法物，人争宝之，著有《篆会》及《苦竹山房诗稿》八卷。张纯与高凤翰相识于雍正三年（1725年），当时高凤翰再游琅琊台，至日照住在知县成永健署中，在此期间与张纯定交，并以所临徐渭的画换张纯的竹章，有诗作《题画奉酬桐城张吾未遗我竹章》[4]。此后，二人多有诗词书信往来。如在张纯归桐城、去扬州等重要的人生节点，高凤翰均有诗相赠。而在乾隆元年（1736年）后，高凤翰生病、患难之时，张纯亦前往相视、捐助，高凤翰作有《病中喜好友张吾未忽至，出其游囊，文石巨块数十拳，贮水相赏，欣然成诗》[5]。乾隆三年（1738年）张纯逝世，高凤翰作《哭故友张吾未》[6]，其中"焚诗哭碎琴"句足见高凤翰对与张纯的知己之情。

另一位与高凤翰交往频繁的是李葂。李葂（1691～1755年），字啸村，号铁笛生，安徽怀宁人，也是"扬州八怪"之一，与李鱓时称"二李"。据光绪《重修安徽通志》卷二百二十三《人物志》记载："李葂……诗才敏异，督学按皖试《春江诗》，顷刻成七律三十首，时有国士之目。客游金陵、维扬间数十年，落拓无所遇。雍正乙卯举鸿博不就，乾隆辛未上南巡召试二等。著有《啸村诗》三卷，两淮运使卢见曾为刻传之。"[7]高凤翰与李葂于雍正七年相识于安庆，并将李葂引荐给卢见曾。卢见曾《李啸村近体诗选序》云："余闻啸村诗名于胶州高西园凤翰。时西园方以县丞试用于皖城，啸村皖人也。余为六安州牧，每至省必与两君盘桓。"[8]此后李葂与高凤翰一直保持联系，常以诗文相唱和。在雍正十年高凤翰书、李世佐画，为高凤翰二弟高苍佩作的《龙潭介寿书画题咏卷》上即有李葂及张纯、靳树椿、田云鹤、陈璐等的题画诗，可见高凤翰与他们之间交游互动之频繁。次年（1733年），高凤翰又与李葂同游芜湖吟诗作赋，并作《芜湖舟中同李啸村分赋，得"痕"字》一诗[9]。雍正十二年（1734年）立秋，李葂与高凤翰再见，高凤翰作《喜故人李啸村至》[10]，并在同年中元节邀李葂在《西亭诗思图》上题诗。

除了张纯与李葂，该画上其他题跋者也都是雍正、乾隆年间来往活动于江宁府的文人名士。靳树椿（？～1763年），字大千，号鹤亭，镶黄旗人。雍正七年（1729年）官泰州通判。工诗文。据高凤翰《诗集》及《砚史》可见，高凤翰曾多次为其题画及制砚。田园鹤，字轮长，号云抱，别号金鑐词客，又号蓬壶居士，江苏泰州人，太学生。沉酣书史，工诗古文词，放意山水，著有《金鑐集》。他也是高凤翰在泰州期间经常交游的一人，据《泰州志·名宦卷》记载："高凤翰字南阜，山东人，雍正年间，官泰坝监掣。时缺，系新设凤翰莅任后，多有创建，喜吟咏，暇月与兴化郑燮、邑中王家相、田云鹤等辈唱和。"[11]

而从《西亭诗思图》题跋内容而言，主要是对画面的描述、对高凤翰风貌及诗歌风格的赞誉。以李葂的题跋为例，"海岳奇峰见袍笏，襄阳疏雨想丰神。此中呼得先生出，不着眉已有人。戴笠支邛画面开。竹梧位置听人裁。胸中别自藏丘壑，争教毫端画得来。"主要描写高凤翰的形象与丰神,他头戴斗笠,手扶竹杖,胸中自藏丘壑,既体现他志向高远,又为后面对高凤翰文学艺术成就的赞誉作好铺垫,强调其写诗作画前的胸中境界。后面"诗里真精识未曾,渔洋一脉的传灯。苏家坡老谢家传,正恐披图唤不应。词场老手果无双。一瓣名香意久降。对此即堪供作佛,铸金浪费李才江。"点明了高凤翰的文学渊源与地位。高凤翰为王士祯(渔洋)的嫡传弟子,故此说是"渔洋一脉的传灯",又更具有苏轼的豪迈气韵。李洞,字才江,曾铸贾岛像,供之如神。后世因此有"诗供"之典。李菇对高凤翰的文学才情极为钦佩,认为高凤翰本来就是自己的"诗供",不必再像李洞铸造贾岛像了。其他几段题跋也都主要围绕其形象、诗歌成就而展开,为后世了解高凤翰的艺术渊源及影响提供了重要佐证。

四 结 语

高凤翰所处的时代,是文人肖像画创作的高峰期,也是题画诗创作的繁荣时期。而《西亭诗思图》创作之时,又值高凤翰出任泰坝监掣期间。在这段最为得意的时光里,他频繁来往于泰州、扬州、南京之间,跟当时的文化艺术名人密切交流,对他的创作产生了重要影响,也使他的艺术才能得到了公认和推广。通过对《西亭诗思图》的研究,既能够了解高凤翰在该时期的艺术风格和成就;作品中的题跋酬唱,也呈现出他广泛的交友圈,几位题跋者擅长艺术领域涵盖书画、诗歌、篆刻等多个方面,更体现了高凤翰诸艺兼擅的艺术修为;从一个侧面展示了清代齐鲁与扬州文人的交游行迹与交游信息。

注 释

[1] 付晓璐:《高凤翰肖像画的文化心理阐释》,渤海大学 2019 年硕士论文,第 6 页。

[2] 杨小明:《高凤翰在扬州任职与交友考》,扬州职业大学学报 2020 年第 4 期,第 7~12 页。

[3] 王南冰:《高凤翰题画诗研究》,《青岛文学研究》2022 年辑刊,第 63~71 页。

[4] 《高凤翰全集》编辑委员会:《高凤翰编年录》,北京大学出版社,2014 年,第 42 页。

[5] 《高凤翰全集》编辑委员会:《高凤翰诗集上》,北京大学出版社,2014 年,第 163 页。

[6] 《高凤翰全集》编辑委员会:《高凤翰诗集上》,北京大学出版社,2014 年,第 187 页。

[7] 《续修四库全书》工作委员会:《续修四库全书·史部·地理类:光绪重修安徽通志》
卷二百二十三,上海古籍出版社,2002 年,第 786 页。

[8] 《高凤翰全集》编辑委员会:《高凤翰编年录》,北京大学出版社,2014 年,第 53 页。

[9] 《高凤翰全集》编辑委员会:《高凤翰诗集上》,北京大学出版社,2014 年,第 140 页。

[10] 《高凤翰全集》编辑委员会:《高凤翰诗集上》,北京大学出版社,2014 年,第 150 页。

[11] 《中国地方志集成·江苏府县志辑50:泰州志》卷二十,江苏古籍出版社,1991 年,
第 220 页。

泰安市博物馆馆藏『泰山镇山三宝』

文/陶莉 刘晓萌 泰安市博物馆

内容提要

泰山祭器是泰山封禅文化的特殊历史产物，代表了各历史时期物质生产与制作工艺的最高水平，是极其珍贵的历史文物。泰安市博物馆馆藏有"泰山镇山三宝"之称的清乾隆沉香木狮子、清乾隆温凉玉圭、明嘉靖黄釉青花瓷葫芦瓶，是泰山祭器的典型代表，具有极高的历史文化与艺术价值。本文旨在介绍上述三件文物的器形、来源及流传等相关信息，展现文物的美感与艺术魅力，揭示其文化内涵与重要价值。

关键词

泰山岱庙 泰山祭器 镇山三宝

泰山自然景观雄伟壮丽，历史文化博大精深，被誉为中华文化的象征和民族精神的缩影，自古以来就是历代帝王封禅祭祀、与上天沟通、汇报功绩，祈求神灵护佑、巩固政权的神山。岱庙作为古代帝王奉祀泰山神灵，举行祭祀大典的场所，所藏历代帝王向泰山神灵供奉的祭品供器以及各类奇珍异宝种类丰富、数量繁多，这类祭品供器统称为"泰山祭器"。

《水经注》引《从征记》说：泰山庙的下庙，即今之岱庙："库中有汉时故乐器，及神车木偶，皆靡密巧丽。又有石勒建武十三年未贵侯（宋本作永贵）张余上金马一匹，高二尺余，形制甚精。"[1]这是有关岱庙库藏泰山祭器的最早记载，可惜这些祭器均已遗失。岱庙现存祭器多是清代帝王御赐岱庙的，据《泰安县志》卷一《恩赏》记载统计，自清雍正八年（1730年）至道光八年（1828年）间，清廷共御赐泰山祭器613件，而这其中又数乾隆皇帝御赐最多。乾隆皇帝是历史上登泰山次数最多的一位帝王，其前后10次拜谒岱庙，其中6次登上岱顶。自清乾隆七年（1742年）至乾隆六十年（1795年），乾隆皇帝分三十五次，共钦颁泰山岱庙祭品祭器达344件，并且自乾隆三十三年（1768年）开始，每年都会给泰山钦颁祭品祭器，后成定制。这些祭器种类繁多，有锦袍、龙袍、鞓带、七珍八宝、海蹬炉、满达尊、卣、瓶、鼎、壶、碗、香盒、烛台、磁轮、珠幡、竹如意等。因这些祭品祭器多出自清宫造办处或为清宫旧藏，无论是造型、色彩还是纹饰等，均精益求精、富丽堂皇，体现皇家风范，代表了当时物质生产与科学技术的最高水平，具有极高的历史、文化与艺术价值。

泰安市博物馆依托岱庙建馆，泰山祭器正是馆藏文物中独具特色的精华，其中最具代表性、最著名的当属"泰山镇山三宝"——清乾隆沉香木狮子、清乾隆温凉玉圭、明嘉靖黄釉青花瓷葫芦瓶。

一　清乾隆沉香木狮子

清乾隆沉香木狮子，狮子为一对，一件高36、长38厘米，重3.75千克，另一件高37.5、长36.5厘米，重3.5千克（图一）。双狮前腿直立，臀部坐式，尾巴高高翘起，头部斜向一侧，双目圆睁，舌头微露，栩栩如生。此对狮子借助沉香木的天然形态，经过巧妙地雕刻黏合，利用沉香木的凹凸疙瘩体现狮子身上的蜷毛，以琥珀塑造了狮子的双目，可谓形神兼备。

关于岱庙所藏沉香木狮子的来源，清乾隆年间《泰安县志》卷一《盛典》有载：乾隆二十七年（1762年）"是年春，皇上南巡，夏四月回銮过泰安，十九日谒岱庙，二十日登岱祀碧霞元君祠……"清乾隆二十七年四月，乾隆皇帝南巡回銮过泰安，第四次亲祭泰山神灵，再次钦颁丰厚的祭器。据清道光泰安县志中记载："乾隆二十七年，御赐玉磬一件，楠木架，沉香狮子一对，降香座，女儿香盒十个，小洋磁瓶一对，楠木座，洋瓶一对，上带牙花葫芦，小磁瓶一对，楠木座"。共计19件，其中便包括沉香木狮子，并传谕将其供奉在岱庙（图二）。

沉香木狮子造型活灵活现、浑然天成，材质古朴浑厚、润泽饱满，别具风韵。双狮风格一致、形态神似，细看又有不同，其原材料的特殊性造就了每件狮子都是独一无二的珍品。制作狮子所用的原材料——沉香木，又名沉水香，是一种名贵木料，产于海南、交趾（今越南）及东印度，属香料科，多用于制作香料。沉香木雕是一种历史悠久的传统雕刻艺术。沉香雕刻艺术的奥妙在于因材施艺、天然偶成，每块沉香木料在质地软硬、形态大小等方面均有不同，工匠需要在把握沉香木料的特质的基础上进行构思设计，再施以高超的雕刻技艺，才能巧妙地展现其美感和艺术性。自南朝起，就有在祭祀中使用沉香的记载，直至清代，沉香一直是皇室贵族敬神斋醮的必备之物。即便在清宫内廷，沉香也颇为珍贵，用于制作器物与雕刻的沉香材料更少。将如此珍贵的沉香原材料

图一　泰山镇山三宝——沉香木狮子

泰安市博物馆馆藏「泰山镇山三宝」

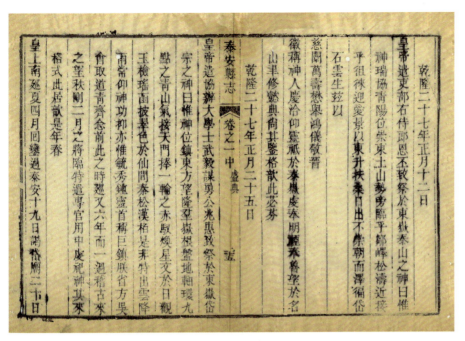

图二　（清）乾隆《泰安县志》

制作成狮子，既是工匠充分利用其天然形态进行设计、雕刻的巧思，也是由于狮子自汉代传入中国后，历来被视为瑞兽，在中国传统文化中具有权势、威严、祥瑞等重要象征意义，是民间传统的吉祥物。用于制作沉香木狮子的原材料之难得，雕刻工艺之考究，更彰显沉香木狮子的独特性与珍贵性，将这对沉香木狮子赐祭泰山，供于岱庙，充分体现了清乾隆皇帝敬奉泰山神威之意。

二　清乾隆温凉玉圭

　　清乾隆温凉玉圭，长92.5、宽29.5厘米，重27.75千克。玉圭色白，微青，由上下两截组成，上截的上部浮雕由曲线连接的三个圆星，分别代表日、月、星，下部浮雕海水江崖图，分别代表河、海、岱，合起来即隐喻《尚书·舜典》中"肆类于上帝，禋于六宗"的"六宗"；下截阴刻"乾隆年制"四字楷书款（图三）。

　　玉圭为清乾隆皇帝为恭贺其母孝圣宪皇太后寿辰，于乾隆三十六年（1771年）东巡泰山拜谒岱庙时御赐。《岱览》《泰山志》中均对玉圭有所记载，"乾隆三十六年，皇太后赐……大玉圭一件，长三尺五寸，宽八寸，名温凉玉，半暖半寒"。

　　玉圭由新疆和田玉制成，琢工细腻精巧，玉质光洁润泽，整体风格清新雅致。上截玉质细密，抚之手感较凉，下截玉质略疏松，手感稍温，因具有"上凉下温"的特性，故名"温凉玉圭"。有研究认为，玉圭之所以上凉下温，是因为上截是纯玉，下截是杂有石质的璞，玉石质地不同，对周围温度的吸收程度不同，所以手触感受到的温度也有明显差异。也有研究认为，因材质导致的"上凉下温，半暖半寒"触感其实并不明显，而更多的是由于泰山信仰被神化，

图三　泰山镇山三宝——温凉玉圭

图四　泰山镇山三宝——黄釉青花瓷葫芦瓶

皇帝御赐之物所具有的神秘色彩，以及民间广为流传的对玉圭"上凉下温"之奇妙的描述，使人们产生了心理暗示作用，强化了这种触觉体验。

圭为上古"六瑞"之一，主要用于朝觐、祭祀等，是中国古代重要的礼器之一，象征着权力与地位。清乾隆皇帝之所以将此玉圭敬献泰山，源于《周礼》中的传统礼制。《周礼·春官·大宗伯》中说："以玉作六器，以礼天地四方。以苍璧礼天，以黄琮礼地，以青圭礼东方，以赤璋礼南方，以白琥礼西方，以玄璜礼北方。"在古人五行观念中，泰山位于东方，属青色，向来被认为是万物交替、初春发生之地。而玉圭上截所雕刻的图案隐喻"六宗"，又有泰山神灵应九州，地位至高无上的寓意。因此，使用青玉制圭，敬献泰山，体现了乾隆皇帝对传统礼制的遵循，表达了其对泰山的尊崇敬仰之情。

三　明嘉靖黄釉青花瓷葫芦瓶

明嘉靖黄釉青花瓷葫芦瓶，瓶为葫芦形，上小下大。通高22.5、口径3.1、底径6.3厘米（图四）。半圆形盖，蘑菇形纽，子母口，溜肩，束腰，双鼓腹，卧足。通体以黄釉为底色，上饰七层青花纹饰，纽饰青花，盖上为朵云纹，瓶身上下二段主体纹饰绘缠枝莲花，束腰处饰九朵梅花纹，下腹上部饰几何纹，下部饰卷云纹，瓶底有"大明嘉靖年制"双圈楷书青花款。

葫芦瓶为清乾隆五十二年（1787年）颁赐岱庙。《泰安县志》卷一《恩赏》中有载（图五），清乾隆五十二年（1787年）四月，乾隆皇帝遣工部侍郎兼满洲副都统阿尔达致祭泰山神，同时钦颁"琉璃穿珠幡一对，连杆座，纬丝香带挑杆一对，蓝花黄地葫芦瓷瓶

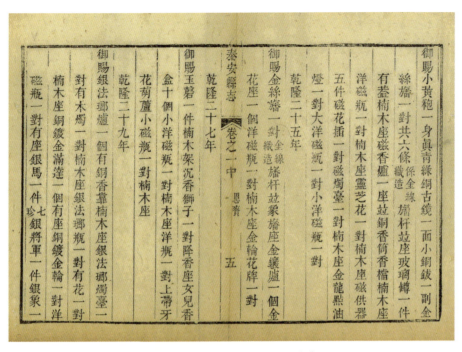

图五 （清）道光《泰安县志》

一对，有盖连座，蓝花铜镀金轮一件。"[2]据此记载可知，葫芦瓶原为一对，而现存仅有一件以及另一件的瓶盖。

葫芦瓶系明嘉靖年间景德镇御窑烧制，造型古朴敦厚，做工极为精致。胎质细腻，釉面肥润光亮。制作过程中采用西域回青料，青花色泽浓翠艳丽，发色蓝中泛紫。瓶身主体所绘缠枝莲纹饰，是传统吉祥纹样，广泛应用于瓷器的装饰。莲花在传统审美观念中本就是高洁、优雅的象征，而缠枝莲纹枝茎缠绕、花繁叶茂，又有生生不息、绵延不绝的吉祥寓意。葫芦瓶色彩明艳雅致，纹饰典雅有序、优美灵动，具有独特的民族工艺神韵，为明代景德镇官窑出品的典型器物。

葫芦因兼具实用性、观赏性等特征，蕴含丰富的传统文化内涵，而成为一种"人文瓜果"。葫芦文化在流传发展过程中，被人们赋予多重象征意义。因葫芦与"福禄"谐音，故成为吉祥、平安、长寿的象征，又因葫芦内部多籽、藤蔓缠绕，又延伸出子孙万代、绵延不绝等象征意义。葫芦因而成为吉器，并作为礼器应用于祭祀活动中。受道教文化的影响，葫芦因其圆润美观的外形及其吉祥的寓意在明代受到统治者及百姓的喜爱，葫芦形瓷瓶也在明代得以广泛流行。

自岱庙收藏、保管宝物以来，受古时安保技术落后、管理制度体系不完善，以及近代时局动荡等多重因素影响，各类盗案窃案多有发生，致使库藏古物失落甚多。其中，1943年发生的岱庙古物特大盗案社会影响最大，损失最为惨重。根据道、县两署查验清点，岱庙57箱古物共失没21箱，另有9箱部分物品被盗，丢失古物共计126件。"泰山镇山三宝"中的温凉玉圭、黄釉青花葫芦瓷瓶在这场盗案中也未能幸免。经山东省公署侦办，最终破案——主犯为时任泰安县情报室主任杨安一。虽经多方努力，丢失的126件古物也仅追回53件。原为一对的明嘉靖黄釉青花瓷葫芦瓶，另一件的瓶身是否是在此盗案中丢失，现有史料及相关研究还未能对此做出明确、有力的解释说明。

　　泰山祭器是古代帝王封禅泰山、敬奉泰山神灵的重要器物，是泰山历史文化的特殊产物。"泰山镇山三宝"作为泰山祭器的典型代表，原材料珍贵、制作工艺精巧、文化内涵深厚，是泰山历史文化的见证与载体，具有极高的历史、文化和艺术价值，是不可多得的国之瑰宝，对于研究泰山封禅祭祀文化具有重要意义。关于"泰山镇山三宝"尚有许多未解之谜，还需学界共同努力，进一步挖掘、研究、探讨。

注　释

[1] 王国维：《水经注校》卷二十四，上海人民出版社，1984年，第789页。

[2]（清）《泰安县志·恩赉》卷之一中，清同治刻本，第10页。

清乾隆雕蟠龙御题诗玉瓶

文／夏文森　邱真　李鹏飞　烟台市博物馆

内容提要

清乾隆雕蟠龙御题诗玉瓶，为烟台市博物馆藏国家一级文物，曾在山东博物馆展览"齐鲁瑰宝"中展出。玉瓶是"乾隆工"众多玉器的代表之作，其上题有乾隆诗词，象征着君子守口如瓶。玉瓶原为清代紫禁城乾清宫重要的陈设器物，后落入八国联军士兵之手，在杨氏三护玉瓶的漫长曲折历程之后得以回归。清高宗时期的宫廷玉器在中国玉器史上占有极其重要的地位，达到了清代玉器制作的巅峰，也是中国工艺美术领域的一座丰碑。现结合相关史料，通过对乾隆雕蟠龙御题诗玉瓶的分析阐释，意图能够更全面地认识乾隆时期宫廷玉器的特征，更好地了解文物背后的故事，倡树文物保护意识和家国情怀。

关键词

玉瓶　乾隆工　清代玉器

山东博物馆作为我省博物馆行业的领军单位，近年来充分挖掘省内文物资源内涵，努力解码齐鲁文化基因，积极传承中华灿烂文明，多次以省内精品文物"集结式"展出的模式，盘活了一批又一批具有齐鲁文化代表意义的历史文物资源。这其中不乏"齐鲁瑰宝""礼运东方——山东古代文明精粹"等重磅展览，不仅为各地市博物馆提供了宝贵的文物展出机会，还获得了业内人士的广泛好评和社会各界的高度关注。正值庆祝山东博物馆建馆70周年之际，本文选取烟台市博物馆藏清乾隆雕蟠龙御题诗玉瓶以作赏析，再次回顾这件曾在山东博物馆展出的精美文物，探究其背后的工艺渊源、文物脉络和爱国情怀。

一　玉瓶整体特征

清乾隆雕蟠龙御题诗玉瓶，高34.4、腹径18厘米，重3.69千克，以青白仔玉雕琢而成，玉质白洁，细腻温润（图一）。瓶呈直口方唇，修颈，瓶腹扁圆，高圈足。颈部透雕一攀绕的螭龙，须、眉、面目生动传神，身体蜷曲，龙爪前伸护持玉珠，流畅舒展，栩栩如生（图二）。瓶腹上以楷书阴刻清高宗御制诗（图三）："捞取和阗盈尺姿，他山石错玉人为。一珠径寸螭龙护，守口如瓶意寓兹"。底部刻有"大清乾隆年制"楷书款字样（图四）。瓶身刻诗收录于《御制诗集》的五集卷十二[1]，作于清乾隆五十年（1785年）正月，根据前后纪年诗作可推知，应作于正月十六至廿八之间。玉瓶整体造型古朴庄重，匀称和谐，雕琢鲜活细腻，纹饰玲珑剔透，布局

图一　玉瓶

图二　瓶颈部的骊龙

图三　瓶身腹部所刻御制诗

图四　瓶底圈足内所刻款识

疏密有致，具有极高的艺术价值，不仅代表了乾隆时期高超的制玉水准，也因背后的传奇流传经历和展现的中华儿女爱国情怀受到了世人的关注。因其文物价值极高，教育意义突出，曾在1981年人民教育出版的《中国历史》初中第二册收录，并在许多文章中有所介绍。

二　玉瓶与"乾隆工"

据史料记载，乾隆皇帝非常喜欢收藏玉器，对玉器的制作过程，工匠选配和雕刻情况时常亲自过问，甚至遇到好的玉器便亲自题诗，表达欣喜之情。由于乾隆皇帝推崇的昌明盛世和爱玉精神等因素，乾隆时期的玉器达到了清代玉器的最高水平，在玉器史上占有极其重要的地位，后人将这个时期制作玉器的高超工艺称之为"乾隆工"。"乾隆工"作工细而不俗，刚而不火，有匠心而无匠气，能够达到意和象的完美结合，时常给人以艺术的天然、畅快、静美之感。清乾隆雕蟠龙御题诗玉瓶具有乾隆工的典型特征，它娴熟运用琢玉各种技艺的水平令人惊叹，它直线挺拔，弧线圆润，地子平滑，膛壁均匀，镂雕技艺出神入化。玉工将乾隆题诗以阴刻手法将书法的结构、用笔表现得不差纤毫，难度之高，令人难以企及。

乾隆雕蟠龙御题诗玉瓶的诞生与当时的玉器发展历史有很大关系。乾隆朝时期宫廷玉器发展的分水岭是以乾隆二十五年（1760年）平定新疆地区准噶尔部和回部动乱为界。此前，清代玉雕业发展缓慢，我们在乾隆七年（1742年）的记录中发现，曾有"白玉四块、碎白玉六十六块、碧玉九块、碎碧玉五钱、干黄玉一块、玉片二百二十三片、玉珠大小三百八十个⋯⋯"等记载。玉材的匮乏导致了当时新制玉器寥寥可数，技术上沿袭前代尚未获得重要突破，但是也为风格的转变奠定了一些基础。乾隆二十五年（1760年）之后，新疆开始贡玉。每年春秋两贡便可达2000千克，如遇特殊情况还要派专差采用。如乾隆四十一年（1776年）从新疆运大玉六块，计20000余斤。新疆玉料大量进入宫廷，解决了长期阻碍玉器发展的原料问题，宫廷玉器生产空前繁荣，技艺成熟，可琢碾出大件玉器，成为清代玉器史上的丰碑[2]。到清高宗统治的中后期，玉材开采规模更有井喷之势，但玉材质量则良莠不齐。烟台市博物馆所藏的乾隆雕蟠龙御题诗玉瓶正好制作于这前后，所用材料并非乾隆鼎盛时期所产的和阗玉料，在材质上稍逊一筹。

从玉器制作风格来看，乾隆前期尚未出现所谓的"俗式"和"玉厄"现象，所以玉器制作以碾琢仿古玉为主流，并逐渐与宫廷趣味相结合，形成了新的风格[3]。清高宗嗜古如命，热衷收藏古玉，常在这一时期的《清宫内务府造办处档案》中见清高宗命苏州织造仿造古玉仙人、马、虎、辟邪等，并在内廷进一步加工制作汉玉。如乾隆八年（1743年），他命人新做白玉仙人、白玉马各一件，"具烧汉玉，配文雅座"，甚至明确指出要按照《考古图》上的颜色烧造。仿古风格的流行，离不开清高宗对玉器制作广泛而积极地参与。早在乾隆元年（1736年）的玉作，便记录着将一块白玉石子"酌量应做何物，先画样呈览，准时再做"，而一件青玉如意则是"玉情材料还好，做法不好，尔等酌量改"。在乾隆二十年（1755年）的如意馆档案记载："着将（汉白玉螭虎杯盘二件）杯落稳，杯里面着刻篆字，盘底面刻隶字，其杯足内刻双龙捧乾卦款，盘脐内刻双龙捧'龙'字款，先画样呈览。再杯、盘着配紫檀木座，座雕饮中八仙，先画样呈览，准时再做"，"着将（白玉象）象鼻上有颜色处剗下做扳指一件，其余配做宋龙盘一件、素杯一件"。可以说，清高宗对玉器制作的控制是广泛而细致的，事无巨细皆过问。他的直接参与奠定了清代玉器繁荣昌盛时期技术特点的基调，而他的审美偏好更是直接影响了这一时期玉器艺术风格的形成。"玉厄"现象泛滥之后，清高宗对仿古风格的推崇更为明显。如乾隆四十五年（1780年）造办处档案中便有多项相关记载：着将白玉碗的两耳剗去；将白玉有靶杯的杯靶剗去；将白玉象耳双环六孔瓶的六孔剗去；将两件青白玉双环瓶的一件去飞脊兽面、一件去兽面；将青白玉象耳双环兽面瓶的兽面磨去等。烟台市博物馆藏玉熊古拙的刀法及玉瓶摹仿的器形，便是清高宗倡导的仿古风格的有力物证[4]。

三　玉瓶与乾隆御制诗

清高宗是中国历史上掌握权力时间最长的一位长寿皇帝，以"十全老人"自称。在他执政期间，清朝的政治、经济和社会文化等领域均得到了长足发展。作为一位好古敏求的风流天子，他以开阔的胸襟接纳多元文化，在赏玉、研发新奇工艺的同时常以赋诗赞美，抒发当时当日情怀，颇有好玉偶得、妙诗成趣的种种氛围。清高宗是一位多产的诗人，他的思想受汉家儒学、佛教及少数民族宗教的影响较为深刻。《御制诗集》共收录乾隆诗作42778首，是研究清高宗鉴考古玉、品评清玉的重要资料，与《清宫内务府造办处档案》互相对照，对梳理这一时期的宫廷玉器有着很大帮助。

清高宗在崇尚师古、端正俗样的同时还非常强调寓意，通过玉器制作来表现自身的价值取向及思想态度，在御制诗中多有表现。以雕蟠龙御题诗玉瓶为例，所赋诗词与骊龙守珠的雕刻形象完美融合，且有自我警醒的意味。针对玉瓶的题诗，我们也尝试翻译以方便理解。原诗："捞取和阗盈尺姿，他山石错玉人为。

一珠径寸骊龙护，守口如瓶意寓兹"。译文："从和田河的激流中捞取得玉石多么晶莹，聪明的制玉人把它琢成了精美的玉瓶。再雕上小心守护宝珠的神龙，象征着君子为人处事须谨慎言行"。

据了解，在清高宗的御制诗中，与骊龙护珠典故相关的诗作共有3首，除烟台市博物馆所藏玉瓶所题诗外，第二首是《题和阗玉蟠龙守珠瓶》，作于乾隆四十一年（1776年）秋："和阗盈尺玉，等度中瓶材。花卉簪宜耳，酒浆盛污哉。纬萧河上戒，守口汝州陪。两义具一器，深思艺谏该"。第三首则是《题宋宣和骊珠砚》，作于乾隆四十八年（1783年）："骊龙夭矫守珠为，泚笔宣和用睿思，设以返躬喻所守，尔时施设岂忘之"。《庄子·杂篇·列御寇》云："夫千金之珠，必在九重之渊，而骊龙颔下。""骊龙守珠"则是意取《庄子》其中典故。清高宗首次表达对"玉"的认识和看法，是在皇子时期撰写的《良玉比君子赋》，依循儒家以玉为德之载体的观点。在关于玉的御制诗中，常可见清高宗庄重的态度、以君王角色对玉之礼制及德行的理解和对自身的提醒与教育[5]。"骊龙守珠"，既是劝诫人"守口如瓶"，更是作为帝王应时刻保持警醒的自我惕勉，可见清高宗对玉器的赏玩态度绝非玩物丧志，而是有更深刻的思想内涵[6]。

四　玉瓶的传奇经历与家国情怀

乾隆雕蟠龙御题诗玉瓶原藏于北京紫禁城乾清宫，为宫廷的重要陈设器物。1900年，八国联军攻陷北京，闯入故宫烧杀抢掠，夺去了无数奇珍异宝，其中就有乾隆雕蟠龙御题诗玉瓶。这件国宝级文物的回归背后有着一段漫长而曲折的历程，这就是杨鉴堂一家"三护玉瓶"的故事[7]。

20世纪初，烟台市牟平县人杨鉴堂老先生在黑龙江双城子开了一间"长发福"杂货铺。曾有沙俄军官肩背包裹来到店里，以古玩换酒，无意中露出了这件玉瓶。杨先生对八国联军的暴行早就恨得切齿，一见玉瓶，心中已明白其来历。他不忍祖国文物流落异邦，在生意不佳、生活拮据的情况下，不惜重金买下玉瓶。之后，杨老先生将玉瓶毫发无损地带回故乡牟平，妥善珍藏。不管生计多难，从未起意出售卖掉。

斗转星移，时光荏苒，二十多年过去了，杨老先生临终前再三叮嘱儿子杨景韩："玉瓶是宫中之物，当倾力相护。若逢盛世，你定要择机献给公家，切勿高价出手，更不可再落入外邦。"杨景韩始终牢记先父遗嘱，倍加呵护珍藏。1938年，日寇侵入牟平，即使在多次威逼利诱之下，杨景韩宁舍身家性命，也不肯露半点实情，玉瓶又一次化险为夷。1972年7月，其子杨景韩经牟平县侨联捐给烟台市博物馆。

杨氏三护玉瓶的故事，使这件珍奇的玉瓶，增添了无穷的魅力。中国人就是这样像骊龙护珠一样，精心守护着祖国的文物，延续着中华文明的传承！

注　释

[1] 清高宗：《乾隆御制诗文全集》，中国人民大学出版社，2013年。

[2] 杨伯达：《清代官廷玉器》，《故宫博物院院刊》1982年第1期。

[3] 杨伯达：《清乾隆帝玉器观初探》，《故宫博物院院刊》1993年第4期。

[4] 邱真：《清高宗御制诗玉器赏析》，《收藏家》2017年第8期。

[5] 台北故宫博物院：《十全乾隆——清高宗的艺术品位》，台北故宫博物院，2013年。

[6] 邱真：《清高宗御制诗玉器赏析》，《收藏家》2017年第8期。

[7] 承柱、国祯、玉华：《父子两代倾力护国宝》，《烟台晚报》2008年4月16日第25版。